Hans D. Baumann · Arman Sahihi

DER FILM:

DER NAME DER ROSE

EINE DOKUMENTATION

PSYCHOLOGIE HEUTE
Buchprogramm

verlegt bei

BELTZ
Weinheim und Basel 1986

Arbeitsteilige Widmung:

von Doc für Barbara
von Arman für Gesche

PSYCHOLOGIE HEUTE-BUCHPROGRAMM
verlegt bei BELTZ

Die Fotos auf dem Umschlag und den Seiten 7 r., 8, 21, 23, 24, 25 o., 28, 29, 31, 32 o., 44, 48, 49, 51, 53, 55, 57, 61, 63, 65, 67, 69, 70, 71, 73, 74, 75, 77, 78, 79, 81, 82, 87 und 93 wurden mit freundlicher Genehmigung der NEUEN CONSTANTIN FILM GmbH & Co. Verleih KG, München, zur Verfügung gestellt. (Produktionsfotograf: Mario Tursi)
© Foto Seite 42: Christine Strub
© aller anderen Fotos: Dr. Hans D. Baumann

CIP-Kurztitelaufnahme der Deutschen Bibliothek

Baumann, Hans D.:
Der Film: Der Name der Rose : e. Dokumentation / Hans D. Baumann ; Arman Sahihi. – Weinheim ; Basel : Beltz, 1986.
  (Psychologie heute : Buchprogramm)
  ISBN 3-407-85070-0
NE: Sahihi, Arman:

© 1986 Beltz Verlag · Weinheim und Basel
Druck und buchbinderische Verarbeitung:
Druckhaus Beltz, 6944 Hemsbach
Satz, Layout und Grafik: Dr. Hans D. Baumann
Redaktion: Heiko Ernst, Ulrike Reverey
Umschlaggestaltung: Peter J. Kahrl, Neustadt-Wied
Printed in Germany

ISBN 3 407 85070 0

Wir danken allen, die uns mit Gesprächen, Hinweisen und Material dabei geholfen haben, daß dieses Buch zustande kommen konnte:

F. Murray Abraham
Urs Althaus
Jean-Jacques Annaud
Hermann U. Asemissen
Sean Connery
Christopher Cruise
Daniela Edelburg
Bernd Eichinger
Jürgen Freiwald
Anna Gross
Andrea Held
Hasso von Hugo
Frank Jahn
Burkhart Kroeber
Raymond Meyer
Friedrich Mielke
Ron Perlman
Gerhard Reitinger
Ulrike Reverey
Tina Rolff
Margot Rotkirch
Günther Ruckdeschel
Rainer Schaper
Klaus Schühly
Sylvia Strasser
Valentina Vargas
Herman Weigel
Peter Welz
Wolfgang Würker

INHALT

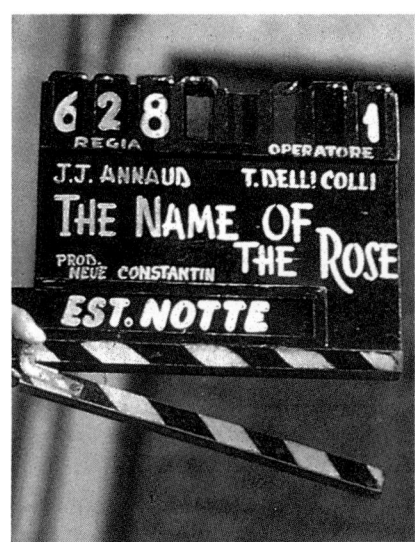

Interviews mit Regisseur Jean-Jacques Annaud (ab S. 10), Sean Connery als William (S. 22), F. Murray Abraham als Bernard Gui (S. 27), Produzent Bernd Eichinger (S. 34) und Romanübersetzer Burkhart Kroeber (S. 42)

DER ANFANG

Umberto Eco, der Romanautor von *Der Name der Rose*, wartete nach einer Lesung aus seinem Buch auf die Fragen des Publikums. Vor dem mit 500 Besuchern gefüllten Saal in München nahm er dann, um Zeit zu sparen, die häufigsten "dummen" Fragen gleich selbst vorweg. Eine von ihnen lautete: "Wie erklären Sie den Erfolg Ihres Buches?" Seine Antwort: "Vielleicht wollten die Leute das Buch zum Film schon vorher lesen."

Nun, sie haben es gelesen. In Deutschland allein sind weit über eine Million Exemplare verkauft worden. So darf der Film - immerhin eine deutsche Produktion - auf ein Publikum rechnen, das bereits weiß, worum es geht. Die einen, weil sie den Roman selbst begeistert verschlungen haben; die anderen, weil sie eine der zahllosen Pressebesprechungen gelesen haben, die nach dem Erscheinen des Buches 1982 noch in der letzten Kleinstadtpostille erschienen sind. Doch auch die, die im Kino zum ersten Mal den verschlungenen Pfaden des Franziskanermönchs William von Baskerville (dargestellt von Sean Connery) folgen, werden von der mittelalterlichen Detektivgeschichte gefesselt sein.

Und doch sind Film und Roman weit mehr als nur ein Klosterkrimi. Denn es geht nicht nur um sieben Tote im November 1327. Es geht um Geschichte und Politik, um Theologie, Philosophie und die Theorie der Zeichen, um Zitatengläubigkeit und vieles mehr. Gewiß, man kann Film und Roman auch genießen, wenn man allein an der Aufdeckung der geheimnisvollen Verbrechen interessiert ist. Darf's ein bißchen mehr sein?

Mit dieser Frage im Hinterkopf machten wir uns an die Arbeit zu diesem Buch. Wir schauten uns die Produktion des Filmes in Deutschland und Italien an, sprachen ausführlich mit den wichtigsten Leuten und verfaßten Texte, die das Verständnis der Hintergründe erleichtern sollen. Und nun wollen wir Ihnen, nachdem Sie sich den Film angeschaut haben (oder auch vorher, was gewisse Vorteile hätte), auf den folgenden Seiten einiges an Material liefern, das Ihnen helfen dürfte, den *Namen der Rose* mit ganz anderen Augen zu sehen.

Wie ist der Film produziert worden? Wie verstehen die Hauptdarsteller ihre Rollen? Wie konnte dieser tiefgründige Roman überhaupt verfilmt und umgesetzt werden? Welche Rolle spielen Zitate, und woher kommen sie? Konnte es im Jahre 1327 tatsächlich schon einen mittelalterlichen Detektiv wie William geben? Auf welchem historischen Hintergrund spielt die Handlung von Film und Roman? Welche Aufgabe hat der Handlungsrahmen? Was haben die Einsichten des Wissenschaftlers Eco mit seinem Roman zu tun? Was gibt es über die am Film Beteiligten zu wissen? Wenn's also ein bißchen mehr sein darf: Nehmen Sie sich ein Kapitel vor, das Sie interessiert!

Es wird Ihnen bald auffallen, daß es bei uns manchmal hin- und hergeht zwischen dem Film und dem Roman. Wer nur die Kinofassung kennt, wird einiges zu *Der Name der Rose*, auf das wir uns beziehen, vergeblich in seiner Erinnerung suchen. Umgekehrte Probleme werden die Nur-Leser haben. Wir schreiben zum Beispiel immer "Adson" oder "Bernard Gui", während im Film von "Adso" und "Bernardo" die Rede ist; da haben wir uns an Ecos Buch gehalten. Manchmal erschien es uns sinnvoll, auf bestimmte Stellen im Roman hinzuweisen - es erscheint dann in Klammern die jeweilige Seite.

Sie könnten sich darüber wundern, warum wir einige der genannten Hintergründe ausführlich beschreiben, die im Roman selbst bereits erwähnt werden. Nun, zum einen kennen sicher nicht alle Kinobesucher das Buch, zum anderen kommen diese Informationen bei Eco ziemlich verstreut vor. An das Ende haben wir noch ein Literatur-Verzeichnis angehängt. Darin finden Sie zahlreiche Bücher, deren Lektüre wir Ihnen empfehlen möchten, wenn Sie bei der einen oder anderen Frage tiefer einsteigen möchten.

Bevor wir beginnen, möchten wir Sie noch auf eine geheimnisvolle Übereinstimmung aufmerksam machen: Die *Neue Constantin*, der Produzent von *Der Name der Rose*, hat ihren Sitz in München; gedreht wurde der Film in Rom und im Kloster Eberbach in der Nähe von Frankfurt. (Außerdem leben auch wir, die Autoren, dort.) Na und?

Sowohl Eco wie auch Regisseur Annaud haben in Interviews betont, daß sie nicht an Gott glauben, und auch wir zählen uns zur Gemeinde der Atheisten. Und spätestens, wenn Sie das Kapitel über das Jahr 1327 gelesen haben, wird Ihnen auffallen, daß in München auch der Hof von Kaiser Ludwig dem Bayern war; daß William von Baskerville, aber auch Michael von Cesena, der Franziskanergeneral, der Theologe Marsilius von Padua, der Philosoph William von Ockham und andere dorthin geflohen waren. In Rom wurde Ludwig 1328 zum Kaiser gekrönt; hier ist das Zentrum der päpstlichen Macht; auch der gegenwärtige Nachfolger Petri heißt Johannes. Und bei Frankfurt stand in Sachsenhausen (eben jenem, wo es heute Apfelwein gibt) die Kapelle, in der Ludwig jene Erklärung gegen den Papst verkündete, ohne die die ganze Geschichte vom *Namen der Rose* nicht ins Rollen gekommen wäre. Geheimnisse über Geheimnisse! Besorgt fragen wir: Ist alles nur ein Zufall? Oder nimmt hier Kaiser Ludwigs Geist späte Rache?

DIE HANDLUNG

Wer den Film gesehen, den Roman gelesen hat, kann auf diese knappe Zusammenfassung verzichten. Da sich die Fassungen voneinander unterscheiden, soll hier zunächst auf die Filmversion eingegangen werden.

Der Name der Rose führt uns zurück zum Ende des Jahres 1327. In einem norditalienischen Benediktinerkloster trifft der Franziskanermönch William von Baskerville (Sean Connery) mit seinem jungen Begleiter Adson (Christian Slater) ein, um eine wichtige Konferenz vorzubereiten: Abgesandte von Papst Johannes XXII., der in Avignon residiert, werden sich mit Vertretern des Franziskanerordens treffen. Zwischen den beiden Delegationen soll die Frage diskutiert werden, ob Christus Eigentum hatte. Denn von der Antwort hängt es ab, ob die Kirche selbst arm sein soll (wie es die Franziskaner fordern), oder ob sie Reichtum und Macht braucht (so die Position des Papstes).

Doch bevor William, der ehemalige Inquisitor, das Treffen planen kann, bittet ihn der Abt (Michael Lonsdale) um seine Hilfe bei der Klärung eines Todesfalles, der nach Mord riecht. Adelmus, der Tote, hatte im Schreibsaal der Klosterbibliothek gearbeitet. Hier trifft William bei seinen Nachforschungen auch den blinden Greis Jorge von Burgos (Feodor Chaliapin), der mehr zu wissen scheint, als er sagt. Der Bibliothekar Malachias (Volker Prechtel) verweigert jedes Eindringen in sein geheimes Reich. Während William den Spuren nachgeht, kommt es zu weiteren Morden - alle haben irgendetwas mit der Bibliothek zu tun, die keiner betreten darf; alle folgen dem Muster der Prophezeiungen der Apokalypse.

Trotz Verbot des Abtes suchen und finden William und Adson den Zugang zur Bibliothek, in der sie das Zentrum des Rätsels vermuten. Sie verirren sich in deren Labyrinth und finden nur unter Mühe den Weg hinaus. Weitere Morde geschehen. Unterdessen sind die beiden Delegationen im Kloster angelangt. Doch ihre Konferenz endet im Streit. Zu einem Ergebnis führt sie schon deswegen nicht, weil einer der päpstlichen Abgesandten, der gefürchtete Inquisitor Bernard Gui (F. Murray Abraham), die ehemaligen Kirchenrebellen Remigius (Helmut Qualtinger) und Salvatore (Ron Perlman), die sich in das Kloster zurückgezogen hatten, als Ketzer entlarvt. Er glaubt, damit auch die Mörder gefaßt zu haben. Mit ihnen wird ein Mädchen aus dem Dorf (Valentina Vargas) als Hexe verhaftet, in das sich der Novize Adson zuvor verliebt hat.

Während William und Adson endlich das Geheimnis der Bibliothek entschlüsseln und dort als Urheber der Morde den Greis Jorge entlarven, werden die drei Gefangenen vor dem Kloster auf den Scheiterhaufen gebunden. Jorge, der ein Manuskript des Aristoteles über das Lachen vor der Welt verborgen halten wollte, weil er im Lachen den Keim des Zweifels an Gott und des Endes der kirchlichen Herrschaft ahnt, setzt am Ende die Bibliothek und damit das ganze Kloster in Brand. William und Adson entkommen knapp den Flammen; Bernard Gui wird bei seiner vergeblichen Flucht von aufgebrachten Bauern gelyncht. Das Mädchen kann im letzten Augenblick vor dem Scheiterhaufen gerettet werden.

Das Kloster brennt nieder. Als William und Adson davonreiten, wartet am Wegesrand das Mädchen auf ihren Geliebten einer Nacht. Doch Adson entscheidet sich für ein Leben als Mönch und folgt seinem Meister.

Vieles ist in Ecos Buch anders. Die wichtigsten Unterschiede sind wohl, daß William im Roman ein Treffen vorbereiten soll, bei dem es neben der Armutsfrage vor allem um das Verhältnis zwischen dem Papst und dem deutschen König geht. Auch nimmt die Geschichte ein anderes Ende, weil der Inquisitor die drei Gefangenen mit sich nach Avignon nimmt. So kann keine Situation entstehen, in der er gelyncht und das Mädchen befreit wird; mithin kommt auch Adson am Schluß um seine Entscheidung herum.

ALS DIE ROSE LAUFEN LERNTE

s war ein klarer spätherbstlicher Morgen gegen Ende November. In der Nacht hatte es ein wenig geschneit, und so bedeckte ein frischer weißer Schleier, kaum mehr als zwei Finger hoch, den Boden." Die Anfangsworte aus Ecos Roman kommen uns in den Sinn, als wir uns dem Drehort zu *Der Name der Rose* zum erstenmal nähern.

Und doch ist alles anders. Es ist nicht Spätherbst, sondern Spätwinter - gegen Mitte Februar 1986. Auch hier hat es in der Nacht geschneit, aber nicht ein wenig, sondern so kräftig wie seit undenklichen Zeiten nicht mehr. Die weiße Schicht, die den Boden bedeckt, ist denn auch mindestens fünfundzwanzig Zentimeter hoch.

Nicht gerade ein typisches Bild, das Rom da bietet. Der vergleichsweise wenige Schnee vom letzten Tag war am Vorabend bereits weggeschmolzen; immerhin hatten die ungewohnten Massen ausgereicht, den Zug weit außerhalb der Stadt steckenbleiben zu lassen. Die restlichen Kilometer durfte man am Bahndamm entlang zu Fuß zurücklegen, mit fast einem Zentner Kameras, Tonbandgeräten, Literatur zum Mittelalter und einer Zahnbürste bepackt. Wie gesagt, am Abend war bis auf ein paar schmutzige, nasse Häufchen alles wieder getaut. Dafür ist der Neuschnee am nächsten Morgen um so beeindruckender.

Zum Glück sind wir nicht auf öffentliche Verkehrsmittel oder Taxis angewiesen. Denn in unserem Hotel wohnt auch die Dreiermannschaft der Tontechniker; Frank hat einen Geländewagen, und der schafft es locker über die fast leeren Straßen hinaus zum Filmkloster bei Prima Porta, einem Ort zwanzig Kilometer nördlich von Rom. Schneepflüge sind unnötig in einer Stadt, die seit zwanzig Jahren im Winter höchstens kalten Regen abbekommen hat - eigentlich unnötig. Und so rutschen italienische Autos auf Sommerreifen durch den stillen Morgen, veranstalten Rennen auf die Engpässe hin, wo Bäume unter der Last zusammengebrochen sind und den Weg versperren. Wer als erster durchkommt, hat gewonnen. Fußgängerwege und abgestellte Wagen sind mit heruntergebrochenen Ästen bedeckt; bei einer großen Halle ist das Dach eingedrückt.

Die Leute vom Ton fragen sich, ob es am Set wohl ähnlich aussieht. (Sie sagen nicht "am Kloster", sie sagen "am Set".) Denn die Gebäude da draußen sind nicht aus Steinen und Balken zusammengefügt, sondern nur Kulissen - wenn auch die aufwendigsten, die in Europa seit dem Film *Cleopatra* gebaut wurden. Vielleicht liegt das Kloster bereits in nassen Trümmern da. Nach langer Fahrt steht endlich ein Schild an der Straße: "The Name of the Rose - Il nome della rosa". Über holprige Feldwege geht es bergauf, weit in ein Weinbaugebiet hinein, durch tiefverschneite Felder. Offensichtlich haben es ein paar Autos schon vor uns geschafft, durchzukommen: der Weg ist von Reifenspuren durchpflügt.

Schließlich fahren wir über eine letzte Hügelkuppe, von der man eine gute Aussicht über das weite Land hat. In der Ferne liegt die Autobahn, davor der Tiber, ringsherum graue Wände von Steinbrüchen. Und mittendrin, am Hang eines Hügels: das Kloster. Verwitterte Mauern, schneebeladene Dächer, über allem wuchtig emporragend der Turm der labyrinthischen Bibliothek.

Das ist die mittelalterliche Hälfte. Die andere aus dem 20. Jahrhundert findet sich weiter oben am Hang: große Wohnwagen, in denen sich die Schauspieler zwischen ihren Auftritten aufhalten, ein rundes Zelt, in dem die Statisten warten und essen, etliche Baubuden und Hütten für die Kostüme, die Maskenbildner, die Essenszubereitung, für Kameras und Filmmaterial, die Regie, das Sekretariat, sanitäre Anlagen.

Den Hügel hinunter geht es zum Kloster, das aus der Nähe und von hinten einen noch immer gewaltigen, aber weniger beeindruckenden Anblick bietet: da sieht man nur verwirrende Gerüste, Holzlatten und Gipsplatten, Leitern und Leitungen. Der Weg zur Seitenpforte ist steil und rutschig, auf einem schwankenden Brett balanciert man über einen tiefen Spalt, den Regenströme in den letzten Wochen in den Hang gefressen haben. Die letzten Meter bis zum Durchgang sind so glatt, daß wir vollauf damit beschäftigt sind, das Gleichgewicht zu halten. Und dann stehen wir zwischen den Kulissen und blicken um uns.

Ein ähnliches Gefühl müssen wohl H.G. Wells Reisender mit der *Zeitmaschine*, Mark Twains *Yankee am Hofe König Arthurs* oder Spielbergs junger Held aus *Zurück in die Zukunft* gehabt haben, als sie an ihrem Ziel angekommen waren. Sicher, der Kinobesucher fühlt es auch, vielleicht sogar auf andere Weise überzeugender als wir, weil er gleichzeitig dunkle Mönchsgestalten umherhuschen sieht und ganz auf Mittelalter eingerichtet ist - aber er sitzt im warmen Kinosessel; eiskalt ist höchstens sein Eiskonfekt auf der Zunge.

Wir aber haben eine blitzschnelle Zeitreise hinter uns gebracht, genau in jenem Augenblick, als wir das Kloster durch seine Seitenpforte betreten haben. Denn jetzt und hier ist es ein Kloster, von Kulissen keine Spur mehr. Wir stehen am Rande des weiten Hofes, eine einsame Fußspur führt quer darüber hinweg, bis hinauf zum Turm. Wir kennen uns hier aus im Jahre 1327: rechts von uns hat Bruder Severinus, der Kräuterforscher, seinen Raum mit geheimnisvollen Flaschen und Giften, dahinter gähnt der offene Schlund des Haupttores mit dem hochgezogenen Fallgitter. Vor uns liegen Schmiede und Werkstatt, daneben die Ställe. Links sind das Dormitorium, der Schlafsaal der Mönche, der Glockenturm und das großartige, romanische Portal der Kirche, zu dem eine breite Treppe hinaufführt, die unter dem Schnee eher wie eine schräge, fast glatte Rampe wirkt. Und endlich auf dem Hügel, jenseits der in der weißen Pracht versunkenen Friedhofskreuze, der in den grellen Himmel ragende Turm mit Küche, Schreibsaal und Bibliothek.

Wir kennen uns hier aus, weil wir Ecos Roman wieder und wieder gelesen haben, danach das Drehbuch, an das wir uns erst gewöhnen mußten, seitdem aber als akzeptable Umsetzung schätzen. Eisiger Wind bläst uns jetzt ins Gesicht und wirbelt ein paar weiße Schleier von den Dächern. Kein Zweifel: wir sind im Mittelalter.

1977 hat Annauds Berater, der französische Historiker Jacques LeGoff, ein Buch geschrieben mit dem Titel *Für ein anderes Mittelalter*. Offensichtlich sind wir genau dort gelandet. Ganz sicher ein anderes, aber ebenso sicher ein Mittelalter. Um den Kinobesucher in jene Zeit vor 650 Jahren entführen zu können, brauchten Annaud und Filmproduzent Eichinger einen hervorragenden Kameramann, der die Atmosphäre in das bewegte Leben der Bilder zwingen konnte, indem er sich von Gemälden von Fra Angelico, Caravaggio, Rembrandt und Breugel anregen ließ: Tonino Delli Colli. Er zählt zu den besten Kameramännern der Welt; Filme wie Leones *Zwei glorreiche Halunken* und *Es war einmal in Amerika*, Malles *Lacombe Lucien* oder Pasolinis *Decamerone* sind unter seiner Mitwirkung entstanden.

Tonino Delli Colli, der Mann hinter der Kamera

Vergeblich reiste Annaud drei Jahre lang durch Europa, um ein Kloster zu finden, das der Romanvorlage und seinen Vorstellungen in etwa entsprach. Schließlich waren es dreihundert Abteien, die er sich angeschaut hatte, in England, Irland, Spanien, Frankreich, Italien und der Türkei. Vergeblich! Keine war geeignet, um *Der Name der Rose* darin zu verfilmen. Lange fuhr auch Eco mit Annaud durch die Gegend, immer in der Hoffnung, die nächste könnte die richtige sein. Vergebens!

Als Eichinger eines Tages am Telefon behauptete, mitten in Deutschland, ein paar Kilometer vom Frankfurter Ballungsgebiet, das geeignete Kloster entdeckt zu haben, glaubte der Regisseur zunächst kein Wort, flog aber trotzdem ein. Skeptisch fuhr er vom Flughafen nach Eberbach, das heute als Staatsweingut genutzt wird (bei Eltville am Rhein, ein paar Kilometer vor Wiesbaden) - und fand etwas vor, das er als "Wunder"

bezeichnete: ein Kloster, in dessen Sälen und Gewölben seit 800 Jahren kaum etwas verändert worden war. Für die Innenaufnahmen war es genau das, was er die ganze Zeit über gesucht hatte.

Da es aussichtslos war, auf ein ähnliches Wunder für die Außenanlagen zu hoffen, blieb dem Produzenten nichts anderes übrig, als ein neues altes Kloster zu errichten. In Deutschland waren keine Handwerker aufzutreiben, die ein solches Bauwerk hätten errichten können. Was daran liegt, daß es hierzulande einfach zu wenige große Filme gibt, bei denen entsprechende Leute kontinuierlich gebraucht würden. Und das Budget der vielen kleinen Autorenfilme läßt für großartige Filmarchitektur keinen Spielraum. Leute aus dem Theater, die sotwas hinkriegen würden, sind durch langfristige Verträge gebunden. Neben der aufstrebenden spanischen Filmindustrie kam in Europa also nur Rom in Frage; filmerfahrene Handwerker, Fellinis Architekt Dante Ferretti und das italienische Klima sprachen für die Stadt. Dort gab es auf dem Studiogelände von Cinecittà auch die technischen Möglichkeiten, das Innere des Bibliothekslabyrinths zu verwirklichen. Mit dem Filmarchitekten und den Handwerkern klappte alles zur vollen Zufriedenheit. Das Wetter dagegen war eher so, wie man es vielleicht in einem mittelalterlichen Kloster Norditaliens erwartet hätte, aber oft ungeeignet, um einen Film zu drehen.

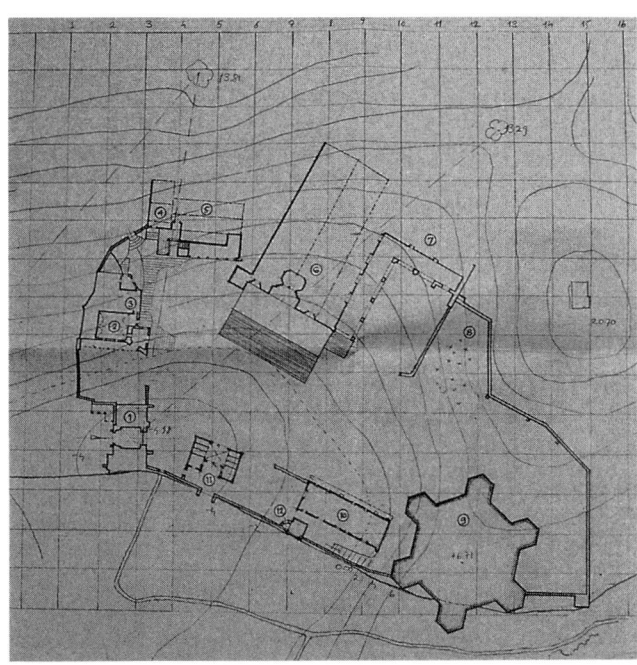

Der Plan des Klosters aus der Vogelperspektive, nach Ecos Vorgabe gezeichnet von Annauds Filmarchitekt Dante Ferretti

Das Problem sind die sogenannten "Anschlußszenen". Ein Film wird nicht von der ersten bis zur letzten Szene abgedreht, also nicht in der Reihenfolge, in der er später im Kino zu betrachten ist. Wenn Adson aus dem Turm kommt, hundert Meter über den Klosterhof zum Kirchenportal geht und dann zwischen das Chorgestühl tritt, dann liegen zwischen den drei Szenen, die im Film weniger als eine Minute dauern, in Wirklichkeit Monate und Tausende von Kilometern.

Erste Szene: Adson steht im Bibliotheksturm. Dessen Innenräume befinden sich am Rande Roms auf dem Studiogelände Cinecittà, gedreht wird im März 1986. Zweite Szene: Adson geht über den Hof des Klosters. Der ist 45 km weiter in Prima Porta aufgebaut, außerhalb von Rom, gedreht wird im Januar 1986. Dritte Szene: Adson steht in der Kirche. Deren Innenraum befindet sich im Kloster Eberbach, runde 1400 km nördlich. Gedreht wird im November 1985.

So weit, so gut. Die Innenaufnahmen sind vom Wetter unabhängig. Wenn Adson auf dem Weg über den Hof freilich Salvatore trifft und mit diesem ein kurzes Gespräch führt, wird es schon schwieriger. Um Kameras, Scheinwerfer, Mikrofone usw. nicht quer über den Hof schleppen zu müssen, werden die Großaufnahmen dieses Gesprächs für den nächsten Tag eingeplant. Als Adson über den Hof geht, ist der Himmel bedeckt und es liegen ein paar gefrorene Schneereste auf dem Boden. Am nächsten Tag, als die Anschlußszene gedreht werden soll, ist der Himmel strahlend blau, der Schnee ist weg und der Boden ein Schlammfeld, in dem die Stiefel schmatzend steckenbleiben. Nun muß man entweder warten, bis es am Drehort irgendwann mal wieder ähnlich aussieht - oder man muß den Anschluß herbeizwingen. Das veränderte Licht müssen die Kameraleute und Beleuchter in den Griff kriegen. Für den Schnee werden etliche Zentner Magnesiumsulfat (vermischt mit 16% wasserlöslichem Magnesiumoxid) herangekarrt und von Arbeitern mit gekonntem Schwung über den Schlamm geschaufelt. Von echtem Schnee ist das kaum noch zu unterscheiden.

Doch die eigentlichen Probleme beginnen lange vor den Dreharbeiten. Denn ein neues, ein anderes Mittelalter muß zunächst einmal Stück für Stück hergestellt werden. Es werden die zahllosen Dinge des Alltags gebraucht, die so *aussehen*, als stammten sie direkt aus dem Mittelalter: von der ganzen Gebäudeanlage über Handschriften und Kleidungsstücken bis zu Williams Brille und Bernard Guis Ring. Und die gibt es nicht. Was in den großen Hallen der Fundusverleiher lagert, ist eher auf dem Niveau von Prinz Eisenherz oder Ritter Ivanhoe, aber nichts, das die hohen Ansprüche von Regisseur Annaud befriedigen könnte. Der würde sich vielleicht mit Leihgaben von Museen zufriedengeben; aber die rücken nichts raus. Wenn doch einmal Bereitschaft signalisiert wird, sind die anfallenden Versicherungskosten so hoch, daß es für die Produktion unrealistisch wird.

Also sprach Bernd Eichinger: "Wir meinten, daß der Nachbau von Ecos Kloster, das im Roman so eindringlich beschrieben wird, ein so unerläßlicher Teil der Geschichte war, daß wir keine Ausgaben für seine Realisierung scheuten."

Ab Anfang 1985 entwickelt sich eine hektische Architektentätigkeit, die hinter dem munteren Treiben einer Dombauhütte kaum zurücksteht. In Italien leitet der Filmausstatter Dante Ferretti die Arbeiten. Von ihm stammt das Produktionsdesign zu zahlreichen Filmen von Fellini und Pasolini; etwa zu *Satyricon, Orchesterprobe, Ginger und Fred* oder *Canterbury Tales* und *Die 120 Tage von Sodom.*.

In Deutschland ist Rainer Schaper für die Bauten zuständig, der zuvor zum Beispiel *Wir Kinder vom Bahnhof Zoo* gemacht hat. Für ihn ist es eine neue Erfahrung: "Uli Edels Film konnten wir so ausstatten, wie wir die Örtlichkeiten in Berlin vorgefunden haben. Bei der Filmarchitektur ist es wichtig, daß die Atmosphäre gut getroffen wird. Aber in diesem Fall brauchten wir sehr gründliche Architekturrecherchen. Man muß sich lange überlegen, wie man das hinkriegt - sowas schüttelt keiner aus dem Ärmel."

Filmdesigner Dante Ferretti

Wichtige Hinweise konnten immer wieder Annaud und Eco geben. Der Regisseur hatte im Laufe seiner Nachforschungen einen Bücherberg von mehr als 300 Bänden zusammengetragen, die das 14. Jahrhundert beschreiben. Und der Romanautor hatte sich ja bereits in seiner *Nachschrift zum Namen der Rose* ausführlich darüber ausgelassen, woher er seine architektonischen Inspirationen hatte. So stammt etwa das von ihm beschriebene Kirchenportal aus dem frühen 12. Jahrhundert und findet sich bis in alle Details an der Abteikirche zu Moissac in der Gascogne. Der Bibliotheksturm erinnert bereits Adson an das Castel del Monte, das der Staufer Friedrich II. um 1240 in Apulien hatte bauen lassen. (Das architektonische Prinzip des gewaltigen Achteckbaus findet sich in Deutschland im Oktogon des Kasseler Herkulesdenkmals wieder.) Insofern ist die Umsetzung im Film, wo der Turm tatsächlich einen achteckigen Grundriß hat, "genauer" als im Roman, wo er quadratisch ist.

Im Inneren des Turms freilich - man kann es im Interview mit Annaud nachlesen - sieht es ganz anders aus, als es der Buchleser in Erinnerung hat. Denn das Treppengewirr, das William und Adson in die Irre führt, hat seine Vorbilder nicht im Mittelalter, sondern im 18. und 20. Jahrhundert: aufgegriffen werden die großartigen *Carceri*-Visionen des Italieners Piranesi und die hirnverdrehenden Treppenfluchten des niederländischen Grafikers Escher. (Am Rande: Prof. Mielke, der Vorsitzende der "Gesellschaft für Treppenforschung", antwortete auf unsere entsprechende Frage, daß "derart frei zwischen Gemäuer gespannte Treppen dem Mittelalter anzudichten" zwar dem Film erlaubt sei, daß sie aber "erst seit dem 18. Jahrhundert denkbar waren.")

Im Laufe der Zeit sind es mehr als 3000 Zeichnungen, die in Ferrettis Atelier in Cinecittà entstehen. Von da gehen sie zur Absegnung an Annaud, der sie schließlich zur Begutachtung an eine Gruppe französischer Historiker weiterschickt. Nicht nur die ganze Klosteranlage entsteht auf dem Papier, sondern jeder Gegenstand, der zum mittelalterlichen Leben gehört. "Wir müssen das bauen, damit das Publikum sieht, wie ein Kloster des 14. Jahrhunderts aussah, weil die Wirklichkeit dieser Zeit ganz unglaublich ist", erklärt

Das Original: Castel del Monte, um 1240 in Apulien erbaut

Ferretti. Und Eichinger ergänzt: "Wir haben entschieden, daß die Authentizität einer der Stars unseres Filmes ist."

In kleinen süditalienischen Dörfern werkeln sodann Schmiede an tonnenschweren Eisenleuchtern; alltägliche Dinge wie Badewannen und Löffel werden ebenso hergestellt wie kostbare Reliquienschreine und Kruzifixe. Zwei Illustratoren kopieren in halbjähriger Arbeit ausgemalte Handschriften in Latein, Griechisch und Arabisch auf altem Pergament. Derweil arbeitet Gabriella Pescucci, die Kostümdesignerin, an der Kleidung von Mönchen, Rittern und Bauern. (Sie hat zuvor z.B. Leones *Es war einmal in America* und Viscontis *Tod in Venedig* ausgestattet.)

Mitte 1985 kann in Prima Porta bei Rom endlich mit den Bauarbeiten am Kloster begonnen werden. Auch dieser Ort war nicht leicht zu finden: schließlich ist durch den Roman vorgegeben, daß sich der Turm und die Abfallhalde am Rande einer steilen Felswand befinden müssen. Nachdem das passende Gelände schließlich entdeckt ist, auf dem Grund einer landwirtschaftlichen Genossenschaft, müssen noch die Schutzgeldforderungen lokaler Ganoven zurückgewiesen werden, ehe es endlich losgehen kann. Dann gießt man in Cinecittà 12000 Quadratmeter "Steinquader" aus polyesterüberzogenem, eingefärbten Gips, jeweils 1,20 x 0,80 Meter groß. 520 Zentner Gips werden dabei verarbeitet. Die Platten werden auf Holzlatten genagelt und zum Klosterset geschafft.

Dort wachsen aus zahllosen Kilometern Stahlrohr gewaltige Gerüste in den Himmel, an denen die Platten befestigt werden. Der Bibliotheksturm ragt beeindruckende 30 Meter in die Höhe. Wenn er fertig eingekleidet ist, ergibt das eine große Fläche, die dem Wind ausgesetzt sein wird. Schaper, Architekt mit deutschen Gründlichkeitsidealen, hat erhebliche Bedenken, ob die Konstruktionen halten werden, wenn die Winterstürme über das Plateau fegen. Aber die ehrwürdigen, verwitterten Gemäuer stehen unverrückbar bis zum Schluß der Dreharbeiten. Für die Dächer der Klostergebäude werden 80000 gebrauchte Tondachziegeln herbeigeschafft. Wozu die mittelalterlichen Vorbilder Jahre und Jahrzehnte brauchten - hier wird es in zwölf Wochen hochgezogen. (Aber es muß ja auch nicht Jahrhunderte und Jahrtausende stehenbleiben zum Lobe des Vaters, des Sohnes und des Heiligen Geistes, sondern nur ein paar Monate zum Lobe Eichingers, Annauds und Ferrettis.)

Der Nachbau: Der Turm mit der geheimnisvollen Bibliothek

Zur gleichen Zeit werden die notwendigen Requisiten fertig. Im Herbst 1985 macht sich eine moderne Karawane aus acht Tieflader-Ungetümen von Rom aus auf den Weg gen Norden. Beladen sind sie mit allem, was zum Leben der Mönche gehört. Denn im südhessischen Kloster Eberbach sind die langwierigen Verhandlungen mit Klosterverwaltern, Denkmalschützern und Restauratoren inzwischen so weit gediehen, daß man - nicht ohne Auflagen und Einschränkungen - auch hier an die Ausbauarbeiten gehen kann.

In dem heutigen Staatsweingut, das noch Anfang des Jahrhunderts als Frauengefängnis und Irrenanstalt diente, beginnt nun ein Trupp von Handwerkern damit, die mittelalterlichen Mauern für's 14. Jahrhundert herzurichten. Damit das wirklich Alte durch das Fiktive nicht in Mitleidenschaft gezogen wird, müssen alle Veränderungen so vorgenommen werden, daß nach Beendigung der Dreharbeiten kein Hauch von Hollywood die Weine am Reifen hindern kann. Kein Nagelloch darf in den Sandstein getrieben werden, keine Patina die getünchten Wänden auf neue Vergänglichkeit trimmen.

Auf den altehrwürdigen Gängen und Wendeltreppen ringeln sich nun dicke Leitungsbündel; hektisches Treiben belebt die schimmelnden Gewölbe, in denen sonst nur Reben-

(Fortsetzung auf Seite 19)

INTERVIEW MIT JEAN-JACQUES ANNAUD

Das Interview fand im Büroraum einer Schneideanstalt in München statt. Annaud hatte schon einige Stunden Arbeit am Schneidetisch hinter sich, war aber - trotz der vielen telefonischen Störungen - entspannt und konzentriert.

Jean-Jacques, was war Ihre Motivation, Der Name der Rose *zu verfilmen?*

Einen Film zu machen ist ein bißchen wie heiraten. Fasziniert sein von der Handlung eines Romans, begeistert sein von seinem Aufbau, gefesselt sein von seiner Rätselhaftigkeit, das sind allesamt nur kleine Verliebtheiten, nichts Ernstes. Einen Film zu drehen ist etwas anderes, man hat tiefen Glauben an die Sache, man liebt mit allem, was man geben kann, und man will sich und der Welt beweisen, daß man es zusammen schaffen wird. Ich war fasziniert von der seltenen Kombination einer einfachen Erzählstruktur, in der es eigentlich ganz linear vorgeht und in der es auch schlicht um die Frage geht, wer der Mörder ist, und der Tiefe des Ganzen, die Art, wie historische Hintergründe miteinbezogen und genutzt werden, und die Weise, mit der eine politische Situation gezeichnet wird, die unserer heutigen sehr ähnelt. *Der Name der Rose* ist eine wundervolle Parabel auf die Rolle der Information und der Kommunikation und dem Stellenwert der Massenmedien. Ein Mord-Rätsel mit soviel Geist, ich war fasziniert. Es geht nicht nur um den Detektiv, nicht nur um den Fall und die Lösung, es geht auch um Adson, den Erzähler, um seine Zeit, um den Geist seiner Zeit.
Kino ist etwas sehr Emotionales. Es ist sehr schwierig, intellektuelle Fakten mithilfe des Kinos zu vermitteln. Bücher haben Konzepte und Ideengeflechte zum Inhalt, im Film aber hat man es mit Gesichtern und psychologischen Konzepten zu tun. Mich hat es gereizt, die Konzepte und das Ideengeflecht in *Der Name der Rose* auf Gesichter und psychologische Konzepte zu übertragen. Und die kleine, aber tragende Liebesgeschichte, die noch mitverankert ist in der Geschichte der sieben wichtigsten Tage in Adsons Leben, hat mich davon überzeugt, daß ich den Film drehen muß.

Sind Sie ein Leser?

Oh, ja, ziemlich. Ich schaue gern nach neuen Büchern, ich kaufe eine Menge Bücher, und ich lese sie tatsächlich auch. Meine Wohnung ist voller Bücher. Ich gehöre zu der letzten Generation, die ohne Fernseher aufgewachsen ist. Mein Zeitvertreib war das Lesen. Ja, und als Leser, der ich nun einmal bin, fühlte ich, daß *Der Name der Rose* kein Stoff für einen amerikanischen Regisseur sei beziehungsweise ein amerikanischer Regisseur nicht der Richtige für *Der Name der Rose.*

Sehr interessant!

Ja, ganz im Ernst. Erstens spielt das Ganze in Europa und zweitens im Mittelalter. Zu beidem hat der Amerikaner kein richtiges Verhältnis. Außerdem kenne ich mich mit romanischen Kirchen sehr gut aus, zumindest so gut wie kein amerikanischer Regisseur, weil ich mit ihnen aufgewachsen bin. Romanische Kirchen sind übrigens eine Leidenschaft von mir. Ich glaube nicht an Gott, aber ich fühle in und um romanische Kirchen ein großes Mysterium. Und da ich meine Abschlußarbeit an der Sorbonne über die Alten Griechen geschrieben habe, fühle ich mich auch ein bißchen als Kenner der Vergangenheit.
Ich beschloß jedenfalls, die Ehe einzugehen, den Film zu machen. Aber die Rechte waren nicht frei, sie waren beim RAI. Da suchte ich Umberto Eco auf und stellte mich vor mit den Worten: 'Ich bin der Regisseur, der Ihren Roman verfilmen wird.'

Uns wundert diese Selbstsicherheit noch zusätzlich, wenn wir daran denken, wie schwer verfilmbar der Roman doch eigentlich ist.

Ja, ich weiß. Ich wußte von Anfang an, daß ich einiges würde kürzen, vereinfachen und auch auslassen müssen, um aus diesen 650 Seiten einen verständlichen Zwei-Stunden-Film zu machen. Es steckt so unendlich viel in diesem Buch, aber ich fühlte mich damit so verwachsen, daß ich wußte, daß es gehen würde. Ich ließ sogar das Projekt fallen, an dem ich gerade arbeitete.

Wie ging es weiter?

Ganz zu Anfang, in der Phase als das Drehbuch oder vielmehr: die Drehbücher geschrieben wurden, arbeitete ich mit Lebovici als Produzent.

Lebovici wurde ermordet, nicht wahr?

(lachend) Ja, in einer Tiefgarage in Paris. Aber das hat nichts mit *Der Name der Rose* zu tun. Es ging um Glücksspiel und Ehrensachen. Danach arbeitete ich mit Mnouchkine und dem französischen Team. Aber das waren allesamt keine Leute von Bernd Eichingers Kaliber.

Woran hat es ihnen gemangelt?

An Mut. An dieser ganz besonderen Sorte von Mut, die Bernd hat. Der Mut, aufgrund seiner Besessenheit für eine Idee sehr viel zu riskieren.

Kannten Sie Bernd Eichinger damals schon?

Ja, wir hatten uns schon zuvor kennengelernt. Und wir hatten uns von Anfang an gemocht. Bernd sprach mich damals an, obwohl er wußte, daß die Rechte für *Der Name der Rose* bereits vergeben waren. Er sagte mir, daß er getrieben sei von der Idee, den Roman zu verfilmen. Ich glaubte ihm aufs Wort und beschloß, den Film mit ihm zu machen. Mnouchkine überließ mir die Entscheidung. Er wußte, daß es für ihn verschiedene Möglichkeiten gab, sich Bernd als Co-Produzent auszubedingen, aber er sah wohl auch, daß ich lieber mit Bernd allein arbeiten wollte.

Wie waren die Verhandlungen, die Zusammenarbeit und die menschliche Basis mit Umberto Eco?

Nun, ich war davon ausgegangen, daß ich, um das Buch in aller Tiefe zu erfassen, den Autor kennenlernen müßte. Wir lernten uns also auf meine Initiative hin kennen. Wir arbeiteten aber nur in dem Sinne zusammen, daß wir uns austauschten und einige grundlegende Sachen diskutierten. Inzwischen sind wir sehr gute Freunde geworden. Wir sehen uns oft. Ich bewundere Eco, um es milde auszudrücken. Seine Begeisterungsfähigkeit und die Intensität seines Erlebens sind einzigartig. Als es um die Wahl der Drehorte ging, fuhr er mich in seinem Wagen von Schloß zu Burg, von Burg zu Kastell.

Hat er Ihnen in irgendeiner Form Vorschriften machen wollen? Hatte er Sonderwünsche? Extra-Bedingungen?

Nein, nie. Die Position, die wir zueinander haben, ist die, daß er sein Buch längst beendet hat und ich der

Jean-Jacques Annaud, der enthusiastische Regisseur, dem der Perfektionismus nie weit genug gehen kann

Filmemacher bin, der es umsetzt. Der Film ist mein Film, und ich versuche ihn so gut wie möglich anhand und entlang von Umberto Ecos Buch zu machen. Dieses Wissen genügt Umberto. Sehen Sie, Eco ist sehr klug, er weiß, daß er kein Filmemacher ist. Er weiß sehr genau, daß man kein Buch dieser Welt wortwörtlich verfilmen kann. Und er weiß auch, daß 100 verschiedene Regisseure aus einunddemselben Buch 100 verschiedene Filme machen würden. Eco kennt meine Leidenschaft und Begeisterung, und ansonsten betrachtet er seine Arbeit als getan. Er sagte einmal zu mir: 'Ich weiß, Du kannst mich und mein Buch nur betrügen, aber Du wirst es wenigstens mit Leidenschaft tun.' Ich glaube, in diesem Satz ist Ecos ganze Einsicht in diese Sache konserviert.

Und so sind Sie dann miteinander verblieben?

Ja, das war und ist unsere Haltung zueinander. Umberto nannte mir noch einige Quellen, auf die er sich bezogen hat, um seinen Roman zu komponieren, und gab mir noch einige weitere Informationen, die zu haben sich als sehr nützlich erwiesen hat. Ich verstand dann, was ich geahnt hatte verstehen zu müssen, um mit der Arbeit beginnen zu können.

Nämlich?

Nämlich daß Eco beim Schreiben der junge Adson, der alte Adson und William gewesen ist. So konnte ich die Protagonisten in ihrer Tiefenstruktur besser erkennen. Umberto zu kennen, hat mir auch einige weitere Perspektiven eröffnet.
Der Austausch mit Eco hat mir jene Entspannung gegeben, die dringend nötig ist, um dieses enorm komplexe Buch verfilmen zu können. Anfangs war ich verspannt, verkrampft. Oft habe ich Umberto Fragen gestellt wie: 'Wäre es in Ordnung, den und den so und so darzustellen?', und habe dann festgestellt, daß er sich selbst an viele Sachen nur noch dunkel erinnern konnte, weil sie nebensächlich sind. Das war entspannend für mich. Das ist vielleicht das Schönste an Umberto, nämlich, daß er sich ein Leben lang mit Methoden und Prinzipien der Interpretation auseinandergesetzt hat.

Uns kommt es als sehr untypisch für Ihre Branche vor, daß Sie zuerst das Buch gelesen und dann beschlossen haben, es zu verfilmen.

Ja, das ist wohl so. Als ich das Buch las, war es noch kein Erfolg. Es gab noch keine Übersetzungen. Ich war Zeuge, wie Umberto mit *Der Name der Rose* weltberühmt wurde. Damals, als wir uns kennenlernten, war Umberto lediglich ein Professor an der Universität von Bologna, der einen Roman geschrieben hatte, der in Italien einen gewissen nationalen Erfolg hatte. Der große Erfolg - auch in Italien - kam später. Und: Ganz ehrlich, wenn ich gewußt hätte, daß *Der Name der Rose* ein derartiger Welterfolg werden würde, hätte ich das Ganze gar nicht angefangen.

Warum?

Sehen Sie, es war nicht meine Absicht, ein 'heißes Buch' zu kaufen. Ganz und gar nicht. Ich war fasziniert von der Unalltäglichkeit des Romans, von der Seltenheit seiner Thematik und deren Gestaltung. Indem *Der Name der Rose* so wahnsinnig erfolgreich wurde, ist vieles von seiner Unalltäglichkeit und Seltenheit verlorengegangen. Bitte, mißverstehen Sie mich nicht; die Arbeit an dem Film war trotzdem ein Vergnügen, ein Hochgenuß. Die Sache ist nur die, daß ich häufig gefragt wurde und werde: 'Woher hast Du damals schon gewußt, daß der Roman so erfolgreich werden würde?' Die Antwort lautet: Ich habe es keineswegs gewußt, noch nicht einmal geahnt. Ich habe das Buch nur sehr gut gefunden und das anscheinend recht früh. Es war mitnichten eine Annäherung wie die von Schlöndorff an Marcel Proust *(Eine Liebe von Swann)*, wo jeder sagte und dachte: 'Oh, Proust!', auch wenn er von Proust nicht mehr kannte als gerade den Namen.

Ganz nebenbei übrigens: Ich glaube kaum, daß so viele Leute *Der Name der Rose* gelesen haben. Die meisten, denke ich, haben das Buch gekauft und in ihr Regal gestellt. Es ist eines dieser Bücher, die man nun einmal besitzen muß. Und genossen haben muß. Es ist nicht sehr schwer zu sagen: 'Der Name der Rose ist eines der faszinierendsten Bücher, die ich in den letzten Jahren gelesen habe.' Dann deutet man noch auf die Stelle im Regal, und damit hat sich's. Ich glaube, *Der Name der Rose* ist ein sehr typisches Beispiel für diese Bücher, in deren ersten 50 bis 100 Seiten der durchschnittliche Leser steckenbleibt.

So ähnlich dürfte es sich verhalten. Wie war die Arbeit an dem Drehbuch beziehungsweise an den vielen Drehbüchern, die es gegeben hat?

Die Arbeit an der Erstellung des endgültigen Drehbuchs war sehr sehr schwierig. Wir haben 15 verschiedene Fassungen geschrieben, bis wir zufrieden waren. Es ist schon ein Kampf gegen alle möglichen Unmöglichkeiten, diese 650 Seiten mit ihrem so komplexen Inhalt, mit diesen unzähligen Seitengedanken und Nebensträngen in die Form eines Zwei-Stunden-Films zu übersetzen.. Es mußte, wie gesagt, einiges reduziert, gekürzt oder auch einmal einfach ausgelassen werden. Und Reduktionen, Kürzungen und Auslassungen sind extrem schwierig zu handhaben, denn sie brauchen eine gewisse Balance. Sonst zerstört man das Werk.

Viele ungewöhnliche Mönchs-Gesichter mußten gefunden werden, ehe Annaud seine Benediktiner beisammen hatte

Wie war das mit den 15 Fassungen des Drehbuchs? Wer hat da mitgewirkt?

Nun, ich habe allein schon sechs Fassungen mit dem ersten Drehbuchautor geschrieben - und das war wirklich nur eine Art Suche nach dieser Balance, von der ich sprach. Danach schrieb ich drei Fassungen mit Gerard Brach, der ein ausgesprochen versierter Schreiber ist. Dann eine Fassung mit Howard Franklin, einem jungen Amerikaner, der als Meister der Knappheit und der Kürze gilt. Mit ihm brachte ich die Sache von zwei Stunden und 40 Minuten auf zwei Stunden hinunter, aber nun fehlte es wiederum an Würze, an Lebendigkeit. Es war kein Aroma mehr da. Die letzten Fassungen habe ich dann mit Andrew Birkin geschrieben. Er hatte eine ganz andere Arbeitsweise; seine Art, sich dem Stoff anzunähern, war für mich neu und sehr anregend. Bei der 15. Fassung jedenfalls hatten wir das Gefühl, die Balance zwischen Kürze und Würze gefunden zu haben.

Wie lange dauerte dieses Unterfangen?

Zweieinhalb Jahre. Zum Glück liebe ich das Schreiben. Und zum Glück hatte ich all diese versierten Mitarbeiter, die nicht nur begeisterungsfähig waren, sondern, was viel wichtiger ist, auch kritisch.

Wie meinen Sie 'kritisch'?

Kritisch zu sein mit sich selbst und dem anderen ist beim Erstellen eines Drehbuchs sehr wichtig. Ungefähr genauso wichtig wie das gemeinsame Schreiben an sich. Wenn man alleine etwas schreibt, hat man irgendwann keine rechte Distanz mehr. Sie geht nach und nach völlig verloren, nämlich in dem Maße wie man nach und nach sich immer tiefer in den zu schreibenden Stoff hineinkniet. Man schreibt dann fleißig, liest das Geschriebene, und da man ja selbst ganz genau weiß, was man sagen wollte und wie man es zum Ausdruck bringen wollte, glaubt man, es gesagt und angemessen zum Ausdruck gebracht zu haben. Gewisse Mißverständlichkeiten, ja, sogar regelrechte Widersprüche können einem auf diese Weise entgehen.

Ich sage Ihnen: Das Drehbuch zu schreiben war das Schwierigste überhaupt. Es war eine enorme Herausforderung.

Wie wurden dann die Darsteller gewählt? Wer suchte sie aus, und welche waren die Kriterien?

Ich hatte völlige Freiheit bei der Wahl der Schauspieler. Nur in drei Fällen brauchte ich Rat, so daß diese drei gemeinsame Entscheidungen von Bernd und mir waren. Das waren der Inquisitor, der Junge und William.
Die deutschen Schauspieler wählte ich, indem ich ins Theater ging und sie mir ansah. Bernd konnte mir zu den meisten einige nützliche Informationen geben. Die französischen Akteure suchte ich aufgrund eigener Kenntnisse und Erfahrungen aus. Was die italienischen Schauspieler betrifft, habe ich mich von befreundeten italienischen Kollegen und Mitarbeitern beraten lassen.

Christian Slater, 16, spielt Adson von Melk (im Film ein Franziskaner-Novize, im Roman ein Benediktiner). Trotz seines jugendlichen Alters kann Slater bereits auf eine siebenjährige Schauspielerfahrung in Broadway- und Off-Broadway-Theatern zurückblicken; auch in Fernsehproduktionen mit hier unbekannten Titeln war er in den USA bereits häufiger zu sehen.

Welche Rolle war am schwierigsten zu besetzen?

Die des Jungen. Der eine Casting-Direktor mußte in England sechs Monate nach einem passenden Darsteller für Adson Ausschau halten, Sabine Schroth suchte in allen möglichen europäischen Großstädten, zwei italienische Casting-Mitarbeiter suchten in Rom. Adson war sehr schwierig zu besetzen.

Wieso eigentlich?

Nun, zum einen mußte das Gesicht stimmen, zum anderen war es unerläßlich, daß der Darsteller Englisch versteht, denn gerade bei einem so internationalen Team wie wir eines sind braucht man eine gemeinsame Sprache. Dann kommt dazu, daß der Darsteller des Adson sehr jung sein mußte, ohne unreif oder gar kindisch zu sein, sonst hätte er die Dreharbeiten nicht durchgehalten. Außerdem: Die meisten sehr jungen Schauspieler sind zu gutaussehend. Das kam für Adsons Rolle nicht in Frage, es hätte da eine unerwünschte Verwässerung hineingebracht. Und obendrein: In diesem sehr schwierigen Alter sind viele Schauspieler übertrieben selbstsicher, manchmal ungeheuer pedantisch und rechthaberisch, und viele von ihnen erliegen dem Irrglauben, sich sehr männlich geben zu müssen, was dann in einen ziemlich lächerlichen Machismo ausartet.

Gab es bei der Besetzung auch andere Schwierigkeiten?

Oh ja, zum Beispiel war es nicht leicht, die Mönche zu besetzen. Sie sind ja alle gleich gekleidet, jeder trägt eine Kutte und Sandalen. Der Effekt ist, daß man sie als Zuschauer nur auseinanderhalten kann, wenn sie sehr prägnante Gesichter haben. Und so galt es dann, eine ganze Fülle ungewöhnlicher Gesichter zu finden.

Haben Sie für die Rolle des Salvatore Ron Perlman gewählt, weil Sie in Am Anfang war das Feuer *gute Erfahrungen mit ihm gemacht hatten?*

Nicht ganz. Meine Erfahrungen mit Ron sind sehr gut. Aber er war zunächst einmal als eine Art Reserve geplant. Als Salvatore hatte ich ursprünglich den italienischen Komiker Franco France vorgesehen. Aber so nach und nach merkte ich, daß Franco keine große Lust hatte, sich den Kopf rasieren zu lassen. Zuerst brachte er zahlreiche Ausreden, zuletzt sagte er im Klartext, daß er sich die Haare nicht abschneiden lassen würde. Ich sprach mit Bernd, wir feuerten Franco, ich telefonierte mit Ron, 16 Stunden später war Ron da, ließ sich den Kopf rasieren, und wir alle waren sehr glücklich mit ihm.

Wie haben Sie die Crew zusammengestellt?

Als feststand, daß wir das Allermeiste in Italien drehen würden, beschloß ich, mit einer italienischen Crew zu arbeiten: Wegen der Kontakte, wegen der Einblicke und Möglichkeiten, die sich daraus ergeben. Ansonsten galt: Nur das Beste! Viele aus der Crew sind Mitarbeiter von Fellini. Das ist kein Zufall, sondern spricht für ihre Güteklasse. Nehmen wir, nur als Beispiel, den Filmarchitekten Dante Ferretti oder den Kameramann Tonino Delli Colli. Sie gehören anerkanntermaßen zur Weltspitze auf ihrem Gebiet.

Apropos Italien: Wäre es nicht möglich gewesen, in einem italienischen Kloster zu drehen, statt in Eberbach in Deutschland?

Nein, nein, auf keinen Fall. Wir haben in Italien, Frankreich und Spanien über 300 Klöster besichtigt. Andere Mitarbeiter sahen sich in England, Schottland und Irland um. Zum Schluß haben wir sogar in Jugoslawien und in der Türkei gesucht. Das Problem war: War das Kloster in Ordnung, dann stimmte die Umgebung nicht, war die Umgebung in Ordnung, dann war das nächste Hotel 50 Meilen entfernt. Das kostet einen Haufen Zeit und Geld. So beschlossen wir, einige der wichtigsten Aufnahmen im Kloster Eberbach zu machen und den Rest bei Rom aufbauen zu lassen.

Warum ist eigentlich der Innenraum des Turms, das Labyrinth, im Film anders als im Buch?

Ja, das Labyrinth im Roman ist flach, zweidimensional, das im Film ist in die Höhe gebaut, dreidimensional. Das hat verschiedene Gründe. Erstens: Wenn es ein Turm ist, worin sich unser Labyrinth befindet, wieso ist dann das Labyrinth flach? Ich glaube, das hat Umberto nicht bedacht, zumindest ist es im Roman nicht erklärt. Zweitens: Die psychologische Wirkung des Turms ist sehr viel größer, wenn man visualisiert, daß er gänzlich von einem Labyrinth ausgefüllt ist. Drittens: In einem flachen Labyrinth ist es sehr schwierig zu filmen. Alles ist sehr eng, und überall sind Wände. Das schränkt die Möglichkeiten der Perspektive sehr ein.

Ihr Labyrinth erinnert uns sehr an Piranesi und Escher.

Ja, ganz recht. Piranesi und Escher waren es auch, an denen wir uns orientiert haben. Ferretti ist begeistert von Escher.

Ein Blick hinter die Kulissen - was von vorn wie mittelalterliches Gemäuer wirkt, besteht aus Stahlgerüsten, Holz und Gips

Noch eine Frage zu der Arbeit im Kloster Eberbach: Sie mußten doch sicherlich einige Räumlichkeiten in der Form oder der Farbe ändern. Gab es da keine Schwierigkeiten mit dem sehr strengen Denkmalschutz in Deutschland?

Nein, denn wir wußten, wie wir diese Schwierigkeiten umgehen konnten: Einige der Räume zum Beispiel waren zu lang. Wir haben sie verkürzt, indem wir nachgebaute Teile einfügten, die an keiner Stelle die Wand berührten, und also auch nicht verletzen konnten. Wo wir andere Farben brauchten, besprühten wir die Teile mit einem hauchdünnen Spray-Film, färbten diesen, und als wir fertig waren, zogen wir den Film einfach ab.

Wie war das mit den Masken, den Kostümen und all den mittelalterlichen Requisiten? Woher hatten Sie Kenntnis von deren Form und Gestalt?

Oh, da haben wir lange recherchiert. Wir hatten sieben Historiker, die uns mit Dokumenten über Kleidung, Frisuren, aber auch Sitten und Umgangsformen jener Zeit versorgten. Wir ließen dann die Gegenstände und Kleidungsstücke nachzeichnen, die Historiker überprüften sie, und wir ließen sie dann nachbauen. Die Authentizität ist mir sehr wichtig. Mein Film will das Mittelalter nicht irgendwie reproduzieren, sondern authentisch dokumentieren. Ich will keine Fantasy machen, ich will realistische Eindrücke vermitteln, aus denen man auch durchaus lernen kann, wenn man will. Die Realität ist phantastischer als jede Phantasie, also wollte ich die Realität jener Zeit möglichst originalgetreu nachbauen.

Wie lange dauerte das Nachbauen des Sets in Rom?

Wir begannen mit dem Bauen im Juni '85 und waren im Januar '86 fertig. Bis Juni '86 müssen wir dann alles wieder abgebaut haben.

Man hört von verschiedenen klimatischen Problemen, die es sowohl in Deutschland als auch in Italien gegeben hat.

Ja, ja, ich weiß: Sean Connery war es im Kloster Eberbach zu kalt. Die Geschichte spielt nun einmal im November, und ich wollte, daß man Atemfahnen sieht, wenn die Leute sprechen. Ich habe diese Kutten nachbauen lassen, originalgetreu, die sind sehr warm. Und das damalige Schuhwerk waren nun einmal Sandalen. Seans Gesundheit ist sehr empfindlich. Wahrscheinlich ist er auch das warme Klima Spaniens gewöhnt, wo er ja seit Jahren wohnt. Naja, jedenfalls war es ihm viel zu kalt, er erkältete sich auch prompt, wurde heiser, und war sehr böse mit mir. Er fand, ich würde meine naturalistische Einstellung zum Filmen ziemlich übertreiben.

Es gab aber auch andere klimatische Probleme, oder?

Ja, schon, in Rom zum Beispiel. Anfangs war es sehr kalt, es fiel enorm viel Schnee. Dann wurde es schlagartig sehr warm. Übrigens hat sich Sean dann beschwert, es sei zu warm in den Kutten.
Das Filmen im Winter ist immer etwas problematisch. Überall. Aber vor allem in Rom, habe ich den Eindruck. Schnee, Regen, Nebel, Sonne, wolkenloser Himmel und starker Wind, - alles an einem Tag. Im Winter kämpfen wohl die Jahreszeiten täglich ihren Kampf. Jeder Morgen ist eine neue Überraschung. Aber alles in allem haben wir wohl Glück gehabt mit dem Wetter. Ich meine damit nicht, daß wir gutes Wetter hatten, sondern daß es nur selten wetterbedingte Wartezeiten gab. Das Wetter kam dem Drehplan häufig entgegen.

Wie war die Arbeit auf dem Gelände von Cinecittà? Wie ist Cinecittà heute?

Cinecittà ist ein sehr gutes Studio, nach wie vor. Das Team dort hat mit die größte Filmerfahrung, die ich mir vorstellen kann. Die ungewöhnlichsten Wünsche werden dort in die Tat umgesetzt. Natürlich kommt es sehr darauf an, was man bezahlen kann.

Könnten Sie etwas zum Ton sagen?

Es wird eine Stereo-Tonspur geben, die wir ziemlich überarbeiten müssen. Wir haben in Original-Ton aufgenommen. Ich gehe davon aus, daß eine Direktaufnahme mit allen möglichen Störungen wie zum Beispiel Verkehrsrauschen und Flugzeuglärm nach der Bearbeitung immer noch viel besser ist als wenn man im Studio nachgestellte Ton-Aufnahmen macht. Und ich lege großen Wert auf Ton, denn Ton ist etwas sehr Sinnliches, vielleicht dem Duft vergleichbar.

Wer schreibt die Musik zum Film? Welche Vorstellungen haben Sie von dem Soundtrack?

Der Komponist heißt James Horner, ein noch recht junger Engländer, der in den Vereinigten Staaten arbeitet. Er hat schon für Steven Spielberg und George Lucas gearbeitet. Sein Stil ist klassisch und dabei äußerst temperamentvoll. Ich achte sehr auf die Qualität der Musik und auf ihren Einsatz. Ich glaube, daß der Gesamtrhythmus eines Films sehr abhängig ist von der Musik. Und wenn der Ton dem Duft vergleichbar ist, dann ist die Musik das Parfum eines Films. Wir streben eine Mischung an zwischen mittelalterlicher und zeitgenössischer Musik.
In Sachen Ton-Aufnahmen arbeiten wir übrigens in den Münchener Bavaria-Studios. Wir arbeiten mit 70 Spuren.

Dreharbeiten vor dem Kirchenportal. Die Bretter oben an der Treppe sollen die zahllosen Film-Ratten an der Flucht hindern

Eisige Kälte herrscht am Drehort nördlich von Rom. Um die Mannschaft fit zu halten, werden 6500 Liter Espresso gebraucht

Sie scheinen ein Regisseur mit vielen Prinzipien zu sein. Haben Sie so etwas wie eine definitive 'Philosophie'?

Ich glaube ja. Ich denke, Unterhaltung muß extrem sein. Je nach dem, was man zeigen will, muß man alles tun, den zu Unterhaltenden so nah wie möglich an die Unterhaltung heranzuführen.

Wie denken Sie, im Rahmen Ihrer Philosophie, über Literaturverfilmungen und ihre Umsetzungsprobleme?

Umsetzungsprobleme der Literaturverfilmung! Wo soll ich anfangen, es sind so viele. Wie setzt man seitenlang beschriebene Gefühlsaufwallungen in Bilder um? Sind die proportionalen Verschiebungen, die sich durch notwendige Auslassungen ergeben, noch nachvollziehbar und stimmig? Stimmt der Erzählrhythmus des Films mit dem des Buches überein? Wie kann ich alles bestmöglich checken und filmen und mein Budget dabei nicht überziehen? Man muß einfach einsehen: Buch und Film sind unterschiedliche Medien mit unterschiedlichem Publikum, deshalb können Buch und Film nur von einer gemeinsamen Grundidee ausgehen und diese je auf ihre Weise umsetzen. Basta!

Wollen wir ein bißchen über die Person Jean-Jacques Annaud sprechen?

O.k.! Ich komme aus einer einfachen Familie aus einem Vorort von Paris. Meine Eltern hatten nichts mit Kino zu tun. Ich bekam auf meinen Wunsch hin meine erste Foto-Kamera geschenkt, als ich sieben war. Sehr bald protzte ich dann auch schon überall, ich würde Filmemacher werden. Unsere Freunde und Bekannten pflegten dann zu sagen:'Wieso will der Junge in einen künstlerischen Beruf? Er ist doch so gut in der Schule.' Mit elf bekam ich dann meine erste 8mm-Kamera, und es wurde mein Hobby, kleine Dokumentationen über alltägliche Dinge zu drehen. Später drehte ich dann Dokumentarfilme über Sachen, die mich interessierten, faszinierten; einer dieser Filme hat übrigens romanische Kirchen zum Thema.

Ihre erste professionelle Begegnung mit Film war die Werbung?

Ja, ganz recht, ich war eine ganze Zeitlang Werbefilmer. Nachdem ich Abitur gemacht hatte, wußte ich nicht sehr genau, wie es weitergehen sollte. Da rief mich eines Tages ein Bekannter an und fragte, ob ich Lust hätte, bei einem Werbefilm zu assistieren. Ich sagte ja. Schon bald stellte ich fest, daß ich vom Werbefilmen ganz andere Vorstellungen hatte als der Regisseur, dem ich assistierte und der für Hinweise, Empfehlungen, Kritik, Ideen und Anregungen völlig unempfänglich war. Ich bekam aber so nach und nach meine eigenen Kontakte. Ich stieg ein, tiefer und tiefer. Ich war 20, als ich als Werbefilmer selbständig wurde, und im Laufe der Jahre, so ziemlich genau zehn waren es, drehte ich etwa 500 Werbefilme. Ich bekam alle möglichen großen Preise. Kurios ist, daß ich

gerade mit Alan Parker *(Fame, The Wall, Midnight Express)* und Ridley Scott *(Alien, Legend)* als einer der besten Werbefilmer galt. So sind wohl die Dinge des Lebens. Jedenfalls, als ich das erreicht hatte, interessierte mich das Werbefilmen nicht mehr.

Und das war der Anfang vom eigentlichen Filmemachen?

Ja, ich drehte zuerst einen Film in Afrika. Afrika ist meine große Liebe. Der Film wurde ein finanzieller Flop, bekam aber gute Kritiken und hat auch sonst einiges an positivem Ruf eingebracht. So hatte ich geringere Finanzierungsprobleme bei dem folgenden Film, einer Satire über Fußball, bei der Patrick Dewaere mitwirkte.

Er hat sich vor einiger Zeit das Leben genommen, oder?

(lachend) Ja, aber das hat wirklich ebenfalls nichts mit meinem Film zu tun gehabt. Ja, Patrick ist leider tot. Der Film ging finanziell einigermaßen, trotzdem war es sehr schwierig, Geld aufzutreiben für *Am Anfang war das Feuer*, denn den Financiers war schwer klarzumachen, daß ein Film über Steinzeitmenschen ohne Sprache lohnend sein könnte. Aber schließlich klappte es, und ich konnte diesen Film drehen, in dem sich meine Liebe zu Afrika mit einer frühen, sehr prägenden Comic-Strip-Geschichte verbindet. Ja, und jetzt *Der Name der Rose*.

Und wie sieht die Zukunft aus?

Das kann man beim Film nie sagen. Ein Regisseur ist immer der Mann seines letzten Films. Ich werde sehen. Was ich sagen kann, ist, daß ich vorhabe, irgendwann auch zu produzieren.

Letzte Frage: Welche Regisseure bewundert Jean-Jacques Annaud?

Das ist eine leichte Frage! Früher bewunderte ich Renoir, Renoir und Renoir. Inzwischen sind Akira Kurosawa, Stanley Kubrick und Milos Forman dazugekommen.

■ ■

Jean-Jacques Annaud, 43, führt in *Der Name der Rose* Regie. Seine ersten beiden Kinofilme, *Black and white in color* und *Coup de tête* sind in Deutschland kaum bekannt geworden, obwohl er für den ersten 1978 einen Oscar für den besten fremdsprachigen Film erhielt. Ein Erfolg war dagegen auch hierzulande sein ebenfalls Oscar-gekrönter Steinzeit-Film *Am Anfang war das Feuer* mit Salvatore-Darsteller Ron Perlman in einer der Hauptrollen. Annaud hat an zwei Filmhochschulen und an der Pariser Sorbonne studiert; seine Fächer - alte Sprachen, mittelalterliche Geschichte und Ästhethik - erklären seine Eignung und Begeisterung für *Der Name der Rose*. Bevor er Kinofilme machte, war Annaud ein sehr erfolgreicher Werbefilmregisseur.

(Fortsetzung von Seite 9)

saft gärt. In Deutsch und Englisch, Französisch und Italienisch hallt es durch Keller und Kreuzgänge, Männer und Frauen mit Werkzeugen, Dachlatten und Aktenordern huschen durch frühgotische Bögen. Für beide Gruppen ist es eine neue Erfahrung: den Filmleuten verschwimmt die Grenze zwischen echtem und imitiertem Mittelalter, die Hüter des Traubensaftes hatten sich alles eine Nummer kleiner vorgestellt. Schließlich bleibt kaum ein Fleck, den die Horden hämmernder Ausländer nicht mit Beschlag belegt haben: Im alten Krankensaal breitet sich das Refektorium aus, in dem die Mönche speisen werden, in einem anderen Gewölbe nistet sich die Klosterküche ein, das riesige Dormitorium, den Schlafsaal, richtet man für neue Bewohner her, Kreuzgang und Kirche werden von allen Hinterlassenschaften des letzten halben Jahrtausends gesäubert. Die tonnenschweren Leuchter werden in das romanische Kirchenschiff gehängt, das geschnitzte Chorgestühl (natürlich auch Anno Domini 1985) wird zusammengefügt. In einem Raum werden sich die Delegationen zum gallespeienden Disput gegenübersitzen, im nächsten wird Salvatore angesichts der ausgebreiteten Foltergerätschaften wimmernd zusammenbrechen. Der Wein, der sonst hier reift, ist derweil in ein Zwischenlager verbracht worden.

Das Kloster von Eberbach geht auf eine seit 1116 bestehende Siedlung zurück, in der sich im Jahre 1135 Zisterzienser-Mönche niederließen. Auch sie sind, ebenso wie Abbos Cluniazenser, ein losgelöster Seitenzweig des Benediktinerordens. Zwei- bis dreihundert Mönche lebten im 12. und 13. Jahrhundert zwischen diesen Mauern; diejenigen von ihnen, die aus dem weinreichen Burgund kamen, brachten ihre Kenntnisse mit und halfen so dem rheinhessischen Rebenanbau auf die Sprünge. Nach einer langen Zeit, die auch hier durch den Niedergang des Mönchtums geprägt war, verließen 1803 die letzten 25 Mönche die Abtei. Daß das Klosterleben 183 Jahre später nun wieder zur alten Blüte erwacht, verdankt Eberbach dem aufstrebenden deutschen Film.

Trotz der Auflagen, die jeden Eingriff in die Bausubstanz verbieten, schaffen es die Filmleute, aus den alten Gewölben genau das zu machen, was sie für ihre Zwecke brauchen. Wo Räume zu groß sind, werden Zwischenwände aufgestellt; wo die Farbe der Mauern nicht paßt, wird ein leicht abziehbarer Kunststoffilm aufgesprüht, nach Wunsch eingefärbt und anschließend rückstandslos entfernt. Am Ende der Dreharbeiten haben sich die hessischen Klosterherrn so an die schönen "alten" Sachen gewöhnt, daß ihnen die großen, radförmigen Eisenleuchter als Zeichen des Dankes überlassen werden. Dann rollen die Tieflader zurück nach Rom, wo ein Teil der Gegenstände am Set weitere Verwendung findet. Zum Schluß wird alles in den Lagerhallen von Requisitenverleihern enden - wer genau hinschaut, wird in dem einen oder anderen zukünftigen Film vielleicht etwas wiedererkennen.

In Eberbach wird nun wieder Wein gekeltert, fast als hätte es den *Namen der Rose* hier nie gegeben. Nur der eine oder andere Besucher fragt bei der Führung danach, wie das so war mit Connery und Abraham. Und in Prima Porta hat

(Fortsetzung auf Seite 33)

Klappe! Gleich kommt William hustend aus dem Rauch ...

Wo sich im Film endlose Treppenfluchten zu öffnen scheinen, da ist in Wirklichkeit nichts als ein bißchen Farbe auf der Wand. Hier einer der Maler in Cinecittà bei der Arbeit

Das Kloster . Im Vordergrund die Kirche, in der Mitte der Bibliotheksturm, rechts Ställe und Abfallhalde

Das Portal der Kirche, nach dem Vorbild der Abtei von Moissac gestaltet. Christus segnet die Völker der Welt

Adson sucht den Weg aus dem Labyrinth. Anders als im Roman verirrt er sich auf Treppen, die an Piranesi und Escher erinnern

INTERVIEW MIT SEAN CONNERY

Das Interview fand während einer einstündigen Fahrt von Connery's Appartement in Century City an den Strand von Malibu statt. Connery's Frau, Micheline, saß am Steuer, ab und zu fragte sie nach der Fahrtrichtung. Ein recht typischer kalifornischer Frühlingstag: Sonnenschein, Palmen und Smog.

Mr. Connery, welche Qualitäten (der Rolle, des Regisseurs und/oder der Produktion) waren für Sie ausschlaggebend, die Rolle des William von Baskerville anzunehmen?

Nun, ich hatte da so etwas gehört, daß ein herausragendes Drehbuch in der Stadt aufgetaucht sei. Da fragte ich meinen Agenten danach. Ich hatte das Buch nicht gelesen, aber ich hatte *Am Anfang war das Feuer* gesehen und sehr gut gefunden. Ich bekam also dann das Drehbuch, las es und dachte: "Ein lohnendes Projekt."

Was genau hat Ihnen an dem Drehbuch gefallen?

Ich fand es intelligent, fesselnd-herausfordernd und sehr unterhaltsam. So kam es!

Wir sehen in William besonders die Züge von Toleranz und welterfahrener Klugheit verkörpert, in der negativen Ausprägung freilich auch Resignation. Wie verstehen Sie William? Welche Charakterzüge empfanden Sie als wichtig für Ihre Darstellung des William?

Mir gefällt die Idee von einem Mönch mit einer gewissen ungewissen Vergangenheit. William hat Sinn für die Vergänglichkeit der Epoche, in der er lebt. Und er hat Sinn für die Zukunft, die noch kommen wird. Das macht ihn gewissermaßen zum Einzelgänger. Jene Szenen, während derer er zu Adson spricht, ihm von seiner Vergangenheit erzählt, sind für mich die Wirbelsäule des Films.

Haben Sie diese Szenen zu spielen besonders genossen?

Leider erlaubte es der Drehplan nicht, diese Szenen in der realen Reihenfolge zu filmen, so daß es ziemlich schwierig war, jedesmal von neuem in den Rhythmus hineinzukommen. Wissen Sie, die erste Szene wurde zuletzt gefilmt und die letzte zuerst. So ungefähr.

Was noch gefällt Ihnen an der Person/Persönlichkeit von William?

Daß er ein großer intellektueller Snob ist! Er weiß, daß er mehr weiß als die anderen, die um ihn herum sind. Er versteht mehr von den Dingen der Welt und wie sie funktionieren. Und ich denke, so etwas muß sehr frustrierend sein. Ich bewundere ihn auch dafür, daß er seine intellektuelle Haltung zur Seite legen kann, zum Beispiel wenn er mit Adson oder mit Ubertin spricht. Wir haben versucht, auch die menschlicheren Seiten von William zu zeigen.

Nach unseren Beobachtungen hat Annaud eine größtmögliche Annäherung an filmischen Naturalismus unternommen, obwohl oder weil die Welt des Kinos ja eigentlich eine Welt perfekter Künstlichkeit ist. Inwieweit ist ein so naturalistischer Anspruch für Sie akzeptabel, und wo sind die Grenzen, deren Überschreitung Sie ablehnen?

Nun, Jean-Jacques hat wirklich einen unerschütterlichen Glauben an den Realismus. In diesem großen Kloster in Eberbach zum Beispiel ließ er uns in Sandalen herumlaufen. Es war so kalt, daß man beim Sprechen Atemfahnen vor dem Mund hatte, und genau darum ging es ihm auch. Ich finde, es ist es nicht wert, die Gesundheit der Leute zu riskieren. Nicht nur, weil man auf Menschen Rücksichten nehmen muß. Ich finde auch, daß es eine lächerliche Art ist, mit einer Produktion umzugehen.

Wieso lächerlich?

Nun, was tut man, wenn der Hauptdarsteller krank wird? Aufhören zu drehen? Ich meine, ich war in fast jeder Szene, ich mußte fast jeden Tag vor der Kamera stehen. Wenn ich mit einer Grippe im Bett gelegen hätte, wären ungefähr 200 Leute umhergestanden und hätten warten müssen.

Wie hätten Sie es besser gefunden?

Ich finde, man hätte eine große Aufnahme barfuß machen und den Rest mit Schnitt, mit Verdeckungen undsoweiter kaschieren können.
Nein, ich glaube nicht, daß diese Sorte von Realismus so unbedingt notwendig ist, und da ziehe ich auch die Linie.

Aus anderen Filmen haben Sie ja Erfahrungen mit Darstellungen historischer Personen; die deutlichste Parallele ist vielleicht "Robin und Marian". Wie unterschied sich für Sie die Darstellung des mittelalterlichen Robin von der des mittelalterlichen William?

Das einzige, was Robin und William gemeinsam haben, sind ihre Kostüme. Robin war ein Held. Er riß sich darum, für seine Ideale zu kämpfen. Aber er war nicht so sehr klug. Ich habe mich bemüht, ihn etwas naiv darzustellen.

Wieso eigentlich?

Nun, er flüchtete immer wieder nach vorne, ohne groß nachzudenken. Das führte ja auch letztlich zu seinem sehr tragischen Ende mit Marian. Da ist der Unterschied zu William, der zuerst nachdenkt, auch einmal einsieht, daß es noch nicht Zeit ist, zu handeln, obwohl er handeln muß. Ich versuchte, Williams Intelligenz und Witz besonders zu unterstreichen. Robin und William sind Lichtjahre voneinander entfernt.

Zu Ihrer Rolle als Schauspielerkollege: Wir hatten manchmal den Eindruck, daß Sie nicht nur als William Adsons Lehrmeister waren, sondern auch als Sean Connery der Lehrer von Christian Slater. Haben wir richtig beobachtet?

Oh, ja, ja. Die Beziehung ging im wirklichen Leben weiter. Adson ist der Sohn eines Barons. Er ist in einem sehr starken Maß das Produkt seines Standortes in der Geschichte und seiner Erziehung. Christian Slater, der die Rolle des Adson spielt, ist ein sehr moderner amerikanischer Junge. Er ist erstaunlich. Er hat keine formale Schauspielausbildung gehabt, aber was er in seine Darstellungsweise zu packen vermag ist wahrhaft begeisternd. Ich habe ihm einige wenige Ratschläge über das Schauspielen gegeben.

Zum Beispiel?

Hauptsächlich habe ich ihm beigebracht, wie er seine Konzentration zusammenhalten kann, denn das ist nun mal schwierig für einen sechzehnjährigen Jungen.

Sie glauben, daß er Zukunft hat?

Ja! Das war sein erster "Big Break", auch das erste mal, daß er alleine in Europa war. Er hat großes Verantwortungsbewußtsein gezeigt und ist sehr geschickt mit allen möglichen Sachen umgegangen. Er ist ein feiner Bursche, und ich glaube schon, daß er eine große Zukunft vor sich hat.

Obwohl nur ein Sechstel Ihrer Filme zur 007-Reihe gehört, werden Sie von den meisten Menschen und von den Massenmedien noch immer mit James Bond identifiziert. Ihre Darstellung war es ja auch, die diese Figur so erfolgreich machte. Ehrlich gesagt, wir mögen diese Frage selbst nicht sonderlich, weil Sie Ihnen wahrscheinlich schon oft gestellt worden ist oder noch gestellt werden wird; trotzdem: Wie sehen Sie für sich den Unterschied zwischen dem Filmhelden Bond, der seine Fälle durch Action und Körpereinsatz löst, und dem Helden William, der seine Fälle mit dem Kopf und mit Bezugnahme auf das abendländische Wissen angeht?

Sean Connery in der Rolle des englischen Franziskanermönchs William von Baskerville. William ist nicht nur ein hervorragender Detektiv - er hat auch eine dunkle Vergangenheit als Inquisitor hinter sich

Nun, was ich an Bond so mag, ist, daß er die Action auf sich nimmt, daß er immerzu handelt. Er fühlt sich persönlich verantwortlich und handelt persönlich und seinen Gefühlen gemäß. Ich glaube, die meisten Probleme dieser Welt gäbe es gar nicht, wenn die Menschen selbst handeln würden, statt irgendeinem Idioten zu gestatten, ihr Leben für sie zu führen. William handelt auch, aber ganz anders. Er hat vorher schon einmal eine Niederlage gehabt - Bond nie. William hat eine Vergangenheit, die ihn verfolgt und bedrückt - Bond nicht. William ist entsprechend vorsichtiger, er weiß, daß seine Handlungen weitreichende Konsequenzen haben können. Bond weiß einfach, daß er siegen wird, William aber ist da nicht so sicher.

Behindert es Sie, einen Menschen des Jahres 1327 darzustellen, wenn neben modernen Filmkameras, gegenwärtigen Scheinwerfern und zeitgenössischem Team auch noch Journalisten da sind?

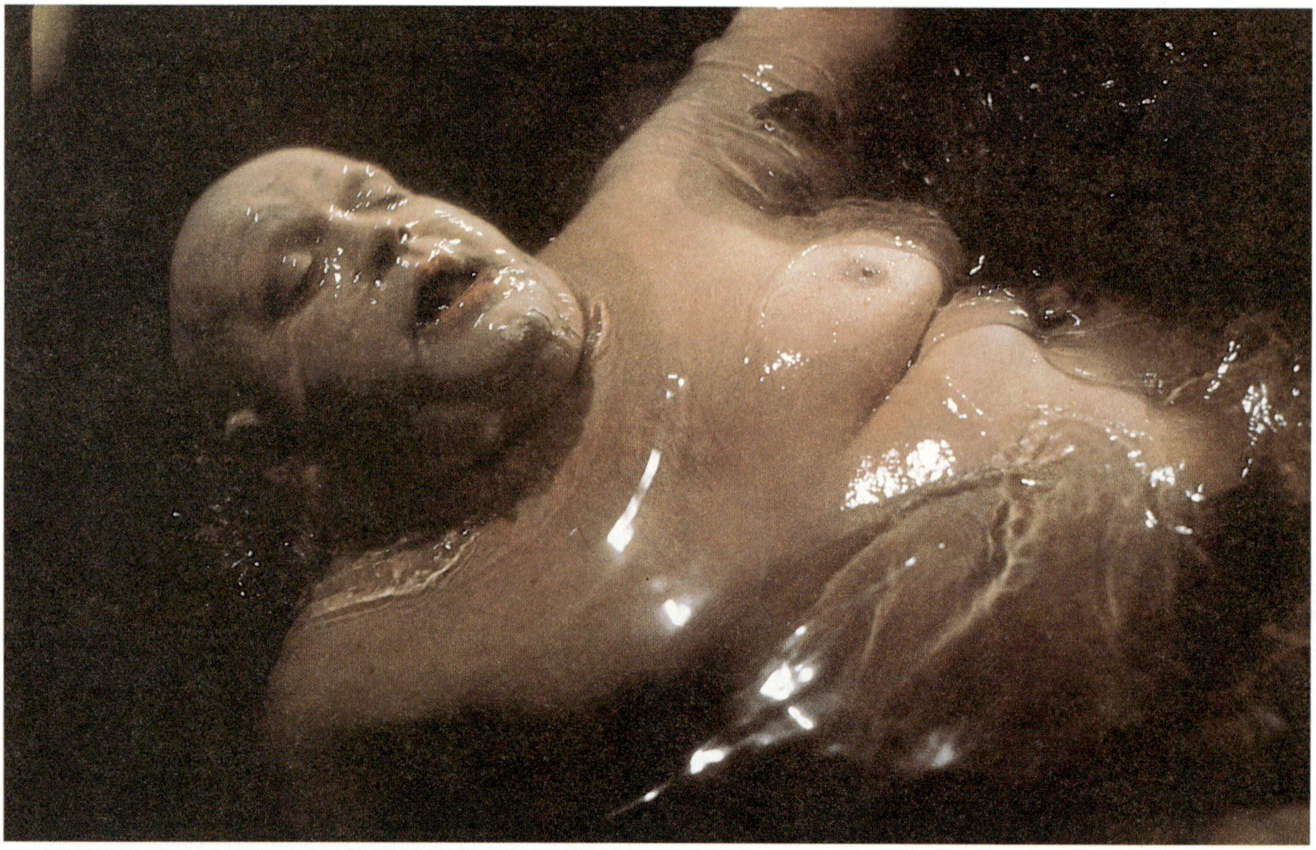

Im kühlenden Wasser der Badewanne hat der innerlich vom Gift zerfressene Berengar (Michael Habeck) den Tod gefunden

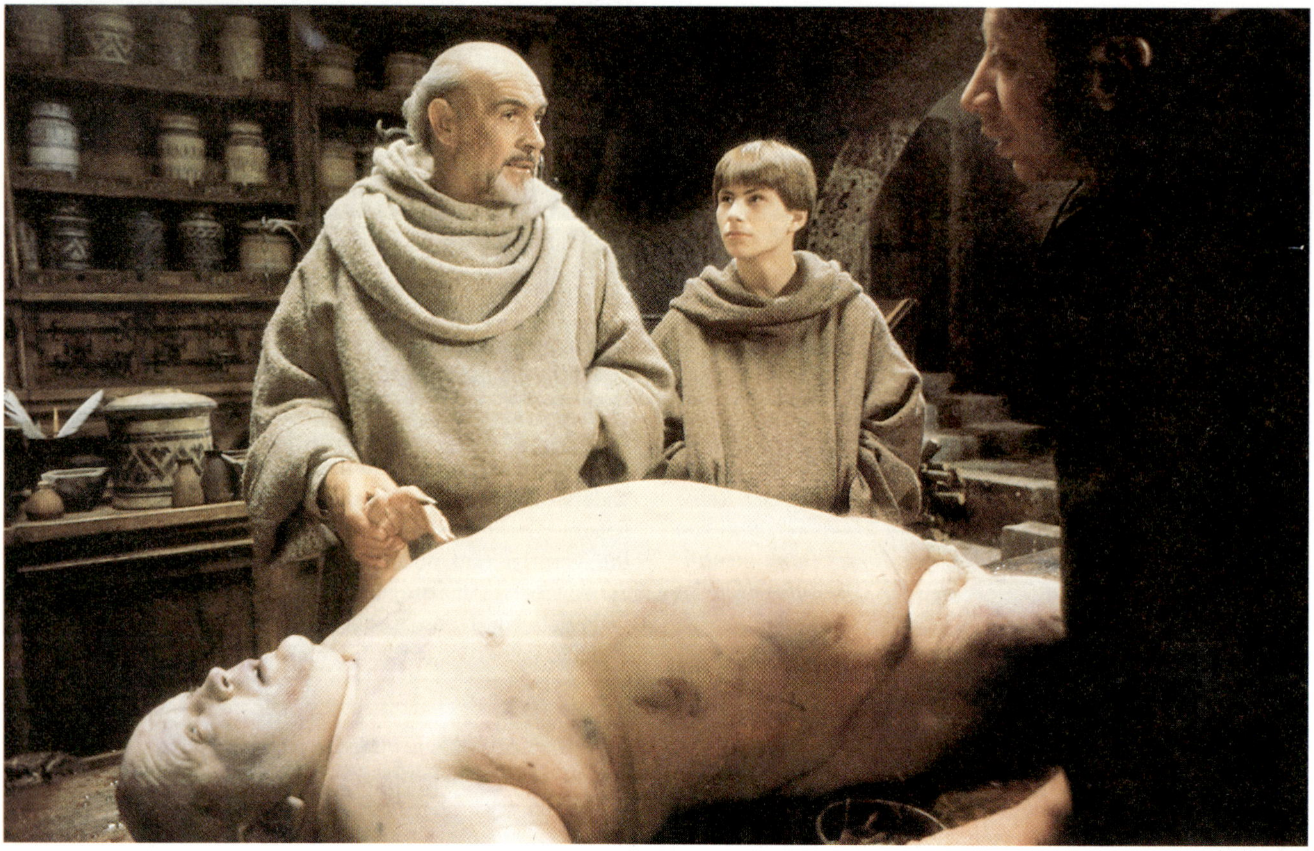

William (Sean Connery) assistiert Severinus (Elya Baskin) bei der Leichenschau. Woher kommen die schwarzen Finger?

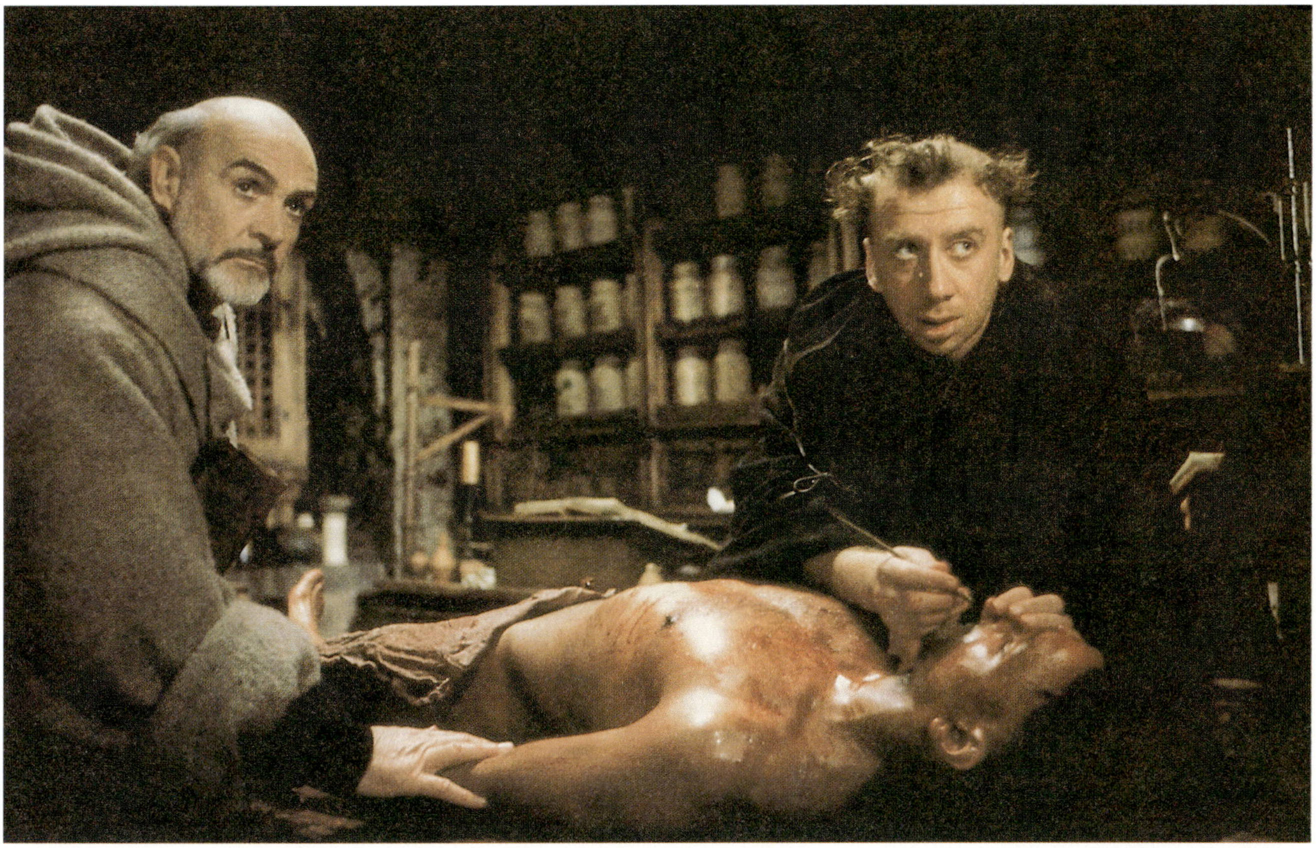

Diesmal müssen sich William und Severinus mit der Leiche des dunkelhäutigen Venantius (Urs Althaus) beschäftigen

Augen zu, wenn das Blut aus dem Nasenloch quillt? Nicht nötig, liebes Publikum: Alles nur Theater - selbst der Kopf ist unecht

Doch, schon. Sehen Sie, die geben sich solche Mühe mit der Besetzung, mit den Masken für all diese mittelalterlichen Gesichter, und die Kostüme werden aus der gleichen Wolle und mit der gleichen Technik gewebt wie damals, und man steht herum und friert, weil man nur Sandalen trägt, und irgendein Typ aus dem 20. Jahrhundert steht da und starrt einen ungeduldig an, weil er ein paar Fragen zu stellen hat und nicht verstehen kann, warum man nicht schnell die Szene fertigdreht, damit er mit seinen Fragen kommen kann. Es geht schon an die Laune, es stört. Und nach meinen Erfahrungen mit diesem Fim werde ich Schritte einleiten, damit das in Zukunft anders ist. Es gibt eine Phase, während derer ein Film promotet wird, aber diese Phase ist nicht während der Dreharbeiten.

Sie haben in den letzten dreißig Jahren sehr viele Rollen gespielt, als Filmschauspieler und auch am Theater. Gibt es eine historische oder literarische Person, welche darzustellen Ihnen ein großer Wunsch ist?

Ich hätte gern Sir Richard Burton gespielt, aber wir haben die Rechte nie bekommen. Heute denke ich, daß das Ganze viel zu teuer zu realisieren wäre.

Wie denken Sie heute über den Film Zardoz *und Ihren besonderen Einsatz für diesen Film?*

Ich hatte Boormans ersten Film gesehen und war sehr beeindruckt. Dann wurde ich auf *Zardoz* angesprochen, damals noch eine vage Idee, kaum ein Treatment. Boorman und ich trafen uns dann ein paar Monate lang für die Arbeit am Drehbuch, gaben ihm Schliff, bis wir meinten, es sei perfekt.

Was war Ihre Motivation für so viel harte und für einen Schauspieler untypische Arbeit?

Nun, ich habe soviel Zeit und Energie dahinein investiert, weil ich daran glaubte, weil ich die Idee herausragend fand. Und ich finde heute noch, daß *Zardoz* ein recht guter Film ist.

Sie haben vor einigen Jahren den "International Educational Trust" ins Leben gerufen, eine Institution in Schottland, die minderbemittelten Studenten mit Stipendien unterstützt. Was hat diese Institution erreicht, und was haben Sie selbst zum Gelingen beitragen können?

Ja, der Trust existiert noch und erreicht seine Ziele. In all diesen Jahren hat kein Zögling Gebühren bezahlen müssen für die Möglichkeiten und Lehren, die er genossen hat. In unserem Fundus gibt es nach wie vor Mittel, die zur Verfügung stehen für jedermann, der in einem bestimmten Fach Talent bewiesen hat - vorausgesetzt, er ist Schotte.

Was halten Sie von Umberto Eco?

Man kommt nicht umhin, Eco zu bewundern, seine Intelligenz, seinen Witz und seine Bildung. Er kam einmal zum Drehort und schien ziemlich beeindruckt zu sein. Er hat eine wunderbare Begeisterungsfähigkeit.

Eco hat sich ziemlich herausgehalten aus der Verfilmung.

Ja, und ich kann das verstehen. Es war sehr weise von ihm, die Verfilmung den Filmemachern zu überlassen. Er hat gewußt, daß das nicht sein Medium ist, und auch, daß man einem Buch nie ganz gerecht werden kann. Wir alle, das heißt Eichinger, Annaud, die ganzen Darsteller, zu denen ich auch gehöre, wir alle hoffen, daß wir seine Erwartungen nicht enttäuschen werden.

Hat das Ganze - im Nachhinein besehen - gelohnt?

Ja, es hat gelohnt. Für mich gab es viele interessante Dinge zu lernen aus der Welt Williams. Damals war alles anders, jede Bewegung, jede Geste, jede Art der Haltung hatte eine ganz bestimmte Bedeutung, sagte etwas aus über jemandes Platz in der Welt. Und - um mit William von Baskerville zu sprechen: Das ist der Stoff, den das Publikum wertschätzt. Von Agatha Christie bis Sherlock Holmes - das ist das Fleisch des Mysteriums.
Und *Der Name der Rose* ist ein sagenhaft gemachter "Who-done-it".

■■■■■■■■■■■■■■■■■■■■■■■■■■■■

Sean Connery, 56, spielt den Franziskanermönch William von Baskerville. Connerys Name ist unlösbar mit seiner Rolle als Agent James Bond verknüpft; seine 007-Filme waren von *Dr. No* (1962) an ungeheure Kinoerfolge. Doch es wäre falsch, ihn nur mit seiner Bond-Rolle aus sieben Filmen zu identifizieren. Connery, der vom Theater über das Fernsehen zum Film gekommen war, spielte seit 1956 in mehr als 40 Kino-Produktionen mit, darunter etwa *Der längste Tag, Marnie, Ein Haufen toller Hunde, Der Anderson-Clan, Zardoz, Mord im Orient-Expreß, Der Wind und der Löwe, Der Mann, der König sein wollte, Robin und Marian, Der erste große Eisenbahnraub, Meteor, Time-Bandits, Outland* und *Am Rande des Abgrunds.* 1982 übernahm er nach langer Pause in dem 007-Film mit dem bezeichnenden Titel *Sag niemals nie* noch einmal die Rolle des James Bond.

Thanks to Anna

INTERVIEW MIT F. MURRAY ABRAHAM

Das Interview fand zwischen F.M. Abrahams Einsätzen beim Drehen jener Szene statt, in der Bernard Gui den Wagen ersteigt, mit dem er das Kloster verlassen will. Immer wieder wurden wir unterbrochen; oft stellten wir eine Frage, Murray begann mit der Antwort, kletterte zwischendurch als Inquisitor auf seine Kutsche - und kam zurück, um da fortzufahren, wo er unterbrochen worden war.

Murray, inzwischen gibt es drei Bernard Guis: den historischen, den bei Eco und den in dem Film. Welcher gefällt Ihnen am besten? Wie denken Sie über die Darstellung Bernard Guis?

Charlie Chaplin sprach vom Erfahrungswert eines Schauspielers. Er meinte damit jene Schatztruhe von Lebens- und Spielerfahrung, auf die sich ein Schauspieler beziehen kann. Chaplin sagte aber auch, daß es nicht auf die Menge an Lebens- und Spielerfahrung ankomme. Der Erfahrungswert ist eine Addition der verdauten, der bewältigten Erfahrungen.
Ein Schauspieler muß sich immer auch auf sein Unterbewußtes beziehen können. Ich bin Jung-Anhänger; ich glaube, daß das Unterbewußte mit dem Über-Ich verbunden ist. Ich glaube an eine kosmische Verbindung zwischen allen Menschen, und zwar eine Verbindung aufgrund von Archetypen, auf die wir uns alle beziehen. In diesem Sinne verstehe ich den Schauspieler als einen Katalysator. Die eigentliche Rolle des Schauspielers ist es, die gemeinsamen und wesentlichen Archetypen anzusprechen. Ich bin dann am besten, wenn es mir gelingt, mich ganz auf mein Unterbewußtes zu verlassen, mich davon lenken zu lassen, um den Archetypus genau zu treffen. Das ist, wie ich meine, auch der Grund, warum schlechte Schauspieler so schnell zur Karikatur verkommen: Sie wissen nicht, woran sie sich orientieren können.
Die Schauspielkunst sollte sich heute noch am griechischen Theater orientieren. Ich für meinen Teil tue das. So auch bei der Darstellung Bernard Guis. Ich weiß zu wenig über den historischen Gui und Ecos Gui ist auch nur eine Interpretation von Eco. Aber ich kenne den Archetypus, der dem Charakter von Gui zugrundeliegt.

Nun ist die Rolle des Bernard Gui - gerade in diesem Sinne - besonders schwierig: Zum einen bekämpft Gui das Böse, zum anderen aber verkörpert er selbst das Böse.

Ja, ganz recht, das ist das Doppelte, das Besondere. Das ist die Gratwanderung bei meiner Rolle. Es ist so ähnlich wie die Liebe des Gefolterten zu seinem Schergen oder die tiefen Freundschaften, die zwischen Entführten und

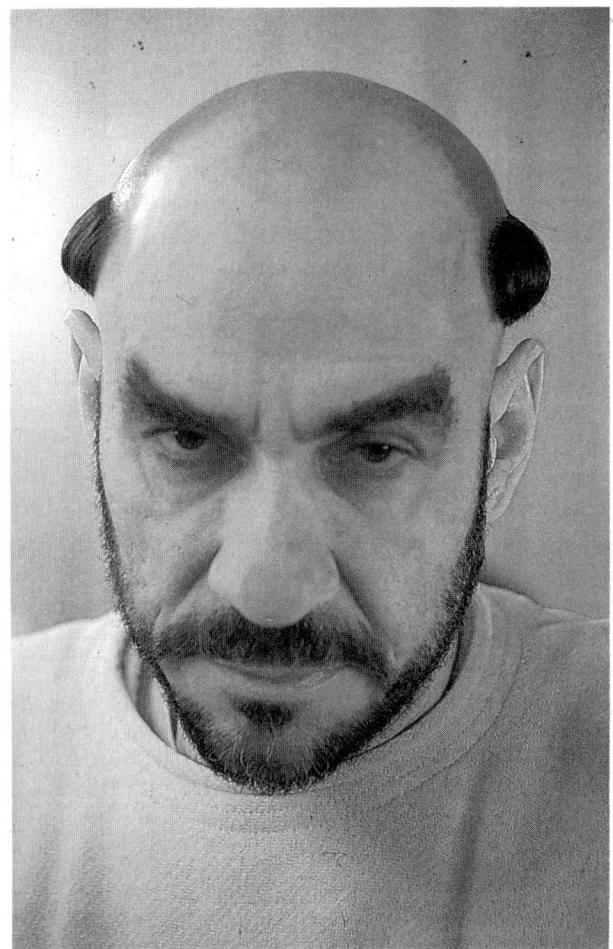

Der Oscar-Preisträger F. Murray Abraham spielt den Inquisitor Bernard Gui. Täglich rasiert Chef-Maskenbildner Hasso von Hugo die Glatze und klebt die buschigen Augenbrauen an, um seine dämonischen Züge zu verstärken

ihren Entführern entstehen können. Das Böse, das Gui bekämpft, und das Böse, das er verkörpert, sind eine sehr wichtige Parallele. Die Dialektik zwischen diesen beiden Polen darzustellen empfinde ich als die besondere Aufgabe bei meiner Rolle.

Wie werden sie diese Dialektik zwischen den Polen darstellen?

Oh, ich verlasse mich da auf meine Instinkte. Ich brauche da keine besondere Methode. Sicher, ich könnte mich da an einigen Politikern orientieren. Aber das wäre ein bißchen zu eng, glaube ich. Es geht hier eben vielmehr um ein kollektives Bild als um ein individuelles. Alle führenden Kleriker sind in einem gewissen Sinne Politiker, meist ziemlich verkommene Politiker, nicht wahr. Und ich meine das nicht nur bezogen auf das finstere Mittelalter. Im übrigen finde ich es erschreckend, wie wenig sich da in den letzten 650 Jahren verändert hat.

Wie meinen Sie das?

Jorge von Burgos (Feodor Chaliapin) kann die irdische Welt nicht mehr sehen. Aber in Brand setzen kann er sie allemal

William von Baskerville (Sean Connery) - der Urahne von Sherlock Holmes (nicht von James Bond) zeigt, daß er durchblickt

Naja, ich denke, die Bernard Guis der Gegenwart sind ein wesentlicher Teil des heutigen Dilemmas: Diese Männer, die - im Namen des Guten - sehr viel Böses anrichten.

Ja. Das bringt uns auf die nächste Frage: In einer großen deutschen Tageszeitung, der F.A.Z., lasen wir, daß Sie ein Befürworter, ja, ein regelrechter Anhänger von Ronald Reagan und seiner Politik seien. Das wunderte uns schon bei der Lektüre; aber vor allem jetzt, im Rahmen dieses Gespräches wundern wir uns noch viel mehr.

Ich habe wirklich keine Ahnung, woher der Journalist seine Informationen bezogen hatte. Von mir jedenfalls nicht. Ich bin nicht für Reagan, denn Reagan ist gegen den kleinen Mann und nur für die große Politik. Und das heute, in dieser weltweiten Krise, wo gerade der kleine Mann die Hilfe und die Unterstützung des Politikers braucht, um sich auf überhaupt etwas beziehen zu können. Nein, wirklich, ich bin ganz schrecklich fehlzitiert worden in dieser deutschen Tageszeitung. Ich bin keineswegs Reagan-Fan; ich finde, Reagan leistet einen großen Un-Dienst an meinem Land. Ich kann mir vorstellen, daß er es gut meint und in diesem Sinne auch sein Bestes gibt. Nur: Was er tut, gefällt mir gar nicht. Aus Überzeugung zu handeln heißt noch lange nicht, Gutes zu tun: Bernard Gui und der Papst, Khomeini und Reagan sind alle aus dem gleichen Holz.

Was meinen Sie, Murray, kann man in dieser Hinsicht aus Der Name der Rose *lernen?*

Zunächst einmal glaube ich, das solch wichtige Dinge jeder für sich und jeder in seiner Seele klären muß. Mein Weg ist der, völlig selbstverantwortlich zu sein, indem ich immer wieder in meine Seele hineinhorche, auf meine innere Stimme höre ...

Aber tun das nicht all die verkommenen Politiker auch? Geht es denen nicht auch darum, die soziale Welt draußen ihren individuellen inneren Werten und Maßstäben annähern und angleichen zu wollen?

Die meisten Politiker handeln nach der Devise: 'Wer die Geschichte nicht kennt, wird ihre Fehler wiederholen.' Aber: Obwohl sie die Geschichte sehr wohl kennen, fahren sie fort, ihre Fehler zu wiederholen.
Um Ihre Frage zu beantworten: Es werden ständig Situationen, die an sich recht einfach sind, weiter und weiter verkompliziert, bis es zum Dilemma kommt. Das ist es, was ich kritisiere: Die Gelder, die für Rüstung ausgegeben werden, Rüstung die angeblich einen äußeren Feind bekämpfen soll, wo der eigentliche Feind doch innen sitzt. Es wird im Grunde das Land vor sich selbst beschützt. Revolutionen sind heute eigentlich unmöglich, denn die Schußkraft ist enorm. Entsprechend kann sich revolutionäres Denken heute kaum entfalten, und das

ist das Traurige. Die Idee von der Freiheit entfernt sich, ist nur noch eine vage Gestalt im Nebel der Ferne. Deshalb glaube ich, daß der, der die Freiheit will, in seine Seele hineinhorchen muß.

Sie sind als Professor für Schauspielkunst an die Universität von Brooklyn berufen worden.

Ja.

Betrachten Sie es als Ihre Aufgabe, diese Gedanken, Ihre Philosophie in Ihren Unterricht miteinfließen zu lassen?

Oh ja, ja, ja, das tue ich ich! Der Schauspieler muß sich der politischen Macht des Theaters gewahr sein. Die meisten meiner Studenten kommen vom Straßentheater. Und das ist sehr gut so. Das teuere, organisierte Theater ist eigentlich völlig uninteressant. Was mich interessiert, ist dynamisches politisches Theater.
Ich will nichts vereinfachen. Ich finde nur, man kann sich selbst nicht als liberal verkaufen und darauf warten, daß andere etwas für die Freiheit tun. In den Vereinigten Staaten wählen über 5O Prozent der Bürger überhaupt nicht. Aber sie verlassen sich darauf, daß alles gut läuft. Das sagt doch schon alles!
Gemessen daran, wie jung die Vereinigten Staaten noch sind, ist der Zynismus dort schon von enormem Wuchs!

Und auch Gui genoß die Vorteile eines ähnlichen Zynismus.

Durchaus; Bernard Gui hatte solch eine Art von Macht. Man vertraute einfach darauf, daß er gut sei und das Böse schon ordentlich bekämpfen würde. Für meine Interpretation der Rolle Guis bedeutet das, daß ich versucht war, Gui als einen Menschen gänzlich ohne Wärme darzustellen, als jemanden, der nicht die Silhouette einer Seele hat.

Ist eine solche Art der Darstellung sehr schwierig?

Ich glaube schon, daß es eine besondere schauspielerische Aufgabe ist, einen Menschen darzustellen, dem Wärme und Seele fehlen. Sehen Sie, alle Menschen wollen geliebt, zumindest gemocht werden. Ich stelle mit Gui eine Person dar, die schlicht hassenswert ist.
Und das ist der Punkt: Bei den ersten Aufnahmen bemerkten alle, die dabei gewesen waren, daß ich in der Rolle Guis auf sie attraktiv wirkte, erotisch. Da wußte ich, daß es mir gelungen war, den Archetypus des Bösen zu treffen. Denn wir leben in einer Zeit, in der das Böse als attraktiv, ja, erotisch empfunden wird.

Das erinnert an die Faszination, die der Faschismus auf die Kinder seiner Zeit ausübt.

Genau! Und so etwas meine ich, wenn ich von der Notwendigkeit der Geschichtskenntnis spreche und von der politischen Macht des Theaters.

In New York City gibt es eine Theater-Institution namens *Shakespeare in the Park,* im Central Park. Letztes Jahr habe ich in *Antigone* mitgespielt. Meine Rolle war die des Creon, dessen Persönlichkeit den reaktionären Regierungen der westlichen Welt recht nahe kommt. Die Angst vor einem Zuviel an Freiheit, nämlich Anarchie, treibt Creon und seinesgleichen in die Position der Reaktion. Ich selbst bin gegen Anarchie, weil sogar ihre mildesten Formen mit Verrohung und Verrottung einhergehen. Ich will keine Anarchie. Aber ich will auch nicht den Freiheitsbegriff, der davon ausgeht, daß ein Ostblock-Polizeistaat frei, weil sicher sei.

Ja, all das hat viel mit Schauspielkunst zu tun. Ich unterrichte keine politische Gesinnung. Meine Intention ist die, im Rahmen meines Schauspielunterrichts zur politischen Wachheit und Aufmerksamkeit zu erziehen.

Kennen Sie den deutschen Philosophen Walter Benjamin? Er nannte den Faschismus 'die Ästhetisierung der Politik'.

(lachend) Hoffentlich im positiven Sinne?

Ja, doch; so darf man das verstehen. Halten Sie es für möglich, daß das Prinzip des Bösen in der Figur Gui dadurch gemildert wird, daß er in dem Film ums Leben kommt?

Ja, durch seinen Tod wird das Böse schon etwas romantisiert. Aber Menschen lernen wohl sehr viel aus Ro-

mantischem. Ich glaube, daß im Menschlichen, im Gefühlsmäßigen der Intellekt sehr präsent ist.

Es erstaunt mich, daß Bernard Gui und William von Baskerville soweit voneinander entfernt sind. Ich frage mich, ob sie sich nicht viel ähnlicher sein müßten, wo doch beide Opfer ihrer Eitelkeit sind. Ist William wirklich so anders als Bernard? Könnten Sie sich nicht vorstellen, daß sie einst Freunde waren? Fest steht, daß sie voreinander großen Respekt haben. William ist schließlich auch ein Kämpfer, ein Schwertführer. Das finde ich, kommt im Film zu wenig zum Ausdruck, im Buch allerdings auch. Meiner Meinung nach hätten auch Adsons gelegentliche Zweifel an William etwas mehr betont werden müssen.

Dient Bernard Guis Tod der Katharsis?

Auf alle Fälle wird es den Zuschauer sehr freuen, daß er stirbt. Ich denke schon, das sein Tod kathartisch wirkt. Hoffentlich; denn, wie gesagt, die Feinde sind nicht außen, sondern innen. So wie auch die Hölle - falls es sie gibt - in jedermanns eigenem Inneren liegt.

Möchten Sie etwas zu dem Oscar sagen, den Sie für Ihre Darstellung des Salieri in Milos Formans Amadeus *bekommen haben?*

Ja. Ich möchte dazu sagen, daß man Sachen um ihrer selbst willen tut und tun sollte. Ein Geschenk zum Beispiel macht man, um das Geschenk zu machen, nicht wegen des Dankeschöns hinterher. Ich mag meinen Oscar sehr, er ist sehr hübsch und macht mir Spaß. Aber ich war schon vorher ein guter Schauspieler. Und ich wäre

Das Gebäude des Glaubens, errichtet zur Ehre Gottes (hier eine Entwurfszeichnung des Filmarchitekten Dante Ferretti) Aufgabe von Männern wie Bernard Gui war die Verfolgung all derer, die diese Mauern hätten untergraben können

Adson von Melk (Christian Slater) zwischen Askese und Ekstase. Das Mädchen (Valentina Vargas) verliert gegen das Zölibat

Gruppenbild mit Dame: Valentina Vargas, Ron Perlman, J.-J. Annaud, F. Murray Abraham, Umberto Eco und Michael Lonsdale

auch ohne Oscar ein guter Schauspieler geblieben. Aber mit Oscar werde ich als besser, wichtiger, autoritärer genommen und hingestellt. Da passieren dann solche Sachen, daß eine Zeitung schreibt, ich sei Reagan-Fan.

Letzte Frage: Welches sind Ihre Traumrollen?

King Lear wäre schön zu spielen und auch Richard II. Viele Rollen bei Moliere würden mich sehr reizen. Und, sehr wichtig: Faust von Goethe. Da finde ich das Spiel der Archetypen am zutreffendsten dargestellt. Jedes Wort ist pure Poesie. An Goethes Faust kann ich vielleicht auch erklären, wie es ist, als ein Mensch, der gut sein will, die Rollen böser Menschen spielen zu müssen: Ich würde sehr gerne die Rolle des Faustus spielen, aber ich sehe nun einmal aus wie Mephisto.

F. Murray Abraham, 47, hat die Rolle des Inquisitors Bernard Gui übernommen. Für seine großartige Darstellung des Salieri in Formans *Amadeus* erhielt er zahlreiche Auszeichnungen, darunter den Oscar. Obwohl Abraham in mehreren Filmen mitgespielt hat (zum Beispiel *Scarface, Die Unbestechlichen, Serpico*), ist er eher ein Mann des Theaters. Seit vielen Jahren steht er am Broadway oder in Off-Broadway-Theatern auf der Bühne, ist Professor für Schauspielkunst am Brooklyn-College der Universität von New York und macht seit sechzehn Jahren mit einer Gruppe Straßentheater in unterprivilegierten Stadtvierteln von New York.

(Fortsetzung von Seite 19)

nicht nur das Feuer gewütet, dem im Film schließlich Bibliothek und Abtei zum Opfer fallen. Es ist, als seien die fleischlichen Sünden der Mönche vom Himmel selbst bestraft worden: wo sich noch vor wenigen Monaten stolze Mauern erhoben, ist kein Stein mehr auf dem anderen geblieben, nackt und kahl liegt das Plateau unter dem italienischen Himmel. "Alles, was von einer toten Rose bleibt, ist ihr Name."

Doch es waren weder die Trompeten von Jericho, welche die Mauern zum Einsturz brachten, noch verschlang die Erde wie in Sodom und Gomorrha den lasterhaften Ort. Schlichte Bulldozer waren am Werk. Und der Herr, der alles dies befohlen hatte, saß auch nur wenige Kilometer entfernt in Rom und heißt Dante Ferretti. Wegen der unklaren Rechtslage hinsichtlich des Urheberrechts an Filmbauten wollte er vermeiden, daß ein flinkes Filmteam zum Kloster eilt und sein Werk mißbraucht. Eigentlich schade - die Leute von Monty Python hätten hier bestimmt eine würdige Nachfolge zu den *Rittern der Kokusnuß* runtergekurbelt.

Unterdessen haben die Medien (soweit sie durften) immer mal wieder mit einem kleinen Interview hier und einem Bericht dort die Millionengemeinde der *Name der Rose*-Leser darauf hingewiesen, daß das Vergnügen am Mittelalter demnächst aus dem heimischen Ohrensessel auf die Kino-Augenweide verlagert wird. Das wiederum - den Marktgesetzten sei's gedankt - stachelt die Leselust ungeheuer an.

Während die deutsche Originalausgabe, nachdem sie sich nach ihrer ersten Drucklegung 1982 langsam, aber unaufhörlich zur Spitze der Bestsellerliste emporgearbeitet hatte, nun die Auflage von einer halben Million überschritten hat, macht es ihr ab April 1986 die Taschenbuchausgabe nach. Auch sie beherrscht für Monate den ersten Platz. Dazu kommen noch ein paar Hunderttausend Ausgaben, die vier Buchgemeinschaften im Angebot haben. Ganz zu schweigen von der unbekannten Zahl der Raubdrucke, die eifrige Verkäufer in Szene-Kneipen aus dem Jutebeutel ziehen. Auch davon dürften - grob geschätzt - ein paar Zehntausend verkauft worden sein. Dazu kommt noch jeweils Ecos *Nachschrift*.

Nach soviel Literatur braucht der Mensch der Gegenwart etwas Sinnesreiz. Doch der von Steven Spielberg und George Lucas mit verwirrenden "Special Effects" verwöhnte Kinobesucher wird in *Der Name der Rose* wieder mit beiden Beinen fest auf den Boden der Geschichte gestellt. Solche Spielereien läßt Annauds Vorliebe für Naturalismus kaum zu. Aber auch hier ist nicht alles Blut, was tropft.

Ein paar der Tricks seien abschließend verraten. Wenn etwa William und Adson durchs Gebirge reiten und in der Ferne erhebt sich auf dem Berg das Kloster, dann ist hier einfach als sogenanntes "Matte-Painting" ein gemaltes Bildchen der Abtei eingeblendet worden. Beim großartigen Inferno des Klosterbrandes prasseln zwar echte Flammen; da aber Stahlgerüste und Gips schlecht brennen und die entsprechenden Szenen zudem mehrmals gedreht werden müssen, kommt das Feuer aus Gasdüsen, die aus Batterien von Propangasflaschen gespeist werden.

Daß der dunkle Venantius nicht wirklich so lange die Luft anhält, wie seine blutverschmierten Beine aus dem Schweine(kunst)blutbottich ragen, ist eigentlich jedem klar, der darüber nachdenkt: Venantius besteht hier eben nur aus zwei Beinen. Wenn er in die Kräuterküche getragen wird, ist es wieder der echte Urs Althaus. Doch wenn ihm da Severinus unter Williams neugierig-forschendem Blick einen getrockneten Blutpfropfen aus dem linken Nasenloch zieht und darauf ein kräftiger Schuß des roten Lebenssaftes über den Seziertisch schwappt, dann sieht das zwar überzeugend gräßlich aus. Doch in Wirklichkeit liegt da nur der von Urs' ebenmäßigem Gesicht abgegossene Plastikkopf mit einem Schlauch durchs Nasenloch. Im rechten Augenblick drückt ein Assistent auf einen mit Theaterblut gefüllten Ball: schon rinnt es rubinrot über Wange und Tischplatte.

Wer dagegen Salvatores grandioses Antlitz (vgl. die Abbildungen auf der nächsten Seite) allein der dreieinhalbstündigen Fummelei von Maskenbildner Maurizio Silvi zuschreibt, irrt: Der freundliche Ron Perlman, der bereits in Annauds *Am Anfang war das Feuer* überzeugend als Urmensch über die Leinwand grunzte, hat tatsächlich solch einen beeindruckenden Neandertalerschädel.

Der Schauspieler Ron Perlman

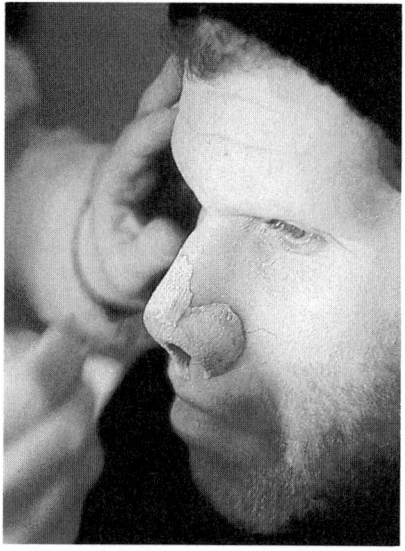

Zunächst kommt die Gumminase dran

Die Übergänge zur Haut werden geglättet

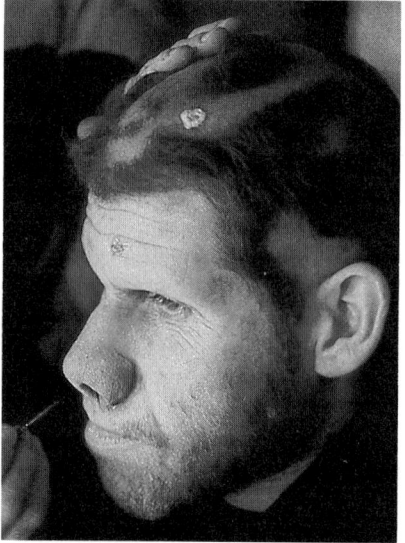

Dazu Falten, Pickel und Schorf

Noch ein paar Flecke und Bartstoppeln

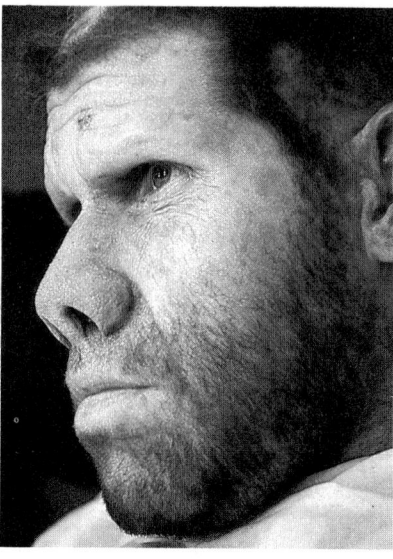

Fertig ist der Ketzer Salvatore

INTERVIEW MIT BERND EICHINGER

Das Interview fand im Arbeitszimmer von Bernd Eichinger im Gebäude der *Neuen Constantin* in München statt. Auf dem Regal zu unserer Rechten standen seine gesammelten Filmtrophäen: Oscars, Goldene Leinwände. Im Vorzimmer blockte seine Sekretärin Telefonate und Besucher ab.

Bernd, wie kamst Du auf die Idee, Der Name der Rose *zu produzieren?*

Angefangen hat das mit meiner Lektüre des Romans. Das war relativ spät, die deutsche Übersetzung lag schon vor. Der Roman hat mich begeistert, weil das Mittelalter da ein so wichtiger Bestandteil ist, kein Hintergrund für eine murder-mystery, sondernd regelrechter Mitdarsteller.
Ich habe mich dann um die Rechte bemüht, die waren aber weg, lagen bei einer französischen Produktion mit Jean-Jacques Annaud als Regisseur. Ich kannte und mochte Jean-Jacques. Wir unterhielten uns, er wollte auch sehr gern mit mir zusammenarbeiten, aber es sah aus, als ob ich nicht mehr würde miteinsteigen können. Aber etwa ein halbes Jahr später wurde mir dann von der französischen Seite die Co-Produktion angeboten. Ich lehnte ab, ich co-produziere nicht gern.

Warum nicht?

Ein Film ist eine Sache zwischen Drehbuch-Autor, Regisseur und Produzent. Das sind schon genug Personen, die harmonieren müssen. Ich habe dann alles übernommen, indem ich den Franzosen die Vorkosten zurückerstattete. Jean-Jacques kam mit seinen ersten Drehbuchfassungen zu mir, wir diskutierten und konzipierten und machten einfach weiter.

Wieso hat denn die französische Produktion die Rechte so ohne weiteres verkauft?

Aus Geldgründen. Das Ganze schien denen doch einiges teuerer zu kommen als sie kalkuliert hatten. Diesen Film en detail authentisch zu gestalten ist schon eine sehr teuere Angelegenheit. Alles Mögliche muß eigens zu dem Zweck hergestellt werden, wenn man es gut machen will.

Wie ging`s weiter?

Zunächst einmal konzentrierten wir uns auf das Drehbuch. Wir wußten, wir wollten keinen Suspense-Film machen, keinen Thriller. Wir wollten die Essenz erhalten. Und wir hatten beschlossen, daß das Mittelalter ein Star sein sollte in unserem Film. Also galt es für uns, eine ideale Drehbuchfassung zu finden. Wir mußten die Mitte finden zwischen Gerard Brachs und Howard Franklins Drehbuchfassungen. Und je mehr wir uns auf die Mittelalterlichkeit konzentrierten, desto besser funktionierte alles.

Wie sah die organisatorische Seite aus, wie die finanzielle?

Also, ausgegeben haben wir 47 Millionen Mark, ursprünglich 16,5 Millionen Dollars. Wie man das Geld aufbreibt? Zuerst muß man ein stimmiges Drehbuch haben, muß die Rollen besetzt haben und vor allem mit den Darstellern, dem Regisseur und dem Produzenten eine Vorstellung von dem Film und seinem wahrscheinlichen Erfolg vermitteln können. Mit diesem sogenannten Paket geht man dann auf den Weltmarkt. Man spricht Verleihe auf der ganzen Welt an, mit der Maßgabe, den Film zu distribuieren, dafür gibt es eine Einspielgarantie, ein Minimum. Das heißt: Ich bekomme dieses Minimum im voraus zum Produzieren. Wenn der Film mehr einspielt, bin ich als Produzent beteiligt, spielt er weniger ein, ist es das Risiko des Verleihers. Man macht also eine Art weltweite Kollekte, wobei die Summe, die man aufbreibt, so sein muß, daß man die Lücke zwischen den Minimum-Garantien und den tatsächlichen Kosten selbst schließen kann. In der Regel sind es etwa 70 Prozent der Herstellungskosten, die man drin haben sollte.

Hast Du Der Name der Rose *bereits an alle für Dich interessanten Länder verkauft?*

Ja, außer an Japan und Korea, die warten noch ab. Das muß man verstehen. *Der Name der Rose* ist für die schon äußerst exotisch.

Und wie geht die Finanzierung dann weiter?

Man geht zur Bank, da werden die Verträge zwischenfinanziert. Das ist ein banktechnisch sehr kompliziertes Verfahren, bei dem es darum geht, daß die Bank die Verträge anerkennt und Geld vorschießt. Wenn es soweit ist, hat man die Finanzierung soweit gesichert.

Wieviele Menschen müssen Der Name der Rose *sehen, damit sich das Projekt amortisiert?*

Das kann man so nicht sagen, dazu sind die Eintrittspreise weltweit zu unterschiedlich. Eure Frage kann man etwa so beantworten: 20 bis 22 Prozent des eingespielten Geldes laufen wieder zum Produzenten zurück.

Ist es wirklich so wichtig, daß ein Film weltweit läuft? Als Laie könnte man meinen, daß es fast schon ausreicht, wenn der Film in den Vereinigten Staaten gezeigt wird.

Oh, nein, nein, es ist schon lebenswichtig, auf den Weltmarkt zu kommen: Die Vereinigten Staaten sind äußerst wichtig, aber allein Frankreich ist schon ein enormer Markt, Skandinavien ist ebenso unverzichtbar, aber auch der spanische und der italienische Markt sind sehr wichtig. Nicht zu unterschätzen ist der Markt im fernen Osten, genauso der in Südamerika, in Mexiko und Chile ist Kino unwahrscheinlich populär. Und selbst Südafrika. Freilich muß man nicht überall vertreten sein, um auf seinen Schnitt zu kommen, aber das Geschäft summiert sich aus vielen verschiedenen Kassen.

Wie ist das mit dem Ostblock?

Die sind nicht gerade kooperativ: Lauter Maßgaben, kaum Geld. Da ist kein Handeln. Der Markt dort ist sehr groß, aber er ist monopolisiert - er geht nicht in Konkurrenz.

Wie sind die Zuständigkeiten bei Der Name der Rose *verteilt? Was entscheidest Du, was Annaud, was obliegt Eurer gemeinsamen Entscheidung?*

Eigentlich gibt es da keine strenge Trennlinie. Ein erfahrener Regisseur weiß, was ein Budget ist, obwohl er eigentlich nie etwas davon sieht. Jean-Jacques weiß, daß er über ein opulentes Budget verfügt, daß er damit klarkommen kann und muß, weil sonst jede Proportion verloren geht. Die meisten Budget-Probleme kann man beim Schreiben voraussehen, also vermeiden. Was die Besetzung, das Casting, betrifft, kann ich nur sagen: Es ist schlecht, wenn der Regisseur und der Produzent das nicht gemeinsam auf die Reihe kriegen. Denn soetwas kann man letztlich nicht vertraglich regeln, zumindest steht das bei uns in keinem Vertrag. Zwischen Produzent und Regisseur muß es Vertrauen und Verständnis geben, auch wenn sich das jetzt naiv anhört. Wenn Jean-Jacques und ich nicht miteinander klarkommen würden, könnte kein Vertrag oder sonst etwas den Film retten. Man muß miteinander reden können und es tun.

Das ist nicht immer einfach, oder?

Nein, auch deshalb geht immer wieder etwas in die Hose in dieser Branche. Meine Devise lautet: "Gründliche Vorbereitung", das heißt: Ich gehe davon aus, daß fast alle Fragen sich im Vorfeld klären lassen und geklärt werden müssen. Wenn vorher alles durchdacht und abgesprochen ist, muß man sich nur noch daran halten. Wenn erst einmal gedreht wird, ist es zu spät für Diskussionen.

Wie teilt sich so ein Budget dann auf? Gibt es da prozentuale Maßstäbe, anhand derer man ausrechnen kann, was wieviel kosten darf?

Bei jedem größeren Film sind die größten Kosten die Gagen. Der Rest fällt fast nicht ins Gewicht. Das Material zum Beispiel ist kaum der Rede wert, verglichen mit den Gagen der Leute, die dieses Material bearbeiten. Nicht die Lastwagenladung macht`s, sondern die Löhne für die Packer und den Fahrer. Gute 80 Prozent des Budgets gehen für Gagen und Löhne drauf.

Wie empfandest Du die Zusammenarbeit mit Eco? Ist er schwierig? Autoritär?

Überhaupt nicht! Der Eco ist von vorneherein sehr intelligent; das macht vieles sehr viel leichter. Als Medienexperte weiß er auch, daß der Film keine Fortsetzung von seinem Buch ist, sondern ein eigenständiges Werk, das von seinem Buch ausgeht. Eco hat sich uns genau angesehen, hat unserer Planung und unserer Ernsthaftigkeit genau auf den Zahn gefühlt und meinte dann: 'O.K., Jungs, viel Glück!' Ich würde sagen, er hat sich sehr bewußt aus der Entstehung des Films herausgehalten.

Hat er sich etwas Besonderes ausbedungen?

Nein. Ihr denkt da an Michael Ende und *Die unendliche Geschichte*. Nein, mit Eco gab es solche Probleme nicht.

Der Ende hat da den Dreh nicht hingekriegt, den Film als selbständiges Ding zu nehmen. Der wurde quasi eifersüchtig, als der Film seine Eigendynamik entwickelte. Da hat er dann Druck gemacht, ich habe Gegendruck gemacht. Jetzt gibt es Krieg, und ich stoppe den auch nicht.

Wie kommt es eigentlich, daß Der Name der Rose *in den Vereinigten Staaten zwei Wochen früher anläuft als in Deutschland?*

Es gibt für jedes Land etwas, was man den maximalen Starttermin nennen könnte. Der errechnet sich aus allen möglichen Faktoren wie Ferien, Wetter, sonstige kulturelle Angebote undsoweiter. In unserem Fall liegt der maximale Starttermin bei Mitte Oktober, die Amerikaner gehen davon aus, daß Ende September ein günstigerer Starttermin ist. Eigentlich wäre es logischer, den Film in Deutschland starten zu lassen, aber letztlich macht es keinen Unterschied, alldieweil ohnehin zuerst die englische Fassung fertiggestellt wird.

Ging es Dir bei Der Name der Rose *eigentlich darum, eine Literaturverfilmung vorzulegen?*

Überhaupt nicht, ehrlich. Die große Literaturverfilmung interessiert mich nicht die Bohne. Mir geht es nicht darum, irgendwelche Leser zufriedenzustellen oder die Kritiker zu überzeugen. Wenn mich die Grundidee von einem Buch fasziniert, überlege ich mir, was genau mich begeistert hat und wie man das in einem Film gut darstellen könnte. Von da an hat der Film für mich nur noch diese Grundidee mit dem Buch gemeinsam. Bei *Der Name der Rose* war es, wie gesagt, die Rolle, die das Mittelalter spielt. Ich wollte diese Detailgenauigkeit, mit der Eco dieses Zeitalter zeichnet, filmisch umsetzen, das heißt, zur Basis für den Film machen. Bei *Das Boot* war es das Leben in dem Boot.
Vielleicht ist es das Wichtigste bei der Zusammenarbeit von Regisseur und Produzent, daß sie aufgrund der Vorlage des Buches die gleiche Vision haben.

Hast Du Prognosen für Der Name der Rose*?*

Nein. Ich denke nur, der Film ist gut genug, um kein Flop zu werden. *Der Name der Rose* ist solide finanziert und gescheit durchkalkuliert, und ansonsten geben wir alle unser Bestes.

Kommen wir zur Person Bernd Eichinger: Wie wird jemand mit Mitte Dreißig der größte deutsche Filmproduzent? Ist es das Getriebensein von einer Idee? Besessenheit?

Besessenheit ist sicher ein wesentlicher Faktor. Naja, ich habe sehr früh angefangen und relativ genaue Vorstellungen davon gehabt, wo ich hin wollte, und ich habe immer sehr viel gearbeitet, habe mich nicht groß entmutigen lassen, wenn einmal etwas nicht lief. Ich war einfach entschlossen. Ich habe sehr viele Filme gemacht und aus ihren Erfolgen und Mißerfolgen meine Schlüsse gezogen.

Wo war der Wendepunkt, der Übergang? Ab wann warst Du nicht mehr einer von vielen kleinen Produzenten? Wo zweigte sich Dein Weg ab, hin zu einem der größten Filmproduzenten der Welt?

Eigentlich dann, als ich meinen eigenen Verleih hatte. Da ist der Publikumskontakt auf einmal riesengroß gewesen, ganz direkt und unmittelbar vor meinen Augen. Mit einem Verleih kann man sich nichts mehr vormachen. Man kriegt die Rechnung für seine Fehler sofort serviert. Und man lernt, vom Publikum zu lernen. Vorher, als reiner Produzent, schielt man nach dem Feuilleton, aber darum geht es nicht. Es geht um das Publikum, und das ist unbeirrbar und gnadenlos. Ansonsten: Ich bin schon immer sehr streng, sehr rigoros gewesen mit mir selbst.

Hattest Du, hast Du ein Vorbild?

Eigentlich nicht, denn das Bild des Produzenten unterliegt permanenter Wandlung. Mir haben immer die Leute imponiert, die es verstanden haben, ihrem Publikum durch immer wieder neue Überraschungen Spaß zu bereiten und selber dabei Spaß zu haben.

Wenn man alle Produzenten in zwei Pole aufteilen würde, und diese Pole hießen dann Selznick und Spielberg, wo würdest Du Dich dann eher zuordnen?

Spielberg, definitiv. An Selznick bewundere ich die Kreativität, die er aus seinem Chaos geschöpft hat. Spielberg aber ist ein Besessener, er macht Kino, weil er muß. Er lebt mit seinen und für seine Filme. Deshalb ist er perfekt. Deshalb hat er so eine sichere Hand darin, Neues, Überraschendes anzupacken.

Und welche Regisseure begeistern Dich?

Zuviele, um sie aufzuzählen. Coppola war eine Weile der Größte für mich, aber was er im Moment macht, interessiert mich nicht sehr.

Arbeitest Du eigentlich soviel wie man sich vorstellen würde, daß ein Mensch in Deiner Position arbeitet?

Ja, sehr viel. Aber es fällt mir nicht groß auf. Meine Arbeit ist gleichzeitig meine Freizeit, mein Hobby, meine Entspannung. Es ist ein Lebensstil.

Bist Du eigentlich ein Leser?

Zunächst einmal: Nein. Ich lese sehr viel, ja, täglich, aber ich bin doch viel eher ein Seher. Ich liebe Filme. Auch wenn`s dumm klingt: Ich genieße einen schlechten Film eher als ein gutes Buch. Deshalb glaube ich auch, daß ich kein eigentlicher Leser bin.

Planung am Kloster: Annaud und Eichinger im Gespräch

Bernd Eichinger, 36, ist der Produzent von *Der Name der Rose*. Er studierte an der Münchener Filmhochschule, wo er bereits an mehreren professionellen Projekten mitarbeitete und verschiedene Fernsehdrehbücher verfaßte. Nach seinem Abschluß war er zunächst als Produktionsleiter für US-Filmprojekte tätig, bis er 1974 die *Solaris Film* gründete, die Filme mit wichtigen deutschen Regisseuren wie Wenders, Petersen, Syberberg oder Schell produzierte. 1979 wurde Eichinger Mitinhaber und Chef des Filmverleihs *Neue Constantin*, der seither zahlreiche Filme mit Rekordeinspielsummen in die deutschen Kinos brachte, darunter auch Annauds erster Erfolgsfilm *Am Anfang war das Feuer*. Vor *Der Name der Rose* produzierte Eichinger bereits *Wir Kinder vom Bahnhof Zoo* sowie *Die Unendliche Geschichte*.

DIE BILDER DER SPRACHE UND DIE SPRACHE DER BILDER

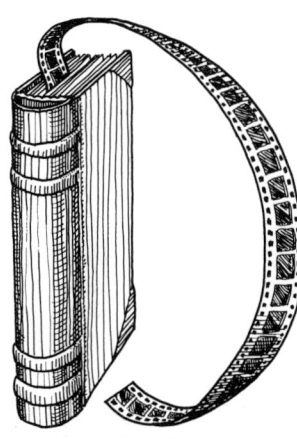as große Wort von der Literaturverfilmung hat in den letzten Jahren mehr als ausreichend die Runde gemacht. Ständig und immer wieder wurde diskutiert bis disputiert, ob Film X seiner Vorlage gerecht würde, und ob Vorlage Y überhaupt verfilmbar sei beziehungsweise aus juristischen, ethischen oder ethnischen Gründen verfilmt werden dürfe. Es scheint, als sei die Verfilmung von Literatur eine tiefgehende Problematik, die, von den Päpsten der Kultur-Industrie bis hin zum kulturinteressierten Menschen von der Straße, jeden einigermaßen intellektuellen Kopf hierzulande übermäßig beschäftigt.

Die Stadt, der Müll und der Tod eines Handlungsreisenden ...oh, weh, ...geht denn das?...darf man das?

Ja, leider artet das kluge Gespräch um die Literaturverfilmung fast zwangsläufig in Gelaber aus, so nach dem Motto: "Wer mag denn heute noch von profanen Dingen wie dem Wetter sprechen?"

Denn selten bis nie wird in diesen Diskussionen bis Disputationen definiert, welche die Probleme der Umsetzung von Literatur/Film denn sind.

UMSETZUNGSPROBLEME DER LITERATURVERFILMUNG

Die Umsetzungsproblematik Buch/Film ist schon im Großen und Groben so komplex und wechselwirkend, daß man den Anfang in den Unterschiedlichkeiten der Medien suchen sollte. Das Buch wie auch der Film sind Medien der Kommunikation, genauer: der Massenkommunikation. (Der Begriff "Medium" ist selbst problematisch, weil er in der Alltagssprache mindestens zwei Bedeutungen hat: Mal meint der Begriff den Hintergrund bzw. die Unterlage vor/auf dem ein bestimmtes Objekt besser zur Geltung kommt, mal wird er gleichbedeutend mit Kommunikationskanal benutzt.)

Im Zwiegespräch wendet ein Sender (Sprecher) sich an einen Empfänger (Hörer). Ihr Medium ist dabei das Gespräch, ihr Code in erster Linie die Sprache (aber auch Mimik, Gestik, Körperhaltung), ihr Kanal die Akustik. Mit einem Buch als Medium versucht der Sender (Autor) möglichst viele Empfänger (Leser) zu erreichen. Ganz ähnlich verhält es sich beim Film als Medium.

Ab hier beginnen dann aber auch die Unterschiede zwischen Buch und Film. Das Medium Buch hat in aller Regel die reine Sprache (und gegebenenfalls Illustrationen) als Code, das Medium Film aber hat das Bild als Code. Auch wenn Sprache im Film eine noch so große Rolle spielt, der Code bleibt vorrangig die bildliche Darstellung, die Gestaltung. Man spricht in diesem Zusammenhang von der "verbalen Codierung" des Buchs und der "visuellen Codierung" des Films.

DAS WORT-BILD-PROBLEM ...

Diese Unterschiedlichkeit der Codes unserer Medien mag banal anmuten. Ihre Tragweite ist umso größer!

Ein Beispiel: Eingebettet in den Gesamtzusammenhang eines erzählenden Textes ist ein Satz wie "Er ging in die Hotel-Bar." völlig ausreichend, um dem Leser mitzuteilen, welche Änderung der Räumlichkeiten sich ergeben hat. Will man nun selbigen Sachverhalt filmisch darstellen, tauchen sofort verschiedene Fragen auf. Denn wo der Leser im Text Freiräume hat, die er mittels Phantasie, Identifikation, Intuition, Lese- und Lebenserfahrung ausfüllt, ist der Film vom Wesen seines Mediums und seines Codes her darauf ausgerichtet, eben diese Freiräume auszumalen und damit einzuschränken. Während der Leser den inneren Kosmos des Buches ziemlich aktiv mitausstattet, muß der Zuschauer versuchen, möglichst viel von der Ausstattung des inneren Kosmos des Films aufzunehmen und zu verarbeiten. Wenn "er" im Film in die Hotel-Bar geht, kann er den Lift nehmen oder die Treppe hinabsteigen, genausogut kann gleich in die Bar übergeblendet werden. Die Bar wiederum kann groß oder klein, hell oder dunkel, voll oder leer, altmodisch oder modern eingerichtet sein. Das entscheiden im Film der Regisseur und der Produzent für den Zuschauer.

Ein anderes Beispiel? Ja, ein ganz anderes, das die Unterschiedlichkeit der Kanäle der Medien von Buch und Film verdeutlichen soll: Die reine Sprache lebt oft von Unregelmäßigkeiten, Abweichungen, möglichen Mißverständnissen. Diese würzen die Sprache des Alltags, geben ihr oft komische bis groteske Seiten, die einer gewissen Wahrheit nicht entbehren. In der Sprache der Literatur und auch der Werbung sind sie unerläßliche Mittel. Das ist beispielsweise der Fall, wenn Kafka mit "etwas umgehen","mit etwas umgehen", mit "sich verhören" und "jemanden verhören" sein tiefgründiges Verwirrspiel treibt, aber auch, wenn ein Hersteller von Papiertaschentüchern mit "gut betucht" und "Tuchfühlung aufnehmen" für seine Ware wirbt.

Wortspiele, Doppel- bzw. Mehrdeutigkeiten und rhetorische Figuren lassen sich filmisch so gut wie nicht übertragen; anders ausgedrückt: Zu bestimmten verbalen Codierungen gibt es keine visuellen Umsetzungsmöglichkeiten. Unter einem "Kopfarbeiterkind" oder einem "Unvermögensverwalter" kann sich der Leser etwas vorstellen, verbildlichen kann man die Wortkombinationen nicht. Und daß Aspekte wie Satzmelodie und -rhythmus, Intonationskurve und Reim, Wortwahl und grammatische Verschachtelung in der filmischen Umsetzung völlig andersgearteten Elementen und Faktoren wie Farbe, Raum, Ausschnitt, Schnitt, Sequenzfolge und Gesamtrhythmus Platz machen (müssen), gehört auch zu den oftdiskutierten und oftdisputierten Problemen der "Literaturverfilmung". Zudem: Wie will einer das, was "zwischen den Zeilen" steht, filmisch darstellen? Das Ganze führt dann in aller Regel zu Diskussionen über Filmrhetorik und Filmsemiotik, aber das soll uns in diesem Zusammenhang nicht weiter beschäftigen.

Und das sind wirklich nur zwei Beispiele für eines der Umsetzungsprobleme, die die Unterschiedlichkeit der Medienkanäle von Buch und Film aufwirft. Nennen wir es das "Wort-Bild-Problem".

Eine weitere, nicht geringzuschätzende Schwierigkeit der filmischen Umsetzung von Literatur könnte "das Rechtsproblem" heißen. Was einer schreiben darf, darf ein anderer noch lange nicht verfilmen. Gemeint sind hier nicht Copyright- und Urheberrechtsprobleme. Diese wollen wir nicht zu den eigentlichen - künstlerisch-ästhetischen - Umsetzungsproblemen zählen. Gemeint ist hier die Tatsache, daß der Film - sowohl was Sex, als auch was Gewalt betrifft - stärker beschnitten wird:

Eine Formulierung wie "das Instrument seiner rohen Begierde" ist durchaus literarisch. Auch eine weniger dezent umschreibende Wendung wie "ihre klaffende, klatschnasse Scham" läßt sich ohne größere Schwierigkeiten in Werken finden, die zu Recht unter Literatur fallen. Beide werden im Medium Buch geduldet, nicht zensiert: Der Leser darf sie lesen, sich ausmalen. Der Zuschauer aber darf sie nicht sehen, nicht gezeigt bekommen. Ein erigierter Penis etwa oder geöffnete Schamlippen gelten im Film bereits als Pornographie. Die FSK (Abkürzung für Freiwillige Selbstkontrolle, wobei da gar nichts freiwillig ist) führt in Deutschland eine rigide Regie, was die Grenzen der Erotik

Ein eigenständiger Kosmos muß ausgestattet werden, um vor dem Kinobesucher von 1986 das Mittelalter erscheinen zu lassen

betrifft, doch auch in anderer Hinsicht ist sie sehr wachsam. Unser Film würde dann also mit bestimmten Auflagen versehen von der FSK abgelehnt werden und müßte um genau jene jugend- und moralgefährdenden Bilder beschnitten werden - oder aber: Er dürfte nur in Porno-Kinos gezeigt werden.

Die Genitalien, von denen oben die Rede war, sind nur *ein* Beispiel für das Rechtsproblem. Ganz abgesehen davon, daß heute jeder des Lesens kundige Siebenjährige Marquis de Sade studieren kann, wann immer ihn danach gelüstet, gibt es noch sehr vieles Andere, was im Buch erlaubt, im Film aber verboten ist. Die Beschreibung von Gewalt vermag im Buch sehr viel weiter zu gehen als ihre Darstellung im Film. Nach wie vor hat der Autor freiere Hand in Sachen Gewalttätigkeit.

In unterschiedlich strenger Handhabung wird weltweit alles, was Jugend, Staat und die geistig-moralische Volkshygiene gefährden könnte, im Film stärker kontrolliert, überwacht und zensiert als im Buch. Sicherlich, ein Autor hat sehr viel feinere Möglichkeiten, Bedeutungen in seinen Worten zu verstecken, Inhalte in seinen Ober- und Untertönen mitschwingen zu lassen. Mittels Sprache läßt sich eben mitunter das Unsagbare sagen. Aber das ist nur der zweite Grund für die stärkere Beschneidung des Films. Der erste ist, daß Film ein sehr viel populäreres Medium ist, dessen Einflußkraft, zumindest rein numerisch besehen, x mal so stark ist wie die der Literatur.

... DAS KAUFMÄNNISCHE ...

Nennen wir das nächste das "Kosten-Problem": Während dem Schriftsteller Wörter kostenlos zur Verfügung stehen, kostet das Erstellen eines einzigen Filmbildes schon sehr viel Geld. Der Autor kann am Schreibtisch ganze Galaxien errichten und wieder vernichten, (fast) zum Nulltarif. Der Produzent eines Filmes aber muß jeden Kubikzentimeter Raum teuer bezahlen:

"Zehntausende jubelten ihm zu." Dieser Satz ist schnell und vor allem billig geschrieben. Aber die Komparserie zu mobilisieren, die nötig wäre, dasselbe filmisch darzustellen, dauert und kostet.

Über das Wetter spricht man nicht beim Film - man macht es

... UND DAS ZEITPROBLEM

Mit dem Kostenproblem verwandt ist das" Zeitproblem". Ein Schriftsteller kann in drei Wochen einen umfangreichen Roman schreiben. (Earl Stanley Gardner kann es in 24 Stunden.) Denselben Roman filmisch umzusetzen dauert hingegen eher drei Jahre als drei Monate. Der Grund ist ebenfalls dem des Kostenproblems ähnlich: Personal und dessen Führung. Während das Erschaffen eines Romans oder einer Erzählung die Konzentration, die Disziplin und das Können einer Person voraussetzt, müssen sehr viele Personen konzentriert, diszipliniert und gekonnt zusammenarbeiten, damit ein Film entsteht.

DER PROBLEM-KNOTEN

Es liegt im Wesen der Sache, daß die Rechts-, Kosten- und Zeitprobleme vom Wort-Bild-Problem zumindest entscheidend mitbedingt werden. Und es bedarf kaum der weiteren Erläuterung, daß alle vier in ihrer engen Verzahnung und dichten Verstrickung das eigentliche Umsetzungsproblem vom Buch zum Film ausmachen, den Problem-Knoten der Literaturverfilmung.

* * *

UMSETZUNGSPROBLEME BEI "DER NAME DER ROSE"

Gehen wir von den allgemeinen Umsetzungsproblemen zu den besonderen Schwierigkeiten über, die es in unserem Fall, bei der Verfilmung von *Der Name der Rose*, gab.

Was jenes große Wort "Literaturverfilmung" angeht, sei hier eine kleine Anekdote angeführt:

Jean-Jacques Annaud wollte Umberto Eco kennenlernen, um dessen Roman angemessen verfilmen zu können. Die beiden lernten sich also kennen, tauschten sich aus, wurden schließlich Freunde. Eco ließ Annaud freie Hand, weil er sein Buch für vollendet, seine Arbeit für getan hielt und davon ausging, daß den Film nun einmal der Regisseur drehe. Jeder Regisseur, so Eco, würde aus demselben Stoff einen anderen Film machen, und er war mit Annaud einverstanden. "Ich weiß," sagte Eco zu Annaud, "Du kannst mich und mein Buch nur betrügen, aber Du wirst es wenigstens mit Leidenschaft tun."

DIE CODIERUNG

Kino, so Jean-Jacques Annaud, ist etwas vorrangig Emotionales; Intellektuelles kann nur schwer vermittelt werden. Die Ausgangsproblematik bei der Verfilmung von *Der Name der Rose* war, die Reichhaltigkeit, Informativität und Gedankentiefe des Romans auf das Medium Film zu übertragen. Denn "beim Film hat man es mit Gesichtern, mit psychologischen Konzepten"(Annaud) und deren Verbildlichung zu tun. Einige Gedanken und Nebeninhalte mußte Regisseur

Annaud von vornherein kürzen oder auch auslassen, um den Roman verfilmbar zu machen. Daß insgesamt 15 verschiedene Fassungen des Drehbuches geschrieben werden mußten, bis schließlich eine Version zum Stehen kam, die den Kinobesucher unterhält, ohne die Essenz des Romans aus den Augen zu verlieren, mag als Beispiel hierfür gelten.

VOM REINEN ZUM BEBILDERTEN WORT

Die Dialoge mußten für den Film mehrfach neugestaltet werden. Denn primär durch sie erhalten die handelnden Figuren eine eigenständige Psychologie. Was im Buch seitenlange Beschreibungen von Gefühlsaufwallungen und Gedankenführung sind, muß hier gewissermaßen nebenbei ausgedrückt werden. Formulierungen wie "er dachte" und "sie fühlte" müssen im gesprochenen Wort und im schauspielerischen Ausdruck vermittelt werden. Und das ist nicht immer machbar. Die Gedankenarbeit des Protagonisten William spielt im Buch eine wesentlichere, tiefergehende Rolle als in dem Film. Dafür sind - typisch Bild - seine menschlichen Züge durch Connerys schauspielerischen, also auch menschlichen Ausdruck stärker unterstrichen. Das hat freilich auch damit zu tun, daß Buch und Film nicht das gleiche (Ziel-) Publikum haben. Dem Kinobesucher kann man, weiß Gott, nicht zumuten, eine Stunde lang ein nachdenkliches Gesicht zu sehen und die dazugehörigen Gedanken als Stimme aus dem Off zu hören.

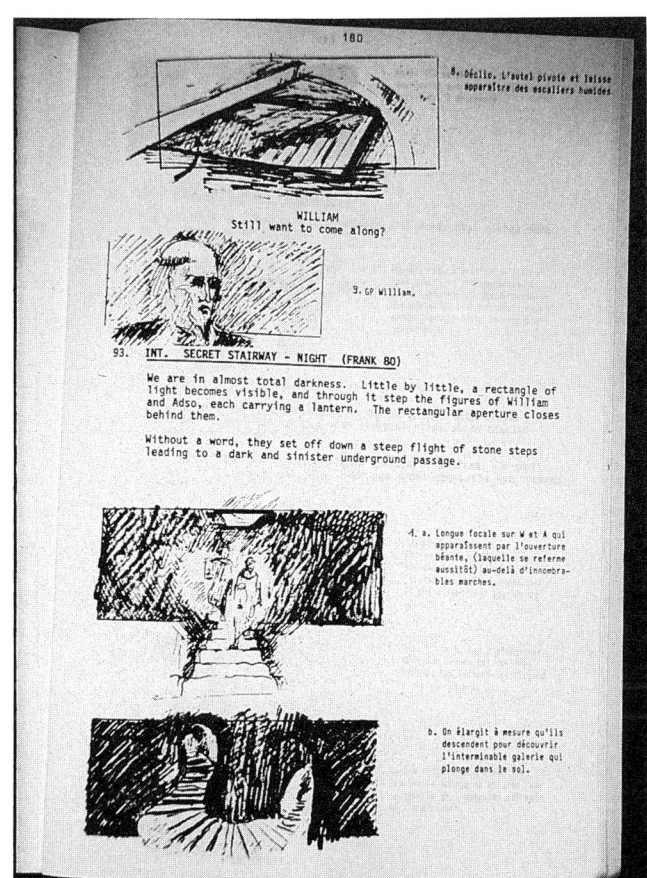

Eine Seite aus dem "Storyboard": ein Drehbuch mit Skizzen

Regisseur Annaud (links) im Gespräch mit Autor Eco (rechts): Jean-Jacques brachte die Leidenschaft mit, die Eco darauf vertrauen ließ, daß aus seinem Roman kein platter Krimi würde

In diesem unserem Filme war die Gestaltung der Dialoge noch von dem zusätzlichen Problem geprägt, die sehr vielen, für das Gesamtverständnis notwendigen Informationen, die Eco seinem Leser wortreich vorsetzt, auch auf diesem Weg zu vermitteln. Was sich in den Dialogen und dadurch auch in dem ganzen Film kaum unterbringen ließ, ist das Zitatensystem, das Eco in seinen Roman verankert hat. Das Spiel mit den Zitaten und Zitateszitaten, beim Lesen des Romans ein zusätzlicher Reiz und Vermittler zahlreicher Anspielungen, Mitbedeutungen und Sinnzusammenhänge, mußte in dem Film auf ein absolutes Minimum hinabreduziert werden.

Verschiedene stilistische und rhetorische Mittel, die Eco sich in *Der Name der Rose* zunutze macht, lassen sich nicht auf das Medium Film übertragen: Wo Eco den alten Adson erzählen läßt, was der junge Adson erlebte (und daraus besondere erzählerische Wirkungen erzielt), wo Eco mithilfe rhetorischer Techniken seinen Leser als Gedankenkomplizen gewinnt und ihm gleichzeitig alles für das Verständnis Notwendige mitteilt, da fehlen dem Film die Mittel der Umsetzung gänzlich.

DAS BILD ZUM WORT

Daß der Bau des Sets bei Rom sechs Monate Zeit in Anspruch nahm, oder auch die baubehördlichen Probleme, die es im Kloster Eberbach zu meistern galt, wollen wir ebenfalls nicht zu den künstlerisch-ästhetischen Umsetzungsproblemen zählen, wohl aber das folgende:

Das Labyrinth in dem Roman ist eben, zweidimensional, das im Film aber ist in die Höhe gebaut, dreidimensional. Nicht nur ist der Turm imposanter, psychologisch eindringlicher, wenn man visualisiert, daß er gänzlich von einem Labyrinth ausgefüllt ist. Ausschlaggebend für die Entscheidung, mit drei Dimensionen zu arbeiten, war, daß in einem flachen Labyrinth, der Enge und der vielen Wände wegen, das Filmen schwieriger ist. Ein zweidimensionales Labyrinth hätte unweigerlich eine starke Einschränkung der perspektivischen Möglichkeiten ergeben. (Der Leser wählt seine Perspektive selber. Zumindest im Labyrinth!)

Die historische Authentizität der Bauten, der Kleider und der Requisiten wurde von sieben Historikern mit verschiedenen Spezialgebieten gewährleistet. Denn welcher Regisseur oder Produzent, überhaupt: welcher Nicht-Historiker weiß schon zu bestimmen, wie es im Mittelalter ausgesehen hat? Wie gesagt: Im Buch liest man und malt sich alles aus, geführt vom Autor, ansonsten aber frei nach Kenntnis und Geschmack; im Film aber bekommt man das Gemeinte ausgestattet, in diesem besonderen Fall sogar ausgesprochen originalgetreu.

DIE SCHÄRFE DES BILDES

So ist die Umsetzungsproblematik gewiß auch abhängig von den Ansprüchen des Regisseurs/Produzenten: Imitieren wir den Schnee (wie zum Beispiel in Formans *Amadeus*), zeigen wir gar, daß es kein Schnee, sondern eine Schnee-Imitation ist (wie zum Beipiel in Dantes *Gremlins*), oder drehen wir in echtem Schnee? Entscheidet man sich für die letzte Variante, wie geschehen in dem Fall *Der Name der Rose*, so macht man sich vom Wetter abhängig, was zu den Zeitproblemen gehört und auch zu einem Kostenproblem werden kann.

Was Kostenprobleme betrifft, welche unmittelbar mit den künstlerisch-ästhetischen Umsetzungsproblemen zusammenhängen, gab es bei *Der Name der Rose* keine Probleme. Nicht nur hat die Finanzierung dieses Films Rekord-Charakter. Wichtiger ist, daß das Budget klug durchkalkuliert war. Rechtsprobleme ergaben sich nicht oder aber sie wurden sorgfältig gemieden: Baubehördlichen Einschränkungen wußte man durch den Einsatz der geeigneten Produkte aus Forschung und Technik aus dem Weg zu gehen (siehe Interview mit Annaud). Ansonsten enthält auch die Romanvorlage keinen eigentlichen juristischen Sprengstoff: In *Der Name der Rose*, Buch wie Film, findet zwar einiges Gewalttätige statt, aber eher im Geistig-Psychischen oder: dezent dargestellt. Sex ist immerzu anwesend, doch nur im Latenten. Der kurze Anblick von Valentina Vargas' Brüsten fällt unter erotische Ästhetik, nicht unter Pornographie.

P.S.: In Frankreich hat die Filmbranche ein geflügeltes Wort: "Schlechte Bücher geben die einfacheren Filme ab."

INTERVIEW MIT BURKHART KROEBER

Wir saßen im Arbeitszimmer von Burkhart Kroeber in München und sprachen über seine Übersetzung des Eco-Romans. Über uns an der Wand hing das Original der bekannten Karikatur von Tullio Pericoli, die den Meister aus Bologna als Mönch in einem mittelalterlich ausgeschmückten "U" darstellt.

B. Kroeber übersetzte den Roman

Herr Kroeber, Sie haben Der Name der Rose *ins Deutsche übersetzt; hatten Sie während der Übersetzung direkte Kontakte mit Eco?*

Das war eine sehr schöne Sache. Kaum war diese Entscheidung gefallen, daß ich das übersetzen soll, und das ist Eco auch seitens des Hanser Verlages mitgeteilt worden, kam vierzehn Tage später ein dicker Brief von Eco, überschrieben: *An meine Übersetzer*; das heißt, der Brief ging gleichzeitig auch an den englischen, an den französischen, an den spanischen Kollegen. Und da war schön brav, Seite für Seite, aufgezählt, wo überall ein Problem im Text steckt, auf das er uns hinweisen möchte, wo er uns also jedesmal so einen ganz bestimmten Rat gibt. Das heißt, er verwies uns auf implizite Zitate, mit kurzen Angaben, wo er das her hat. Das fing gleich so an: Was die lateinischen Zitate betrifft, so möchte ich sagen, im Italienischen konnte ich mir leisten, die so einzubringen, wie sie da stehen. Sie müssen jetzt aus ihren jeweiligen Kulturen selbständig entscheiden, ob Sie Ihren Lesern das zuzumuten sich trauen oder ob Sie die Zitate lieber in Ihre jeweilige Sprache einbringen wollen, oder eine Mischung aus beidem. Das ist Ihnen überlassen, das müssen Sie aufgrund der Kenntnis Ihrer Kultur entscheiden.

Können Sie uns etwas sagen zum Problem der Übersetzung überhaupt, zur Frage der Kulturkreise, ihrer Überschneidung oder Nichtüberschneidung, ob da für Sie als Übersetzer Probleme auftauchen oder Probleme, die Sie mitdenken müssen als Vermittler zwischem dem Originaltext und dem deutschen Leser?

Das fängt damit an: Was mache ich mit Bibelzitaten? In dem Text sind eine ganze Reihe von Bibelzitaten drin, aber natürlich ist die Form, in der diese Zitate auftreten, die der italienischen Übersetzung der Vulgata. In der katholischen Kirche hat man die Vulgata immer noch als Haupttext, und das ist dann halt ins Italienische übersetzt worden. Die Vulgata weicht in ihrem Wortlaut zum Teil sehr kraß von der Lutherschen Fassung ab; er ist zum Teil ja direkt wieder auf die alten hebräischen Quellen zurückgegangen. Und ich war nun im Zwiespalt: Soll ich das einfach aus dem Italienischen übersetzen, oder vielleicht aus irgendeiner heutigen katholischen Version der Bibel, was dann aber impliziert, daß in Deutschland die protestantische Mehrheit das gar nicht erkennt, oder sagt: das heißt doch aber nicht so! Weil sie das anders gelernt hat. Oder kann ich die Lutherübersetzung nehmen, die aber im Zweifelsfalle etwas abweicht von dem, was Eco seine Mönche sprechen läßt, und kulturpolitisch noch krasser, den Mönchen des 14. Jahrhunderts, die bei Eco agieren, eine Version der Bibel in den Mund legt, die so objektiv gar nicht sprechen konnten, weil Luther erst zweihundert Jahre später ist. Ergebnis: Ich habe dann also eine Mischung aus beidem gemacht.

Wie haben Sie das Problem des Lateins gelöst, das ja in der deutschen Übersetzung einen ganz anderen Bezug hat als im italienischen Original?

Es war mir freigestellt. Ich habe lange überlegt, soll ich von der Freiheit Gebrauch machen und mindestens die Hälfte aller lateinischen Zitate eingemeinden, weil die sowieso kein Mensch versteht bis auf ein paar Latinisten? Dann habe ich aber doch gemeint: Das ist ein Reiz zusätzlicher Art. Die Inhalte der lateinischen Zitate sind für den Handlungsablauf nicht so fürchterlich wichtig. Man kann als Leser darüber hinweglesen und versteht trotzdem, was los ist. Da habe ich dann gemeint, ich will diesen Reiz eigentlich nicht wegnehmen, und schließlich kam dann die Idee - auch in der Diskussion mit dem Hanser-Lektorat - wir lassen alles so wie im Italienischen, aber wir setzen es kursiv, was im Italienischen nicht der Fall ist; da ist es so radikal, daß ein lateinisches Zitat übergangslos aus dem Italienischen herauswächst und wieder zurückgeht ins Italienische, das ist nicht mal kursiv gesetzt. Es gibt sogar Fälle, da fragt man sich, wo fängt das Lateinische genau an? Die Sprachen sind ja so ähnlich. Wir haben es dann kursiv gesetzt und uns entschlossen, eine Übersetzung beizugeben. Das ist ein Kompromiß. Ich glaube aber, insofern berechtigt, weil der Reichtum ist dadurch nicht beschnitten worden, die Fremdheit konnten wir eh' nicht verhindern, die war nicht zu vermeiden.

Was sind das für Stellen: irgendwelche stehenden Redewendungen oder Zitate von Autoren?

Relief an der Seite des Kirchenportals; nach einem Vorbild aus der Abtei von Moissac (12. Jahrhundert)

Nein, nein. Zum Teil sind das Bibelzitate, zum Teil direkt aus der Vulgata, der lateinischen Bibel, zum Teil sind es Textstellen, etwa von Roger Bacon aus seinen Schriften, oder Ockham kommt vor oder Aristoteles (der ist dann natürlich nicht auf Lateinisch). Lateinische Autoren, die zitiert werden: Thomas von Aquin zum Beispiel kommt mehrfach des längeren vor. Ubertin von Casale kommt vor. Ich habe mir ein- oder zweimal erlaubt, im Text selbst die Übersetzung einzubringen. Erst das Lateinische, Komma, das heißt ... oder so. Damit habe ich irgendwann aufgehört und ab dann kommen nur noch die Übersetzungen hinten im Buch.

Wie haben Sie das bei Salvatore gelöst?

Spielerisch! Da habe ich gewußt, das kann man sowieso bloß irgendwie spielerisch lösen, das geht nicht anders. Das Original ist so beschaffen, das der durchschnittliche, einigermaßen gebildete italienische Leser das irgendwie mitkriegt. So wie bei uns etwa Gastarbeitersprache: man kriegt schon irgendwie mit, was der sagen wollte. Es mußte so rauskommen, daß man nicht überhaupt nur noch Bahnhof versteht.

Da waren so ein paar schöne freche Sachen, teils provencalisch, teils französisch oder spanisch, teils italienisch, die wollte ich dann auch nicht ganz unter'n Tisch fallen lassen. Außerdem fiel mir auch gar nicht so viel dazu ein, ehrlich gesagt. Und dann hab' ich mich so gerettet, daß ich Doppelübersetzungen gemacht habe: Ich habe erst das Original gebracht, so wie's bei Eco steht, und dann mit einem komischen, halberfundenen Deutsch dasselbe nochmal dazugesagt.

Wie würden Sie denn, nach Ihrer genauen Kenntnis des Romans, die Umsetzung des Drehbuchs in der Ihnen bekannten Fassung beurteilen?

Man weiß ja nie, wenn man ein Drehbuch liest, wie das wirklich rauskommt. Das ist ja eine alte Geschichte bei Drehbüchern: Da stehen soundsoviele Sätze - das kann ganz blöd verfilmt sein, da kann aber auch in einer einzigen Einstellung ungeheuer viel drinstecken. Deshalb weiß ich's nicht. Aber trotzdem hatte ich so den Eindruck beim Lesen: Wenn der Annaud *das* schafft, was da im Drehbuch angelegt ist - wenn man sich ein bißchen dazudenkt, was ein guter Filmer schaffen kann - dann hat er doch in etwa das Maximum dessen erreicht, was mit so einem Projekt überhaupt möglich ist. Natürlich muß der Film ganz anders werden als das Buch.

Ich war eigentlich sehr erbaut von dem Drehbuch. Ich hatte etwas viel Schlimmeres erwartet, daß das die reine Krimistory wird, nur noch auf Reißer hin. Da steckte schon sehr viel mehr drin. Ich bin jetzt sehr gespannt, wie der Film am Ende sein wird. Das auf der Story-Ebene Plattere muß aufgefangen werden durch bestimmte filmische Elemente. Ich habe den ersten Film von Annaud gesehen, der hier völlig unbekannt ist, seinen Debütfilm, an dem er, glaube ich, zehn Jahre lang gearbeitet hat, mit viel Herzblut, das war "Black and white in colours". Den habe ich in Paris gesehen. Da waren zufällig Eco und ich gleichzeitig in Paris, unverabredet, und wir suchten beide Annaud, und wir kannten diesen Film beide nicht, da sagte Annaud: Den kann ich euch zeigen, heute abend in einem kleinen Kellerkino. Und wir waren wirklich hell begeistert. Das war sowas von geistreich, von genau in einzelnen Szenengeschichten. Wenn man die Story, die er in seinem ersten Film erzählt hat, in einem Drehbuch fixiert, dann ist die auch relativ platt. Dann kann man sich auch denken, ganz nett - aber weiter nichts. Aber so, wie es dann inszeniert war, wie es im Film rüberkam, war es voller Ambiguitäten mit einem kauzigen Humor, und gleichzeitig so beschaffen, daß Eco hinterher sagte: Jetzt weiß ich, warum der sich so in mein Buch verliebt hat. Das ist ja die gleiche Geschichte.

In Annauds Film, der in Schwarzafrika spielt, eine Geschichte aus dem Ersten Weltkrieg, eine Parabel - und auch hier im *Namen der Rose* - ist es so, sagt Eco, daß es in beiden Fällen ein in sich abgeschlossener Ort ist, und in diesem spielt die ganze Weltgeschichte. Und das ist

offenbar Annauds Obsession, sowas will er erzählen. Wenn Annaud das einmal gekonnt hat, dann hoffe ich sehr, daß er es immer noch kann. Das ist so ein Genauigkeitsfanatiker, wenn ihm nicht viele Leute reinreden, warum soll das nicht gut werden?

Wie würden Sie das einschätzen: Wie viele - das kann man sicher nicht quantifizieren - haben das nur als Krimi gelesen, oder wie viele als historischen Roman?

Das kann man sehr schwer sagen. Sicher ist in Deutschland der historische Roman ganz wichtig gewesen. Auch in Italien. Das kann man an solchen empirischen Fakten ablesen, daß seit dem Erscheinen des Romans in Italien das Interesse am Mittelalter allgemein gewachsen ist -- da weiß man ja nie, woran das liegt, das kann auch allgemeiner Zeitgeist sein. Es wird manchmal böswillig gesagt, Eco hätte sich an die Mittelalterwelle angehängt. Er hat das Buch 1978/1979 geschrieben, da war von Mittelalterwelle noch nicht die Rede. Wenn, dann hat er sie ausgelöst.

Man kann feststellen, daß seit 1981 in Italien jede zweite Abtei Sommerausstellungen macht mit den Beständen ihrer Schätze. Die werden überlaufen, die Leute strömen dahin. Ähnlich dürfte auch in Deutschland ein neues historisches Interesse entstanden sein.

Die anderen Ebenen - das ist furchtbar schwer zu sagen. Die philosophische Ebene, die Krimi-Ebene... Ich glaube, die Krimi-Ebene hat nicht so eine große Rolle gespielt. Bei Krimis sind die Leute gewohnt, die in relativ kurzer Zeit zu lesen. Ein 600-Seiten-Krimi, der mit solchen Hämmern belastet ist wie dieser Roman, da muß man schon auch ein Interesse an den Hämmern haben, sonst liest man den nicht, nur weil es ein spannender Krimi ist, zu Ende. Es mag auch die Leute gegeben haben. Wenn man es überhaupt quantifizieren kann, dann ist es wohl der historische Roman. Und der Roman, der überhaupt nirgends einzuordnen ist, das hat die Leute interessiert, das Neue daran, daß das nichts ist, was man in irgendein Schubfach reinlegen kann.

Abbo (Michael Lonsdale) predigt, Berengar (Michael Habeck) liest aus der Bibel. Drehort: Kloster Eberbach

ZITATENZAUBER

itate, Zitate, Zitate! Ein regelrechtes (und überaus kunstvolles) Zitatensystem hat Meister Eco seinem Roman einverleibt, nein, viel eher ist das Zitatensystem das Gerüst, die Gliederung, und der Rest von *Der Name der Rose* ist so etwas wie der Mantel drumherum.

Wir wollen uns fragen: Warum?

Ist der Roman so zitatenbespickt, um in der Vergangenheit Gültiges als für die Gegenwart ebenfalls gültig zu vermitteln? Ja, sicherlich! Ist der Roman so voll mit Zitaten, damit das Abenteuer der Mutmaßung, das Wagnis der Hypothese noch zusätzliche Vertiefung erfährt? Ja, freilich! Gibt es noch weitere Gründe dafür, daß Eco unzählige Zitate für seinen Roman zusammengefügt hat? Oh ja, ohne Zweifel!

DIE MAGIE DES ZITATS

Wahrheit ist das, was wir dafür halten. Und in solchem Zusammenhang kommt ein Zitat der "Wahrheit" schon sehr nahe: Das Zitieren ist zunächst einmal eine argumentatorische Technik, zwar nicht unbedingt der reinen Wahrheitsfindung dienlich, doch immer ein Mittel der Beweisführung. Der Zitierende bezieht sich auf eine bestimmte Autorität und zitiert deren Worte als zutreffend, gültig, wahr.

Im Alltagsgespräch beziehen wir uns oft auf den Erfahrungsfundus des gesunden Volksempfindens, ein Sprichwort, ja, gar die meisten Redewendungen sind nichts als Zitate aus der Schatztruhe des *common sense*. Das nämlich, was man unter Wahrheit zu verstehen hat, konserviert sich quasi automatisch in der Sprache der Gemeinschaft, der man angehört. Die Beweiskraft, die Autorität des Zitates liegt mit darin begründet, daß das Zitat (als Sprachkonserve) auch wahrheitsbildend ist. Ein wirklich populäres Zitat ist so etwas wie ein ideal formuliertes geistiges und/oder moralisches Gebot.

In der Diskussion berufen wir uns häufig auf große Worte großer Leute - und heimsen auf diese Art große Gesprächserfolge ein. Was das Zitat als Redewendung im Volksmund, als Idiom in der Alltagssprache bedeutet und erreicht, das erledigt in der gelehrteren Diskussion das literarische, philosophische oder historische Zitat. Und auch der wissenschaftlichen Beweisführung dient das Zitieren als wichtige Tragesäule: Vor allem in den Geisteswissenschaften argumentiert man fast ausschließlich nach dem Muster

"Wahr/Richtig ist meine Behauptung, weil die und die Größe seines Fachgebietes auch Ähnliches gedacht und da und dort so und so formuliert hat." Hier kommt es also darauf an, seine Zitate spezifisch und fachbezogen zu wählen, wie auch, sie in die richtige Reihenfolge zu bringen. Die Methode bleibt dieselbe.

Aber auch im stillen Kämmerlein des eigenen Kopfes ist unsere Gedankenführung geprägt von Aussagen, die wir für richtig und wichtig halten, von Sätzen, die uns durch ihre Prägnanz, Tiefe etc. beeindruckt haben - von Zitaten eben.

Wir sind, es bleibt uns gar nichts anderes übrig, zitatengläubig. Naturgemäß glauben wir nicht alle an die gleichen Zitate; jeder hat mehr mehr als weniger seine eigenen Statuten und Orientierungspfosten. (Der eine orientiert sich an seines Großvaters Worten, die andere an denen Brigitte Bardots.) Doch das geistige Prinzip des Zitates, der argumentative Mechanismus des Zitierens, wie auch der (oft stumme) Glaube an die Zitatengläubigkeit sitzt tief in unseren Köpfen.

Quelle der Zitate: Bücherstapel - Requisiten mit leeren Seiten

DAS LITERARISCHE ZITAT
UND DAS SPIEL DAMIT

Zitate im literarischen Sinne sind Stellen aus dem Werk eines Dichters, die zur Bestätigung, aber auch zur Illustration der eigenen Auffassung wörtlich oder sinngemäß angeführt werden. Ihrer treffenden Formulierungen wegen, doch auch wegen des Autoritätsbeweises, welcher in ihnen steckt, werden sie nicht mit eigenen Worten wiedergegeben. Vor allem kurze Zitate gehen oft sprichwortartig in den Gebrauch der Umgangssprache ein und werden zu sogenannten "geflügelten Worten". (So stammen etwa die "zwei Seelen", die, ach, in so mancher Brust schlagen, aus Goethes "Faust", während der Schlachtruf der Punk-Generation, "No Future!", einem Gedicht von William Blake entnommen ist.) So werden viele Zitate in Unkenntnis ihres Zitatencharakters verwendet, dessen ungeachtet stehen Kenntnis und bewußter Einsatz von Zitaten für Bildung.

Der Gebrauch von Zitaten in der Literatur ist häufig, aber nicht unkompliziert: Cervantes, Fontane, E.T.A.Hoffmann, Th.Mann, Raabe, Rabelais, Sterne und Wieland , um die bekanntesten Beispiele anzuführen, galten und gelten aufgrund der herangezogenen Zitatenquellen und ihrer stilistisch kunstvollen Zitierweise als Meister hierin. Für den Leser aber setzt das eben das Erkennen der Anspielungen und Gedankenfetzen und möglichst auch ihrer Quellen voraus. Und das ist - auf gut Deutsch - doch ziemlich viel verlangt! Derart fortgeschrittene Spiele mit Zitaten sind denn auch fast ausschließlich etwas für entsprechend fortgeschrittene Literaturästheten. (James Joyce sagte einmal, daß ein Poet, um unsterblich zu werden, lediglich so viel in sein Werk packen müsse, daß die Leser und die Kritiker nicht so ohne weiteres damit fertig würden. Tatsächlich freut sich heute noch die Literaturwissenschaft, im Werk von Joyce wieder und wieder neue Zitate und somit neue Sinnzusammenhänge und Mitbedeutungen zu finden.)

Die wichtigsten literarischen Eigenschaften des Zitates sind seine strukturale und seine parodistischen Funktionen: Der Leser muß/sollte das Zitat als solches erkennen, aber auch mit dem gegebenen Zusammenhang in Verbindung bringen können. Zwei Welten (mindestens!) werden zusammengeführt, die Bedeutungen/Mitbedeutungen eines alten Textzusammenhanges - oft ironisch - in einen neuen Kontext gebracht. Ist der Leser aus irgendwelchen Gründen außerstande, das Zitat auszumachen, sind ihm dadurch mitunter wesentliche Zusammenhänge und Inhalte nicht erkennbar, vor allem, wenn die Rolle der Zitate, ihrer Quellen und der Zitierweise so dominant ist wie bei den oben genannten Autoren.

Eco nutzt das Zitat als Stilmittel strukturale wie auch parodistisch sehr geschickt: Das von ihm Zitierte als Zitat zu erkennen und um dessen Quelle zu wissen ist keineswegs Voraussetzung für das Verständnis des Romans; die Kenntnis aber der Zitate und ihrer Quellen bereichert den Lesegenuß um ein Vielfaches. Anders ausgedrückt: *Der Name der Rose* bietet - mithilfe seines Zitatensystems - von sich aus schon die verschiedensten Lesearten: Zum einen eine (zitatenunabhängige) Geschichte, zum anderen aber auch zahlreiche sich dazu in unterschiedlichen Formen verhaltende Gedanken, die - je nach dem, ob man sie erkennt oder nicht - zum Tragen kommen können.

Gemäß seinen werbesemiotischen Ideen besehen, bedeutet das schlicht und einfach: *Der Name der Rose* bietet mehr fürs Geld! (Siehe dazu das Kapitel "Ecos Theorie der Werbesemiotik") Mit eher literarischen Maßstäben gemessen, heißt dies: Indem er dieses reichhaltige und komplexe Zitatensystem gewissermaßen als Seele seines Buches benutzt, führt Meister Eco den Nachweis für eine heutzutage recht populäre Ansicht: Jeder Text schleppt die Bürde eingeflossener Kulturen auf den Schultern und in jedem Buch sind unzählige andere Bücher enthalten. Und somit ist *Der Name der Rose* nicht nur ein spannendes Buch für den durchschnittlichen Leser, sondern für den Büchernarren eine Art geheime Bibliothek, mindestens aber ein großes Buch der Bücher.

DAS BUCH DER BÜCHER

Buch der Bücher - dieser erhabene Titel wird in der Regel der Bibel vorbehalten. Die Tücken der deutschen Genetivbildung erlauben freilich zwei Weisen des Verständnisses: das Buch, das über allen anderen steht (zumindest für die Gläubigen); aber auch das Buch, das alle anderen Bücher umfaßt, oder wenigstens doch zitiert.

In diesem Sinne könnte auch der Roman *Der Name der Rose* als das Buch der Bücher bezeichnet werden. Wenn dort auch nicht *alle* anderen Bücher zitiert werden, so kommt doch eine ganze Menge zusammen. Beim Zitieren geht es, wie eben gezeigt, um das Aufgreifen von Textstellen, um literarische Formen, die das Medium Film so nicht (ohne weiteres) nachvollziehen kann. Den eifrigen Kinobesucher, den Cineasten, wird interessieren, welche anderen *Filme* aufgegriffen worden sind. Dem Romanleser wird es eher so ergehen wie dem Leser des Mittelalters: "das Spiel, die Freude am Text bestand darin, diese immer neu und immer subtiler aneinandergefügten Zitate beim Lesen zu identifizieren". So steht es auch im Roman selbst: "es ist eine Geschichte von Büchern...", schreibt Eco im Vorwort (S. 12); und das bestätigt William, wenn er davon spricht, "die Zeichen zu lesen, mit denen die Welt zu uns spricht wie ein großes Buch" (S. 34) oder sagt: "Oft sprechen die Bücher von anderen Büchern" (S. 365).

Man kann den *Namen der Rose* als Kriminalstück lesen oder als historischen Roman, und der Lesegenuß ist kein wesentlich geringerer, wenn Zitate als solche nicht erkannt werden. Auch die hier von uns aufgeführten stellen nur eine Auswahl dar. Spielen wir es also, das Spiel der Zitate:

Natürlich kann *das* Buch der Bücher, die **Bibel**, in einem Roman nicht fehlen, der in einem mittelalterlichen Kloster angesiedelt ist. Und sie wird ausgiebig angeführt, von alpha bis omega, von ihrem ersten bis zu ihrem letzten Buch. Ecos Roman beginnt mit den ersten Zeilen des **Johannes-Evangeliums** "Im Anfang war das Wort..."; wie sollte es auch anders sein bei einer Schrift, die so sehr von den Worten lebt. Das erste Buch der Bibel, die **Genesis**, setzt ein mit "Am Anfang...", welches vielleicht eine noch würdigere Parallele gewesen wäre. Doch dafür entlehnt Eco deren ersten Kapitel die Aufteilung des Romans in sieben Tage, die Gott zur Erschaffung der Welt brauchte (kein Zufall ist es wohl auch, daß der Roman genau 50 Kapitel umfaßt; 50 Tage liegen zwischen Ostern und Pfingsten - wenn die Flammen jener Erleuchtung auch eher geistiger Natur waren und nicht aus einem Turm in den Himmel prasselten). Die Früchte am Baume des Paradieses verheißen den Menschen die Erkenntnis von gut und böse und sind ihm verwehrt; das zentrale Buch im *Namen der Rose*, der zweite Teil der *Poetik* des **Aristoteles**, deutet in dieselbe Richtung.

So geht es quer durch die Heilige Schrift, Zitat um Zitat, und augenfällig wird das nur, wenn die Textstellen so lang sind wie in der Liebesszene, in der Adson das Mädchen trifft und sie beschreibt. Jene Textstelle wird übrigens von Paulus Gordan in *Erbe und Auftrag - Benediktinische Monatsschrift* unter der Überschrift *Ein fragwürdiger Bestseller* als "ein höchst unappetitliches Liebesabenteuer des Novizen Adson mit einer Dorfmagd" beschrieben; kein Wunder bei einem wohl dem Zölibat verpflichteten Autor, der den Roman als "ein schlechtes, durch und durch verlogenes Buch" einordnet. Sollte ihm entgangen sein, daß Eco hier überwiegend Worte aus dem *Hohen Lied* **Salomons** verwendet hat, neben Textstellen der **Hildegard von Bingen** und **Jeans de Frecamp**? Jedenfalls tröstet William seinen Zögling nach diesem "Liebesabenteuer" durchaus im Sinne des **Thomas von Kempen**, der gegen 1420 schrieb: "Für viele ist es ... nützlicher, wenn sie nicht ganz ohne Versuchungen leben, sondern öfters angefochten werden, damit sie nicht zu sicher sind..." So geht es bis zum Ende der Bibel, bis zur *Apokalypse* des **Johannes**, die wieder und wieder auftaucht, von den Worten der Beschreibung des Kirchenportals bis zum (vermeintlichen) Muster der Morde.

Was den Titel von Roman und Film angeht, so hatte bereits der mittelalterliche Philosoph **Abaelard** (von dem im nächsten Kapitel noch zu sprechen sein wird) geschrieben "nulla rosa est" (es ist keine Rose [vorhanden]). Eco selbst erwähnt diesen Satz in seiner *Nachschrift zum Namen der Rose* als Beispiel dafür, "wie die Sprache sowohl von den vergangenen Dingen als auch von den inexistenten sprechen kann." Überhaupt ist an möglichen literarischen Bezügen zu *Rose* kein Mangel: angefangen vom *Rosenroman* (*Le Roman de la rose*) von **Guillaume de Lorris** (1205?-1240?) und **Jean de Meun** (1250?-1305?) über *Die Erzählung von der Rose* (*Le dit de la rose*) der **Christine de Pisan** (1363-1430?) bis zu *Die Chymische Hochzeit des Christian Rosencreutz* von **Johann Valentin Andreae** (1586-1654). Es ginge hier zu weit, auf den Inhalt dieser Bücher näher einzugehen. Nur soviel sei gesagt, daß es vor allem in de Meuns Anteil des Rosenromans um die Heuchelei der Mönche geht, um antikes Bildungsgut und Fragen der scholastischen Philosophie; daß Christine de Pisan sich gegen die frauenfeindliche Grundhaltung de Meuns richtet und in ihrer Dichtung von einem Orden berichtet, der sich dem Schutz der weiblichen Ehre verschrieben hat und die Rose als Zeichen führt; Andreaes Beschreibung der sieben Tage währenden Einführung eines Novizen in die Geheimnisse der

In alte Schriften vertieft: Urs Althaus als Venantius

Erkenntnis schließlich gleicht über weite Strecken den Abenteuern Adsons (und führt den bereits erwähnten benediktinischen Rezensenten Gordan zu der Vermutung, Eco habe mit seinem Roman für die Sekte der Rosenkreuzer werben wollen).

Doch genug von Rosen. Daß ein Lebensbericht wie der Adsons in jener Zeit tatsächlich schon möglich war, zeigt die Autobiographie des Abtes **Guibert von Nogent** *De vita sua*, die bereits um das Jahr 1115 verfaßt wurde. Also sind nicht nur die Worte "authentisch" - auch die Form ist es. Mit den Worten der Zeit spricht Jorge, wenn er in der Auseinandersetzung mit William im Schreibsaal **Bernhard von Clairvaux** aus dessen *Apologia ad Willelmum* zitiert (S. 107 f.); dem Abt Abbo legt er die Sätze von Bernhards Widersacher **Suger von St. Denis** in den Mund (der seinerseits den Hebräerbrief des Paulus wiedergibt), wenn er die Schätze seines Klosters preist (S.182). Wenn Jorge gegen franziskanischen Humor wettert (S. 608), so wählt er seine Beispiele aus der Chronik des Minoriten **Salimbene**, und wenn William einen angeblichen Ausspruch des **Meisters Eckart** erwähnt - Leitern betreffend, die man nach nützlichem Gebrauch wegwerfen soll -, so ist man unversehens im 20. Jahrhundert bei **Wittgenstein** gelandet.

Adson (Christian Slater) entdeckt das Innenleben der Frauen

Das Verhör, in dem **Bernard Gui** den Cellerar Remigius als Ketzer entlarvt (S. 473 ff.), ist weitgehend wörtlich aus seinem Handbuch über die Inquisition entnommen; Bernard ist keine bloß literarische, sondern eine historische Gestalt (mehr dazu im übernächsten Kapitel). Die Szene, die zu Beginn des Films Williams detektivischen Scharfsinn verdeutlicht - er weiß, wo das Klo zu finden ist -, beschäftigt sich im Buch mit der Identifizierung des Pferdes Brunellus; Eco hat sie von **Voltaires** *Zadig*, der wiederum kennt sie wohl von Sercambi, ursprünglich kommt die Geschichte aus dem Persischen.

Wie nicht anders zu erwarten, sind auch die Namen der handelnden Personen nicht ohne Bedeutung: so weist zum Beispiel Adelmus von Otranto auf den Roman von **Horace Walpole** *Schloß Otranto* hin, das erste und klassische Werk der *Gothic Novel*, während hinter Aymarus von Alessandria eine bestimmte Person aus Ecos gleichnamigem Geburtsort vermutet wird. Abbo von Fossanova läßt in seinem Vornamen einen anderen Abt mit ähnlichen Charakterzügen anklingen: Abbo von Fleury; am Ort seines Nachnamens starb Thomas von Aquin.

Die wichtigen Bezüge bestehen natürlich zu den Sherlock-Holmes-Geschichten von **Arthur Conan Doyle**. William von Baskerville, der seinen Vornamen dem zeichendeutenden Philosophen William von Ockham verdankt (mehr dazu im nächsten Kapitel), hat seinen Nachnamen natürlich aus dem Roman *Der Hund von Baskerville*. Dort findet sich auch ein Ahnherr mit demselben Vornamen, charakteristisch mit einer Schriftrolle portraitiert. Weiß man das, und kennt man Williams gern gebrauchte Anrede "Mein lieber Adson", ist es nicht weit zu Holmes Gefährten Dr. Watson, der oft in gleicher Weise angesprochen wurde. Holmes und William verbindet viel, neben der Lust am Lösen von Mordfällen auch die am Drogenkonsum - Kokain bei dem einen, geheimnisvolle Pflanzen (vielleicht Bilsenkraut) bei dem anderen.

Auch im *Hund von Baskerville* ist es Ende November; auch hier Nebel am Ort des Verbrechens, beide Male zum Schluß ein Tier, das feuersprühend durch die Nacht rast (hier der titelgebende Hund, dort der brennende Rappe Brunellus). Zahlreiche Ähnlichkeiten finden sich zu einem anderen Holmes-Roman: *Im Zeichen der Vier*. Bereits der Titel selbst spielt im *Namen der Rose* eine wichtige, versteckte Rolle; was William und Adson schließlich den Zugang zum geheimen Raum des Labyrinths öffnet, ist im Wortsinne "das Zeichen der Vier" (quatuor; siehe gegenüberliegende Abbildung). Weitere Übereinstimmungen: In diesem Roman berichtet Holmes von seiner Abhandlung über Fußspuren (Kenntnisse, die William anwendet), hier erläutert er seine Methode der detektivischen Schlußfolgerungen, hier gibt es den Plan eines Gebäudes mit zahlreichen Räumen und einen geheimnisvollen Mord, der mit verschlossenen Fenstern zu tun hat (wie auch beim den Tod des Adelmus).

Was Eco wirklich alles zitiert hat, was zufällige Übereinstimmungen sein mögen - er weiß es nur selbst. Da sind zum Beispiel die Geschichten um *Pater Brown*, einen von **G. K. Chesterton** erfundenen, katholischen Priester, der Anfang unseres Jahrhunderts Kriminalfälle löst. Ein jüdischer Geistlicher namens David Small ist dem Verbrechen mit komplexer Logik auf der Spur in den *Rabbi*-Romanen von **Harry Kemelman**. Selbst einen in mittelalterlichen Klostermauern herumschnüffelnden Mönch-Detektiv gab es schon vor Eco, Bruder Cadfael von **Ellis Peters**. Kommt daher Williams Verdacht gegen Abbo (S. 574), dem er zutraut, eine Leiche im Reliquienschrein zu verstecken? (Die deutsche Ausgabe von Peters' erstem Cadfael-Roman *A morbid taste for bones* wird übrigens unter dem Titel *Im Namen des Heiligen* angeboten. Nichts gegen Eco-Begeisterung. Hätten die Verlagsmitarbeiter das von ihnen angepriesene Buch gelesen, wäre weder der völlig danebenliegende Umschlagtext noch der falsche Titel entstanden: es geht um *die* heilige Winifred.)

Die Zusammenfassung von **Robert van Guliks** Krimi aus dem alten China *Mord im Labyrinth* liest sich gar so, als ginge es um Ecos Buch. Das fängt mit dem bezeichnenden Titel an, die Rahmenhandlung beschreibt die Wiedergabe einer zuvor gehörten Geschichte. Ein paar Stichworte: am Anfang ist der Detektiv mit seiner Begleitung auf dem Weg zum Ort des Verbrechens, ein Mord in einer Bibliothek, Probleme wegen geschlossener Fenster, betrügerische Mönche, ein unterbrochenes Schriftstück eines Ermordeten, Tod durch Gift, ein sich langsam entwirrender Zusammenhang verschiedener Fälle, wobei schließlich die falschen

Adson von Melk und "Das Zeichen der Vier". Ein versteckter Hinweis auf ein Abenteuer von Holmes, dem Urvater der Detektive

Schlüsse zum richtigen Ergebnis führen, der Assistent des Detektivs - eines alten Richters, der seinen Beruf eigentlich haßt und auch politisch tätig ist - führt auf die richtige Spur, das Zentrum des Labyrinths ist durch einen geheimen Zugang gesichert, es gibt bei einem Verbrechen homosexuelle Motive... Zufälle? In dem Kriminalroman von **Stanislaw Lem** *Der Schnupfen* führen alle Spuren zielstrebig - ins Nichts (man denke auch an sein Buch *Die vollkommene Leere*); ähnlich in den *Masken der Illuminaten* von **R. A. Wilson**.

Vergleichbare Strukturen finden sich in den Kriminalgeschichten von **Jorge Luis Borges** und **Bioy Casares** (gemeinsam publiziert unter "Bioges"). Wobei auffällt: Jorge L. Borges, das kommt einem bekannt vor - natürlich ist das unser Jorge von Burgos, blind wie der argentinische Schriftsteller, Herr einer großen Bibliothek auch er (Borges war Direktor der Nationalbibliothek). Zudem trägt eines von Borges Büchern den Titel *Die Bibliothek von Babel* - in der es freilich gerade wegen ihrer ungeheuren Ordnung chaotisch zugeht - und eines seiner Gedichte heißt *Die Spiegel* ("Ich, der ich mich entsetzte vor den Spiegeln...", lautet die erste Zeile; sie könnte aus Adsons Mund stammen. Letztlich stammt ja die ganze Geschichte aus diesem Mund; da muß also der Film, ob er will oder nicht, die Rahmen von **A. Penns** *Little Big Man* oder von **M. Formans** *Amadeus* zitieren.). Und wen zitiert Jorge, wenn er seine Angst vor der Kraft des Lachens erläutert? Wirklich Aristoteles? Eigentlich kommt hier der russische Literaturwissenschaftler **Michail**

Bachtin zu Wort, mit seinen Aufsätzen über *Lachkultur* und Karneval. In **Elias Canettis** *Die Blendung* geht es um eine Bibliothek, um deren Brand, um Menschen zwischen Büchern, der Originaltitel *Autodafé* spielt auf die Inquisition und ihre Scheiterhaufen an; auch in **Ray Bradburys** *Fahrenheit 451* brennen Bücher, von deren Inhalt die Herrschenden Gefahr fürchten.

Weitere Zitatquellen gefällig? Wie steht es mit dem *Zauberberg* von **Thomas Mann**? Da brennt am Ende Europa, nicht bloß eine Bibliothek, und Hans Castorp verbringt nicht sieben Tage in einem Kloster, sondern sieben Jahre in einer, ähnlich abgeschiedenen, auf einem Berg gelegenen Klinik. Ist Adson dieser Hans, William gleich Settembrini, Jorge gleich Naphta und das Mädchen Madame Chauchat? Oder vielleicht *Ulysses* von **James Joyce**? William als Leopold Bloom, Adson als Stephen Dedalus? Es ist nicht wichtig, diese Fragen zu beantworten. Ganz und gar ist davon abzuraten, Eco selbst zu fragen. Die Bücher stehen untereinander im Dialog - man mag also lauschen.

Wenn im Film von einem Buch des **Beatus von Liebana** die Rede ist, das ein gewisser Humbertus von Bologna herausgegeben hat, so ist damit natürlich Umberto Eco gemeint, der an der Universität von Bologna lehrt und dieses Buch vor einigen Jahren tatsächlich editiert hat. Wenn freilich zur päpstlichen Delegation ein Meister Jean d' Anneaux gehört, dann ist das kein eitles Selbstzitat des Regisseurs Jean-Jacques Annaud, sondern eher eine List der Geschichte.

WOHER KOMMEN BRUDER WILLIAMS GEDANKEN?

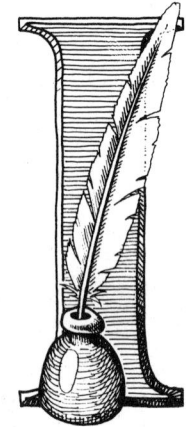st es glaubhaft, daß ein Franziskaner-mönch des frühen 14. Jahrhunderts wie ein Detektiv einer Mordserie in einem italienischen Kloster nachspürt? Soll man ihm ohne weiteres abnehmen, daß er dabei Methoden anwendet, mit denen sein "Kollege" Sherlock Holmes über ein halbes Jahrtausend später vorgehen wird? Sind die Gedanken, die in seinem Kopf entstehen, überhaupt ein möglicher Ausdruck seiner Zeit? Und wie sehen die Voraussetzungen dafür aus, daß er im Jahre 1327 so denken konnte? Hier geht es nicht (wie im letzten Kapitel) um die Frage, woher Eco und Annaud die Fäden gezogen haben, aus denen sie ihr Bild des Mittelalters weben. Hier wollen wir wissen: *wenn* es William von Baskerville gegeben hätte - wie hätte das Fundament ausgesehen, auf dem er seine Gedankengebäude errichten konnte?

Für die Theologen und Philosophen des Mittelalters waren die wichtigste Quelle der Erkenntnis der Bezug auf die Bibel und die Schriften der Autoritäten. Roger Bacon, den William als seinen Lehrer bezeichnet, nannte drei Quellen der menschlichen Erkenntnis: die Autoritäten, den Verstand und die Erfahrung. Bacon (1214?-1294) kann als ein philosophischer Rebell seiner Zeit gelten. Denn er schreibt, daß die Bezugnahme auf die *auctores* (die Autoritäten - also die Kirchenväter und frühen Philosophen) ohne den Beweis durch Erfahrung und Experiment unzureichend sei. Doch selbst für diesen Mann ist gewiß, daß sich die Erkenntnis auch der Inspiration durch Gott verdankt. Für das Verständnis des mittelalterlichen Denkens ist das grundlegend: der Glaube an Gott ist selbstverständlich, die Infragestellung seiner Existenz kann nicht einmal gedacht werden.

Das beginnende 14. Jahrhundert ist in manchen dieser Fragen freilich nicht mehr ganz so sicher wie das vorherige. Der Dominikaner Thomas von Aquin (1225?-1274), aus demselben Orden wie der Inquisitor Bernard Gui, wird zwar 1323 von Papst Johannes XXII. heiliggesprochen, die Kritik an seiner Lehre jedoch nimmt zu. Thomas hatte, bei aller notwendigen Unterscheidung, Glaube und Vernunft verbunden. Die Theologen aus Williams Zeit trennen beide Bereiche wieder. Sie haben Angst vor den Auswirkungen der Philosophie des Aristoteles. Denn die Vermutung mancher seiner Anhänger, was theologisch wahr sei, könne wissenschaftlich falsch sein (und umgekehrt), erschüttert die Grundfesten des Glaubens.

Solange der Maßstab für die Wahrheit einer Behauptung war, daß sich dafür entsprechende Zitate in den Schriften der Autoritäten fanden, war die Welt in Ordnung. Wer die Inhalte der richtigen Bücher kannte, konnte die Welt - die diesseitige wie die jenseitige - erklären. (Der Abt ist ein Vertreter dieser Tradition. Seine einzige nennenswerte Leistung war, daß er als Jüngling 1274 den schwergewichtigen Leichnam des Thomas von Aquin aus dessen Sterbezimmer getragen hat. Mit dieser Last schleppt er sich bis zu seinem eigenen Ende ab.) Was aber würde eintreten, wenn der Wert der Erfahrung wichtiger würde als der der Autoritäten?

DAS WISSEN STECKT IN DEN BÜCHERN

Solange die Wahrheit zu ihrem Beweis die Autoritäten braucht, ist der Wert der Bücher offenkundig. In ihnen finden sich die anerkannten Lehren. Wer sie besitzt, kann die Wahrheit der eigenen Behauptungen durch Übereinstimmung beweisen, und natürlich ebenso, daß die anderen Falsches verbreiten. Im Mittelalter - und nicht nur da - war die Schicht der Lesekundigen verschwindend klein. Neben wenigen Adligen und ein paar Vertretern des aufstrebenden Bürgertums konnten nur die Männer der Kirche verstehen, was in den Texten stand. Klosterschulen und die aus ihnen entstehenden frühen Universitäten bildeten Geistliche aus, Bücher gab es fast nur in Latein. Die Volkssprachen waren in schriftlicher Form kaum fixiert, erst Dantes *Göttliche Komödie* (1307-1321) brachte da einen wesentlichen Durchbruch. Abbo drückt seine tiefe Abneigung gegen Bücher dieser Art deutlich aus (S. 51). Selbst die Bibel wurde von der Kirche nur in ihrer lateinischen Fassung geduldet. Übersetzungen in die Volkssprachen galten als Ketzerei und wurden entsprechend verfolgt. Zusammen mit häretischen Schriften wurden diese Bibeln öffentlich auf Scheiterhaufen verbrannt. Darin, mißliebige Bücher in die Flammen zu werfen, hatte das offizielle Christentum tausend Jahre Erfahrung, seit seiner Erhebung zur Staatsreligion unter Kaiser Konstantin.

Jorge von Burgos, der heimliche Herrscher der Bibliothek, spricht zu William von seinem Reich als von "der Bewahrerin des Wissens. Ich sage, die Bewahrung und nicht die Erforschung, denn in der Geschichte der Wissenschaft gibt es keinen Fortschritt, nur eine fortdauernde und erhabene Wiederholung." Er folgt da - und nicht nur da - Bernhard von Clairvaux, dem Klosterreformer des 12. Jahrhunderts, der schrieb: "Da sind viele, die suchen Wissen um des Wissens willen: das ist Neugier." Jorge versucht, die

Tradition festzuhalten. Er übersieht dabei, daß die auf Zitatgläubigkeit gegründete Wiederholung einem Erkenntnisinteresse zu weichen beginnt, das tatsächlich zum Selbstzweck wird. Praxis und Theorie streben auseinander. Für Jorge ist das ein Lernprozeß mit tödlichem Ausgang. Die Redeweise, daß einer Bücher verschlingt, meint normalerweise, daß er sie sich aneignet. Als Jorge schließlich am Ende das begehrte und gefürchtete Buch buchstäblich verschlingt, tut er das Gegenteil; er vergräbt es in sich - wenn er auch daran zugrundegeht, so doch triumphierend. "Nimm das Buch und verschlinge es", zitiert er die *Apokalypse* des Johannes (10, 9), "es wird dich im Bauche grimmen, aber in deinem Mund wird's süß sein wie Honig." Auch hier wieder klingt Bernhard von Clairvaux an, der - damals gegen Abaelard - wetterte: "O wenn doch seine giftgetränkten Bücher im verborgenen geblieben wären und nicht auf Weg und Steg gelesen würden! Sie alle bieten Gift statt Honig oder richtiger, im Honig."

Das, was in den Büchern steckte, war der Wissensschatz der Antike - oder das, was von ihm noch übrig war; dazu die Texte der Kirchenväter, und, diese unüberschaubare Menge zusammenfassend, die Sentenzenbücher und ihre zahllosen Kommentare. Dieser Buchbestand befand sich fast ausschließlich in den Klöstern, die nach der Zeit der Völkerwanderung und des kulturellen Verfalls der einzige Hort des antiken und spätantik-christlichen Erbes waren. (In einer ähnlichen Situation war der linke Buchhandel Ende der sechziger Jahre, als die Schriften der marxistischen Autoritäten nur in Form von Raubdrucken in wenigen verstreuten Läden angeboten wurden.) Wie Historiker berechnet haben, sind allein von den nachgewiesenen antiken Texten etwa 97% verloren. Abbo, der Abt, setzt die Tradition seines Namensvetters Abbo von Fleury (945?-1004) fort, der seine ganze Kraft dem Aufbau einer funktionsfähigen Schreibwerkstatt widmete.

Wenn William von Baskerville staunend und bewundernd vom riesigen Umfang der Bibliothek des Klosters spricht (er erwähnt mehr als 6000 Bände, S. 50) und sie als die größte der Christenheit preist, dann muß man wissen, wie zeitbezogen diese Aussage zu verstehen ist. Die ersten Bibliotheken entstanden im 8. Jahrhundert. Die Bibliothek des Klosters Reichenau verfügte 822 über 415 Bände, im 11. Jahrhundert war sie auf 800 bis 900 angewachsen; für die Zeitgenossen eine schier unglaubliche Menge. Selbst das Kathedralkapitel von Paris besaß gegen Ende des 13. Jahrhunderts nur etwa 150 Bände. Es ging also nicht um Größenordnungen wie jene, die der Bibliothek von Alexandria nachgesagt werden - 700 000 Schriftrollen sollen dort bei dem großen Brand im Jahre 47 v. Chr. vernichtet worden sein. Im Mittelalter gliederte man die Buchbestände üblicherweise in folgende Bereiche: 1. Liturgische Werke für den Gottesdienst, 2. Bibeln und Kommentare, 3. Werke der Kirchenväter, 4. Theologische Werke neuerer Autoren, 5. Bände über Kirchen- und Weltgeschichte, kanonisches und bürgerliches Recht, Mönchsregeln und das Leben der Heiligen, 6. Schriften aus dem Bereich der sieben freien Künste: Grammatik, Rhetorik, Dialektik; Arithmetik, Geometrie, Musik und Astronomie. (Die ersten drei, deren Beherrschung als selbstverständlich galt, wurden als *trivium* bezeichnet; daher kommt unsere Bezeichnung "trivial".)

Jorge von Burgos (Feodor Chaliapin) verschlingt das Buch

Die kaum zu überschätzende Bedeutung, die Bücher für das mittelalterliche Geistesleben hatten, folgt auch aus ihrem rein materiellen Wert. Während heutige Autoren am Textcomputer sitzen und die fertige Diskette bei der Druckerei abliefern, schrieben die Kopisten mit Gänsefeder und Tinte auf wertvollem Pergament. Die Arbeit an einem Buch verschlang Monate, oft Jahre; für eine einzige Bibel brauchte man die Häute von 200 - 300 Schafen. Papier wurde im christlichen Europa seit dem 12. Jahrhundert hergestellt, erst Jahrhunderte später konnte es sich durchsetzen.

Der Schreibsaal, in dem die Mönche alte Schriften kopieren

Mönche unternahmen lange Reisen, um ein Buch in einem fernen Kloster lesen zu können; als besonderer Glücksfall konnte es gelten, wenn ein solches Werk gar ausgeliehen werden durfte, um es im heimatlichen Schreibsaal zu kopieren. Dieses *Scriptorium* mit seiner angegliederten Bibliothek war neben der Kirche ein besonders heiliger Bereich jedes Klosters. Die dort arbeitenden Mönche, "die reif sind an Alter und Geist, weil Irrtümer im Schreiben leicht auch zum Irrtum im Glauben führen können", wurden hoch geschätzt. Einer dieser Kopisten hinterließ der Nachwelt den Hinweis: "Behandelt diese Blätter bitte mit Vorsicht. Fahrt nicht mit dem Finger über die Buchstaben. Ihr wißt nicht, was es heißt, ein Buch abzuschreiben! Das ist harte, drückende Fronarbeit: der Rücken wird dabei krumm, die Augen werden matt, der Magen und die Gedärme krank. Bete darum, lieber Mitbruder, wenn du dieses Buch liesest, bete für den armen Diener Gottes Radulfus, der alle diese Seiten mit eigener Hand geschrieben im Kloster Saint-Aigan."

Daß die eifrigen Kopisten ihre Kunst mitunter auch einsetzten, um statt geistiger Reichtümer solche weltlicher Art zu vermehren, zeigt sich an herrschaftlichen Urkunden, die komplett mit Siegel gefälscht wurden. In Ecos Kloster werden für auswärtige Auftraggeber und gegen Lohn Bücher kopiert. Fast schon als Manufakturarbeit, wenn auch nicht so einprägsam wie in Monty Pythons Mittelalterfilm *Jabberwocky*.

DIE THEOLOGEN
UND IHR HEIDNISCHER LEHRER

Wenn Thomas von Aquin von *dem Philosophen* sprach, brauchte er an der Pariser Universität nicht erst ausführlich zu erklären, von wem da die Rede war. Schon hundert Jahre zuvor (1160) hatte sich Johannes von Salisbury begeistert: "Die Sonne schien vom Himmel gefallen zu sein, als Platon aus dieser Welt schied; alle brachen in die Klage aus, die Leuchte der Welt sei erloschen. Als aber dann sein Schüler Aristoteles den Lehrstuhl des Meisters bestieg, da strahlte er wie ein Stern in der Frühe, er erleuchtete den Erdenkreis."

Es scheint erstaunlich, daß das Werk des anderthalbtausend Jahre zuvor geborenen Stagiriten (so der Beiname des Aristoteles nach seinem griechischen Geburtsort Stagira) im christlichen Mittelalter eine solche Bedeutung erlangen konnte. Immerhin war der Lehrer Alexanders des Großen ein ungetaufter Heide gewesen, wenn auch wohl ein als kultiviert geltender. Was von seinen Werken der Nachwelt überliefert worden war, ließ sich sowohl zur Verteidigung kirchlicher Lehren heranziehen wie zu deren Infragestellung. Der bekannteste Vertreter der erstgenannten Form war Thomas von Aquin, sein prominentester Gegner Siger von Brabant (1235?-1281?), der den Aristoteles-Interpretationen des arabischen Philosophen Averroes folgte.

Die Schriften des großen Griechen zur Logik waren bereits seit Jahrhunderten selbstverständliches Bildungsgut. Boethius hatte sie bereits um das Jahr 500 ins Lateinische übersetzt. Diese als *Alte Logik* bekannten Schriften wurden im 12. Jahrhundert um die *Neue Logik* ergänzt. Dazu kamen nach und nach Übersetzungen der arabischen Kommentare. Vielen christlichen Theologen war die intensive Auseinandersetzung mit diesen alten Texten nicht geheuer. Immer wieder gab es seitens der Kirche scharfe Verbote. Mitunter begnügte man sich nicht damit, die Bücher des umstrittenen Philosophen zu verbrennen, sondern schickte die Lehrer gleich mit auf den Scheiterhaufen, so etwa nach der Pariser Synode 1210. Doch die Lehrverbote gerieten bald in Vergessenheit. Bereits 1228 kannte Albertus Magnus alle damals zugänglichen Schriften des Aristoteles und konnte sich offen auf sie beziehen. Und nach der Mitte des Jahrhunderts baute Thomas von Aquin sein gewaltiges Ideengebäude der *Summa theologica* auf dieselben Fundamente. So bedeutsam erschien ihm die genaue Kenntnis der aristotelischen Schriften, daß er Wilhelm von Moerbeke bat, diese neu zu übersetzen. Dieser bearbeitete um 1260 zunächst die *Politik*, später alle übrigen bekannten Werke. Und Papst Urban IV., der noch 1263 die früheren Lehrverbote bekräftigt hatte, ließ wenig später an seinem Hof neue Übersetzungen aus dem Griechischen anfertigen.

Die Lehre des Aristoteles stand also wieder in voller Blüte, als zunächst 1270, dann noch einmal 1277 neue Gegenschläge geführt wurden. Der Erzbischof von Paris, Etienne Tempier, verurteilte einen langen Katalog von "Irrtümern", die an der dortigen Universität nicht mehr gelehrt werden durften. Kurz darauf schloß sich ihm der Erzbischof von Canterbury, John Peckham an, und es dauerte nicht lange, bis sich dieses Lehrverbot an anderen Universitäten durchsetzte. Philosophen wie Roger Bacon und Siger von Brabant wurden in den Kerker geworfen. Die im Verbotskatalog aufgeführten Sätze (ob sie nun so gelehrt worden waren oder nicht) mußten den Theologen in der Tat den Schreck in die Glieder fahren lassen. So zum Beispiel, daß die christliche Lehre Fabeln und Irrtümer enthält wie die anderen Religionen, daß die christliche Lehre ein Hindernis für die Wissenschaft ist, oder daß das Glück in diesem Leben ist und nicht in einem anderen.

Die Umwege, auf denen die Schriften des Aristoteles die europäischen Denker des Mittelalters erreicht hatten, waren recht abenteuerlich. Über Griechenland, Persien und Syrien waren sie in die Zentren islamischer Macht gelangt, hatten sich mit dieser bis nach Spanien ausgebreitet und waren auch dann noch dort geblieben, als dieser Teil des Abendlandes von den Christen zurückerobert worden war. In Toledo gründete im 12. Jahrhundert ein Bischof eine Übersetzerschule, die bald ein bedeutsames Zentrum wurde. Hier wurden auch die aristotelischen Schriften ins Lateinische übertragen - aus arabischen Quellen, die aus dem Syrischen oder Persischen übernommen waren, davor aus dem Griechischen.

Den mittelalterlichen Interpreten des Aristoteles ging es hauptsächlich darum, eine Übereinstimmung zwischen den Sätzen des Glaubens und denen der Vernunft herzustellen. Auch strenggläubigen islamischen Denkern wie Al-Gazali (1059-1111) war die Gefahr wohl bewußt, die von der Lehre des Philosophen ausgingen. Der Araber Averroes (= Ibn Ruschd, 1126-1198) dagegen wurde zum berühmtesten Aristoteles-Kommentator. Daß er und seine europäischen Anhänger, wie beispielsweise Siger von Brabant, jemals

Unversöhnliche Standpunkte: William ist ein Vertreter des Nominalismus und früher Humanist - Jorge ist orthodoxer Realist

ausdrücklich die These vertreten hätten, es gäbe eine doppelte Wahrheit, muß bezweifelt werden. Trotzdem ließ ihr ganzes Denksystem keinen anderen Schluß zu: wenn die Sätze des Glaubens oft in so deutlichem Widerspruch zu denen der Vernunft stehen, wenn die ersten nicht falsch sein dürfen, gegen die Falschheit der zweiten alle Beobachtung spricht - dann muß es eben zwei Wahrheiten geben!

Die Übersetzerschule von Toledo ist nur knapp 300 km von Burgos entfernt, jenem Ort, aus dem Jorge stammt. Nichts spricht dagegen, daß der spätere Klosterbibliothekar in dieser Gegend in den Besitz jener Schrift gelangen konnte, nach der im *Namen der Rose* fortwährend gesucht wird: dem zweiten, verschollen geglaubten Band der *Poetik* des Aristoteles. In der heute erhaltenen Fassung der *Poetik* geht ihr Verfasser nur mit wenigen Worten auf das Lächerliche ein, bezieht sich aber in einer anderen Schrift, der *Rhetorik*, auf Bestimmungen, die er dort von ihr gegeben habe. Allerdings kommen diese in der erhaltenen *Poetik* nicht vor. So ist es naheliegend, daß manche von der Existenz einer mittlerweile verlorenen Fortsetzung ausgehen.

Daß der Mensch ein Tier sei, das sich von allen anderen dadurch unterscheide, daß es zum Lachen fähig sei, das hatte schon William von Ockham in seiner Schrift zur Logik erwähnt (*homo est animal risibile*). Jorge, der Benediktiner, wirft dem Franziskanerorden Williams (sowohl von Baskerville wie von Ockham) vor, dessen Mitglieder ließen sich zu leicht auf das Lachen ein. Schon Franziskus, der Gründer,

hatte gern gelacht. Ein Chronist des Ordens, Salimbene, berichtet genußvoll über einen Vorfall um 1233, als ein Franziskaner den Dominikanerprediger Johannes von Vicenza auf derbe Weise lächerlich machte. Jorges Ablehnung des Lachens ist verständlich: als Benediktiner ist er an seine Ordensregel gebunden, und die verbietet das Lachen gleich zweimal. Unter Berufung auf Psalm 39 heißt es da: "Ich will auf meine Wege achten, damit ich nicht sündige mit meiner Zunge. Ich lege meinem Mund einen Zaum an... so blieb ich stumm und still." Daraus folgt: "Zweideutigkeiten, leeres Geschwätz und lächerliches Gerede wollen wir im Kloster absolut nicht hören. Dazu öffne der Mönch erst gar nicht den Mund." Und die zehnte Stufe der Demut ergänzt: "Der Mönch neigt nicht leicht und sofort zum Lachen: 'Der Tor lacht mit lauter Stimme, der Kluge aber lächelt kaum leise'."

Hätten die Verfasser des Neuen Testaments davon berichtet, daß Jesus gelacht habe, vielleicht sähe die Welt anders aus. So aber kann Jorge mit Petrus Cantor behaupten: "Christus hat nicht gelacht." Das rohe Lachen des Bauern kann er akzeptieren; es entlastet diesen und enthält keine Sprengkraft. Wenn in der Filmszene, die in den ärmlichen Hütten am Fuße des Klosters spielt, ein Huhn dem Bauern auf den Kopf scheißt und die ganze Familie darüber in Gelächter ausbricht: das ist ungefährlich. Dieses "Lachen vertreibt dem Bauern für ein paar Momente die Angst." Das von Aristoteles verkündete Lachen dagegen "befreit den Bauern von seiner Angst vor dem Teufel, denn auf dem Fest der Narren erscheint auch der Teufel als närrisch und dumm, mithin kontrollierbar. Doch dieses Buch könnte lehren, daß die Befreiung von der Angst vor dem Teufel eine Wissenschaft ist!" Eco bezieht sich da weniger auf Aristoteles als auf den russischen Literaturwissenschaftler Michail Bachtin, der über das mittelalterliche Lachen schreibt: "In der Klassenkultur ist der Ernst offiziell und autoritär, er ist mit Gewalt, Verbot und Einschränkung verquickt... Das Lachen verfügt keine Verbote und Einschränkungen. Macht, Gewalt und Autorität sprechen niemals die Sprache des Lachens."

Rosen und Namen: Der Universalienstreit

Ausgerechnet durch den hitzköpfigen Theologen Abaelard (1079-1142) wurde die als *pro et contra* bekannte Methode der scholastischen Philosophie eingeführt. Diese mittelalterliche *Dialektik* gilt heute eher als totes und mechanisches Verfahren: man stellte eine Frage; Sätze der Bibel, der Kirchenväter, auch heidnischer Lehrer der Antike wurden gegenübergestellt; Schlüsse wurden gezogen - die so gefundenen Ergebnisse galten als gesichert.

Aber der scholastischen Philosophie würde Unrecht getan, wenn man nur spitzfindige Dispute über Fragen wie die folgenden sähe: Kann der allmächtige Gott einen Stein erschaffen, den er selbst nicht heben könnte? Wieviele Engel können auf einer Nadelspitze tanzen? Schlafen die Engel? Hatte Adam einen Nabel und wie alt war er, als er geschaffen wurde? Selbst Thomas von Aquin schrieb 1271/72: "Das Studium der Philosophie hat nicht den Sinn, zu erfahren, was andere gedacht haben, sondern zu erfahren, wie die Wahrheit der Dinge sich verhält."

Die bedeutsamste - und sich noch heute auswirkende - Auseinandersetzung der Scholastik jedoch war der Universalienstreit: Es ging um die Frage nach der Natur der allgemeinen Begriffe (=Universalien). Gibt es "den Menschen im allgemeinen" oder "die Rose als solche"? Oder gibt es nur viele einzelne Menschen und Rosen? Die *Realisten* behaupteten, es gäbe diese Begriffe real als Urbilder vor den Einzeldingen (*universalia sunt realia ante rem*). Die *Nominalisten* dagegen waren der Meinung, nur die einzelnen Dinge seien real, die Begriffe seien bloße Namen für sie (*universalia sunt nomina post rem*).

William von Baskerville ist ja nicht nur dem Detektiv Sherlock Holmes nachgestaltet, sondern auch dem Philosophen William von Ockham (1286?-1349?). Und der beantwortete die Frage nach der Natur der Universalien eindeutig im nominalistischen Sinne. Und so erhält der Titel von Film und Roman weitere (neben den von Eco in seiner *Nachschrift* erläuterten) Bedeutungen: Es geht um den Universalienstreit, darum, daß so viel von Zeichen und Namen die Rede ist, die auf etwas noch Unbekanntes verweisen. Und es geht auch darum, daß ausgerechnet das Mädchen, die Rose, Adsons Geliebte einer Nacht, als einzige namenlos bleibt.

Der Vertreter der nominalistischen Position im *Name der Rose* ist William, sein Gegenspieler aus dem Lager der Realisten Jorge von Burgos. Jorge glaubt an die Existenz der Allgemeinbegriffe, er hält ihre Wirklichkeit für höherwertig als die der Einzeldinge, die bloße Abbilder ihrer überirdischen Urbilder sind. Sein Vorbild Bernhard von Clairvaux streitet gegen den Nominalisten Abaelard: "Er sieht nichts im Spiegel und Gleichnis; alles schaut er von Angesicht zu Angesicht." William geht - als guter Detektiv - von den Einzeldingen aus und hält die Namen für Sammelbezeichnungen, die durch Abstraktion und Erfahrung zustande gekommen sind.

Was sollte auch die Erfahrung den schriftengläubigen Philosophen und Theologen bedeuten, die die Gewißheit ihrer Erkenntnisse schwarz auf weiß vorliegen hatten? Aristoteles, also eine Autorität, hatte geschrieben, daß die Nerven im Herzen zusammenlaufen. Galilei berichtet von einem Scholastiker, dem ein Anatom zeigte, daß das Gehirn deren Ursprung bildet. Ende der Debatte: "Ihr habt mir das alles so klar, so augenfällig gezeigt - stünde nicht der Text des Aristoteles dagegen, der deutlich besagt, der Nervenursprung liege im Herzen, man sähe sich zu dem Zugeständnis gezwungen, daß ihr recht habt." Die Scholastiker zerbrechen sich die Köpfe darüber, ob Maulwürfe Augen haben oder nicht; auf die Idee, nachzuschauen, kommen sie nicht. Mitunter widersprechen sich die Autoritäten: so erzählt William im Film Adson davon, daß Hasen nicht, wie in der Bibel behauptet, Wiederkäuer seien; dabei beruft er sich auf eine Schrift des Stagiriten. Albertus Magnus weist - gegen Aristoteles - nach, daß Aale nicht von Schlamm, sondern von Kleintieren leben.

Irgendwann müssen sich auf diese Weise die Widersprüche anhäufen, es werden Methoden verlangt, die aus dem Dilemma heraushelfen. Nach und nach, wenn auch oft widerstrebend, kommt man dahin, mehr den eigenen Augen als den Wörtern zu vertrauen: Die Erfahrung des Menschen beginnt, zu einer bedeutsamen Grundlage der Erkenntnis zu werden. Was seine Sinne ihm zeigen, kann nicht länger nur als Trugbild und Blendwerk gelten. Viele Denker machen sich bewußt, daß sich der Ursprung ihres Wissens ihren Sinnen verdankt (*nihil est in intellectu quod prius non fuerit in sensu*).

Einer der Vorgänger Williams, Johannes von Salisbury (1110?-1180), wie er ein Mann der Kirche, der sein Leben als Diplomat verbringt und politische Thesen über die Herrschaft aufstellt (wie später William in Anlehnung an Marsilius von Padua und William von Ockham, vgl. den Abschnitt *Das geistliche und das weltliche Schwert*). Dazu kommt als weitere Ähnlichkeit die starke Betonung der konketen Erfahrung und des Wissens von den Einzeldingen.

William von Baskerville nennt Roger Bacon (1214?-1294?) seinen Lehrer (S. 25), was zutreffen kann, da William in den frühen siebziger Jahren des 13. Jahrhunderts geboren wurde. Er hatte offenbar das Glück, Bacons Vorlesungen in dessen "freier" Zeit lauschen zu können; immerhin muß der Franziskaner 14 Jahre seines Lebens in kirchlichen Kerkern verbringen. Seine Interessen sind für seine Zeitgenossen wohl allzu exotisch: Er befaßt sich mit

Astronomie und Optik, betreibt Alchimie, Mathematik und Ingenieurswissenschaft. Trotzdem geht es auch Bacon vor allem darum, durch die Erweiterung der menschlichen Erkenntnisse Einblick in die göttliche Schöpfung zu erhalten. Die Autoritäten erkennt er als Erkenntnisquelle durchaus an, schränkt aber ein, daß die einzige Quelle der Gewißheit die Erfahrung sei. Doch nicht das Experiment allein, das mit Bacon - und seinem Meister Grosseteste - erstmals bedeutsam wird, kann Erkenntnis verschaffen, denn daneben steht die unmittelbare göttliche Inspiration.

Um beurteilen zu können, ob Williams Gedanken in seiner Zeit möglich waren, muß man einem weiteren, scheinbar ganz abseitigen Weg folgen. Lange Zeit schien es den Theologen als selbstverständlich, daß Gott mit der Erschaffung der Welt auch die Gesetze geschaffen hatte, die sie am Laufen halten. Dies bedeutet für ihn keine Einschränkung, da alles, was Gott tut, vernünftig ist - und sein muß. Der (gläubige) Mensch kann diese Vernunft erkennen. Mit Duns Scotus (1266?-1308) und dessen Vorstellung von der Freiheit Gottes wurde diese Gewißheit in Frage gestellt: weil Gottes Freiheit absolut und unbeschränkt ist, sind seine Handlungen durch keine Notwendigkeit bestimmt, mithin zufällig und vom Menschen nicht vorhersagbar. Daraus folgt, daß die menschliche Vernunft keine Ansatzpunkte hat, um von bisher Bekanntem auf noch Unbekanntes zu schließen.

Der Gedanke der absoluten Freiheit Gottes führt zu William von Ockham, auf dessen Lebensstationen wir im nächsten Kapitel zu sprechen kommen werden. William von Baskerville bezeichnet den franziskanischen Mitbruder als seinen Freund (und ein späterer Mönch, Martin Luther, nannte ihn seinen Meister). Es wurde bereits erwähnt, daß er ein entschiedener Vertreter des Nominalismus war. Nach seiner Lehre sind die Universalien Zeichen, Bedeutungsinhalte, die im Denken an die Stelle der Dinge treten, für die sie stellvertretend stehen. In der Welt gibt es das Allgemeine nicht - nur im Sprechen über die Welt, in der Logik und in der Psychologie. William von Baskerville teilt diese Anschauungen (vgl. zum Beispiel S. 40 f.).

Betrachten wir diese Position im Zusammenhang mit Ockhams Erkenntnislehre: Ausgang aller Erkenntnis ist das unmittelbare sinnliche Wissen von den Dingen, alle Schlüsse über Zusammenhänge müssen darauf gegründet sein. Gott hat die Welt nicht wie ein großes Räderwerk geschaffen, aufgezogen und sich dann selbst überlassen (zu Ockhams Zeiten gab es noch keine Uhren). Er erschafft jedes Ding einzeln. Diese Sichtweise ist gegen die hohe Wertschätzung der Allgemeinbegriffe gerichtet, gegen die Annahme, diese existierten "wirklich". Wenn Gott die Dinge als einzelne schafft, so läßt die Kenntnis eines Dinges keinen sicheren Schluß auf ein anderes zu. Dasselbe gilt für das Verhältnis von Ursachen und Wirkungen.

Ockhams Name ist in der Philosophiegeschichte nicht nur mit seinen wegweisenden Untersuchungen zur Bedeutung der Zeichen und der Sprache verknüpft, sondern auch mit dem nach ihm benannten "Rasiermesser". Diese erkenntnistheoretische Klinge will alles Überflüssige abschneiden; man spricht daher auch vom Ökonomieprinzip. Ockhams Rasiermesser besagt, daß eine Erklärung nicht mehr beinhalten sollte, als unumgänglich nötig ist; darüber hinausgehender Aufwand ist unnötig und überflüssig.

Doch Ockhams Rasiermesser hat seine Tücken, und William von Baskerville merkt das bei seiner Detektivarbeit recht deutlich. So scheint es zunächst als unbezweifelbar, daß der Serie der Morde ein Muster zugrundeliegt, das dem in der Apokalypse des Johannes beschriebenen entspricht. Die vermutete Ordnung der irdischen Welt wäre so ein Spiegel der jenseitigen. Doch zeigt sich zum Schluß, daß alles ganz anders war, daß jeder Todesfall nur als einzelner begriffen werden kann. Das Muster, das die Morde zu verbinden schien, hat nur in Williams Kopf existiert - die Welt ist ohne durchschaubare Ordnung. Jedenfalls erweist sich die *einfachste* Erklärung, die aus der Apokalypse abgeleitete, als unzutreffend: Ockhams Rasiermesser führt - gegen die Absicht des Erfinders - nicht zur Bestätigung des Glaubens, sondern zum Zweifel.

DIE LOGIK DER DETEKTIVE

Was haben nun die wiederentdeckten Bücher des Aristoteles oder die Lehre von der Freiheit Gottes mit der Frage zu tun, ob sich im Jahre 1327 ein ehemaliger Franziskaner-Inquisitor als Detektiv betätigen konnte? Schließlich wußten schon die steinzeitlichen Jäger, daß eine Spur im Schlamm als Zeichen interpretiert werden kann: als Zeichen dafür, daß hier eine bestimmbare Tierart vor einer bestimmbaren Zeit vorbeigekommen ist.

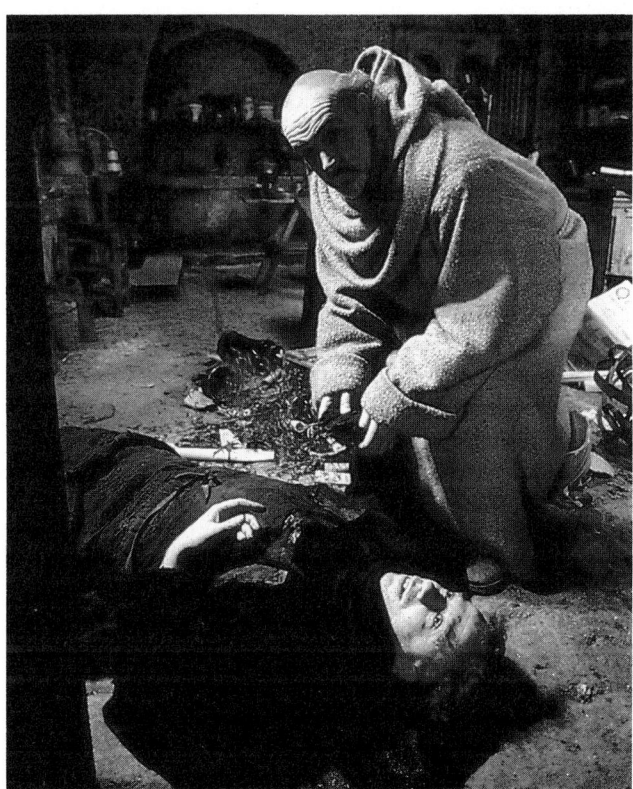

William hat eine Spur: Die Fingerspitzen von Severinus sind geschwärzt. Ein Hinweis auf Fingerabdrücke; nur ist hier die Farbe Zeichen des Todes - nicht Zeichen der Kriminalistik

Wie das nächste Kapitel zeigen wird, war im Mittelalter nur ein kleiner Teil der Bevölkerung von körperlicher Arbeit, meist Landarbeit, freigestellt: der Adel und die - meist ebenfalls adligen - Geistlichen. Der unmittelbare Kontakt mit den konkreten Dingen der Welt, die Arbeit, galt als minderwertig. Ein Gelehrter hielt sich von so etwas fern. Alles, was es zu wissen gab, fand sich in den Büchern der Autoritäten beschrieben. Die neu entstehende Wertschätzung von Erfahrung und die Betonung der Bedeutung der Einzeldinge zwangen die Gelehrten, den Blick vom jenseitigen Reich der Ideen auf die diesseitige Welt zu richten. Wenn jedes Ding einzigartig ist, muß der Mensch die Dinge in ihrer Vielfalt zur Kenntnis nehmen. Wenn er allgemeingültige Aussagen machen will, kann er nun nicht mehr vom Allgemeinen ausgehen und sicher sein, daß er bei einer zutreffenden Beschreibung des Einzelnen ankommt. Er muß im Gegenteil mit den Einzeldingen beginnen und danach seine Beobachtungen verallgemeinern. Doch die sich so ergebenden Sätze sind nicht mehr sicher, sondern nur noch mehr oder weniger wahrscheinlich.

In der Logik unterscheidet man diese Vorgehensweisen als deduktiv und induktiv. Der Detektiv geht bei der Deduktion von einer Gesetzmäßigkeit aus: "Alle Todesfälle im Kloster folgen dem Muster der Apokalypse". Wenn er nun einen Toten entdeckt, formuliert er diese Tatsache als "Dies ist ein Todesfall im Kloster", woraus sich der Schluß ergibt "Dieser Todesfall folgte dem Muster der Apokalypse". Und unter der Voraussetzung, daß tatsächlich alle Todesfälle diesem Muster folgten, wäre die Wahrheit des Schlusses gesichert. Doch nur wenn die beiden ersten Sätze, die Prämissen, wahr sind, kann auch der dritte Satz, die Konklusion, wahr sein.

Umgekehrt die Induktion: der Detektiv hat einen Toten vor sich und sagt "Dies ist ein Todesfall im Kloster", er stellt weiter fest "Dieser Todesfall folgt dem Muster der Apokalypse". Worauf er mutig die Gesetzmäßigkeit formuliert "Alle Todesfälle im Kloster folgen dem Muster der Apokalypse". Wenn er das aufgrund der Kenntnis nur eines Falles sagt, ist es kaum ernstzunehmen. Hat er zwei, fünf oder sieben Fälle und festgestellt: tatsächlich, alle folgen dem Muster der Apokalypse, dann ist die Wahrscheinlichkeit seines "Gesetzes" schon recht hoch. (Doch wehe, wenn ihm ein Fall dazwischenkäme, der dem Muster nicht mehr folgt - dann wäre das Gesetz im Eimer; oder er müßte behaupten, dieser Fall gehöre gar nicht in die Reihe der anderen.)

Die Deduktion schließt also vom Allgemeinen auf das Einzelne, und wenn die allgemeine Gesetzmäßigkeit wahr ist, ist der Schluß auf das Einzelne mit Sicherheit auch wahr. Die Induktion schließt dagegen von Einzelnen auf das Allgemeine, ist aber immer nur mehr oder weniger wahrscheinlich; nichts schließt aus, daß einmal ein Fall entdeckt wird, der das Gesetz umstößt.

Im *Zeichen der Vier* beschreibt Sherlock Holmes die drei Eigenschaften, die ein guter Detektiv haben muß: die Gabe der Beobachtung, die der Kombination sowie entsprechende Kenntnisse. Und wenig später folgt seine Fassung des "Rasiermessers": "Wenn man alles Unmögliche ausgeschaltet hat, muß das, was übrigbleibt, so unwahrscheinlich es

aussieht, das Richtige sein!" (Auch William kennt das Prinzip natürlich: "Mein lieber Adson", sagt er, "man soll die Erklärungen und Kausalketten nicht komplizierter machen, als es unbedingt nötig ist." So auf Seite 122.) Für den Detektiv ist es immer wichtig, aus Spuren, die ihm bekannt sind (aus Wirkungen), auf etwas zu schließen, was ihm noch nicht bekannt ist (auf Ursachen). Er muß beobachten können, damit er die Ausgangssätze für Induktionen formulieren kann. Er muß Kenntnisse haben, damit er aus allgemeinen Gesetzen deduzieren kann. Und er muß kombinieren können, damit er die logischen Schritte zu induktiven und deduktiven Schlüssen richtig ausführt. ("Du kennst meine Methode", sagt Holmes zu Dr. Watson, "Sie beruht auf der Berücksichtigung von Kleinigkeiten".)

Betrachtet man das Vorgehen des Detektivs genauer, so zeigt sich, daß er in der Regel ein anderes logisches Verfahren anwendet. Induktion und Deduktion stehen nicht unverbunden nebeneinander, sondern sind eng miteinander verknüpft. Zunächst beobachtet William (Induktion) viele Einzelfälle: es gibt Tote, die Art ihres Todes folgt dem Muster der Apokalypse. Das läßt den (vorläufigen) Schluß zu: alle Todesfälle folgen diesem Muster. Anläßlich des nächsten Todesfalls entwickelt der Detektiv eine Hypothese: alle Todesfälle im Kloster folgen dem Muster der Apokalypse - dieser Todesfall folgt demselben Muster - also ist dies ein Todesfall im Kloster (der derselben Gesetzmäßigkeit gehorcht wie die anderen zuvor). Dieses Schlußverfahren gehört nicht zu denen der klassischen Logik und wird heute *Abduktion* genannt; noch Holmes sprach davon als Deduktion.

Doch die Deduktion folgt erst im dritten Schritt. Die vermutete Gesetzmäßigkeit ist durch einen weiteren Fall bestätigt, die Wahrscheinlichkeit ihres Zutreffens erhöht worden. Der Detektiv schließt: alle Todesfälle im Kloster folgen dem Muster der Apokalypse - dies ist ein Todesfall aus dem Kloster - also folgt auch dieser Todesfall demselben Muster. Hat sich der Detektiv nun bloß im Kreis gedreht oder weiß er wirklich mehr als zuvor? Denn ein Vorgehen der genannten Art ist nur sinnvoll, wenn man anschließend -- ohne zusätzliche Beobachtungen - mehr weiß als zuvor. Man könnte die Deduktion auch spekulativ formulieren: alle (bisherigen) Todesfälle im Kloster folgten dem Muster der Apokalypse - es könnte weitere Todesfälle geben - weitere Todesfälle werden demselben Muster folgen. William kennt die Apokalypse des Johannes. Nur deshalb weiß er, daß jedem Tod ein Abschnitt aus dem Text entspricht, noch dazu in der dort beschriebenen Reihenfolge. Worauf es also ankommt: Seine Überlegungen lassen es zu, auf die Todesart des nächsten Falles zu schließen, noch *bevor* dieser überhaupt stattgefunden hat. Zusammenfassend mit den Worten Williams von Baskerville: "Es ist ... so, daß man vor einer Anzahl von Tatsachen steht, die anscheinend nichts miteinander zu tun haben, und nun versuchen muß, sie sich als ebenso viele Einzelfälle eines allgemeinen Gesetzes vorzustellen, eines Gesetzes aber, das man nicht kennt und das womöglich noch nie formuliert worden ist." (S. 389)

Im *Namen der Rose* steht es nicht nur schlecht um die Ordnung der Welt, sondern auch um die Hoffnung, durch

Triumphierend entdeckt Bernard Gui (F. Murray Abraham) in Williams Zelle ein Astrolabium. Der Beweis für heidnische Riten?

Anwendung logischer Schlüsse zur Erkenntnis zu gelangen. Alles schien glasklar, die Methoden wurden korrekt angewandt und - was am schlimmsten ist - William gelangt genau zu seinem erwarteten Ziel. Doch erst am Ende merkt er, daß er eine unzusammenhängende Folge von Zufällen in ein Muster gepreßt hat, daß er aus zufälligen Übereinstimmungen eine Gesetzmäßigkeit gebastelt hat, die ihn ebenso zufällig zum Ziel geführt hat. (Vielleicht hätte Holmes es besser gewußt, der im Falle des Hundes von Baskerville äußerte, wenn "wir es mit Mächten zu tun haben, die außerhalb der Naturgesetze stehen, hat unsere Untersuchung ein Ende. Aber wir haben die Pflicht, allen anderen Hypothesen bis zum Ende zu folgen, ehe wir eine übernatürliche Erklärung gelten lassen." Aber was sind schon für einen Ex-Inquisitor, der in der Tradition von Roger Bacon und William von Ockham steht, übernatürliche Erklärungen?) So lehrt die Logik handgreiflich, daß die scheinbar so sicheren deduktiven Schlüsse auf dem schwankenden Fundament der induktiven Wahrscheinlichkeitsschlüsse aufgebaut sind.

Ein Wort noch zu Williams Brille. Daß er als einziger im Besitz eines solchen Instrumentes ist, verdeutlicht, daß nur er den *vollen Durchblick* hat. Zwar hatte bereits sein Lehrer Roger Bacon mit Linsen experimentiert, die eigentliche Erfindung wurde aber erst gegen 1280 in der Toskana gemacht. So heißt es in einer Predigt, die 1306 in Florenz gehalten wurde: "Keine zwanzig Jahre sind vergangen, seit die Kunst entdeckt wurde, Brillen anzufertigen, die einem helfen, gut zu sehen; diese Kunst ist eine der besten und notwendigsten auf der Welt." (Williams Astrolabium

dürfte den Mönchen ebenso neu und seltsam erschienen sein, wurde es doch erst gegen Ende des 13. Jahrhunderts in England über arabische Umwege aus Spanien eingeführt. Magnetische Kompasse waren dagegen schon seit rund hundert Jahren im Gebrauch. Eco irrt freilich, wenn er den Zerrspiegel im Labyrinth als einen gläsernen beschreibt (S. 218 u. 585) -- Glasspiegel dieser Größe konnten erst wesentlich später hergestellt werden, zuvor waren sie aus poliertem Metall gefertigt.)

Mit den besten Mitteln seiner Zeit ausgestattet, ist William ein hervorragender und trotzdem gescheiterter Detektiv. Das Amt des Inquisitors verlangt die Fähigkeit, ketzerische Überzeugungen aufzuspüren. Menschen reden - spätestens unter der Folter (wenn auch die Anwendung dieser Technik die Lüge nicht ausschließt). Die Dinge der Welt reden mit Zeichen, die nicht lügen, aber ebenso unerbittlich in die Irre führen können. Und William haben sie dorthin geführt.

"Die Story ist das Abenteuer dieses Mannes auf der Suche nach der verborgenen Wahrheit, und es wäre kein Abenteuer, widerführe es nicht einem Mann, der fürs Abenteuer geschaffen ist. Die Weite seines Bewußtseins wird Sie vielleicht etwas überraschen, aber sie gehört ganz legitim zu ihm, weil sie zu der Welt gehört, in der er lebt. Gäbe es genügend seinesgleichen, die Welt wäre ein Ort, so sicher, daß man darin leben könnte, und doch nicht so langweilig, daß es sich nicht mehr lohnte, darin zu leben." Das sagte nicht Adson über William, sondern der Krimi-Autor Raymond Chandler über *den* Detektiv.

ANNO DOMINI 1327
DIE GESCHICHTLICHEN HINTERGRÜNDE
ZU "DER NAME DER ROSE"

Um die geheimnisvolle Aufgabe zu verstehen, die William von Baskerville in Norditalien erfüllen sollte, müssen wir einiges in Erfahrung bringen über die politischen Hintergründe des Jahres 1327. Was war der Zweck des Treffens zwischen Franziskanern und Abgesandten des Papstes in jenem Cluniazenserkloster, das wir aus *Der Name der Rose* kennen? Warum etwa sollte Michael von Cesena, der General des Ordens, zu Papst Johannes XXII. nach Avignon kommen? Worum ging es bei dem sogenannten Armutsstreit innerhalb des Ordens? Warum stellte sich der deutsche Kaiser Ludwig der Bayer bei der Auseinandersetzung zwischen Papst und Franziskanern auf die Seite der radikalen Befürworter der Armut? Welche Aufgaben hatte die Inquisition? Wie lebten die Menschen im Jahre 1327?

Wer Ecos Roman gelesen hat, wird einige dieser Hintergründe vielleicht noch im Kopf haben. Warum dann also dieses Kapitel, wenn Eco selbst bereits über alles berichtet hat? Wollen wir dem Autor auf die Finger sehen, ob er alles richtig dargestellt hat; ob er Ereignisse eventuell so verbogen hat, daß sie in seinen Kram paßten? Gewiß nicht. Alles, was sich bei Eco außerhalb der Klostermauern abspielt, ist unverfälschte Geschichte. Aber zum einen ist seine Schilderung der Historie über den Roman verstreut - mal eine Passage zu Ubertin von Casale, ein paar Worte über Johannes XXII., ein Bericht zur Hinrichtung von Fra Dolcino undsoweiter. Eine Zusammenfassung könnte alles etwas übersichtlicher machen. Zum anderen gibt es Erwähnenswertes, das das Verständnis der Zusammenhänge erleichtert, aber im Buch nicht vorkommt. Und schließlich hat nicht jeder Kinobesucher auch den Roman gelesen.

Eco hat in seiner *Nachschrift zum Namen der Rose* geschrieben, daß er sein Buch als historischen Roman versteht. Es geht nicht um eine phantastische Legende, wie vielleicht die Artus-Sage; daher ist der Film auch keine Entsprechung zu John Boormans *Excalibur*. *Der Name der Rose* ist fiktive Geschichte; aber nicht in dem Sinne, daß sich der Autor überlegt hätte: was wäre zum Beispiel geschehen, wenn Papst Coelestin 1294 nicht bereits nach wenigen Monaten abgedankt hätte? Die Geschichte wäre dann anders verlaufen, auch darüber hätte man schreiben können.

Roman und Film sind eher fiktive Geschichte in dem Sinne, daß eine Lücke ausgefüllt wird, über die wir nichts wissen. "Entscheidungssituationen sind Gelenke der Geschichte", hat der Historiker Demandt geschrieben; Michael von Cesenas Entscheidung, nach Avignon zu gehen, ist ein solches Gelenk. Die Phantasie wird gebraucht, um die Woche vor seiner Reise zu rekonstruieren. Wir wissen, was vorher geschah (der Papst hat ihn vorgeladen) - wir wissen, was sich hinterher ereignete (Anfang Dezember 1327 ist er in Avignon). In der Zwischenzeit hat es gewiß Beratungen im Orden gegeben; wann, wo, mit wem - das wissen wir nicht.

Was in jener Woche vor Michaels Reise hätte geschehen sein *können*, das ist der Gegenstand von Roman und Film. Daß es dann schließlich um viel mehr geht als um dieses Zusammentreffen, um Morde und die zweite Poetik des Aristoteles, um Ketzer und Inquisition, um Liebe und Zeichen, das ist eine andere Sache. Das Verfahren, derartige Lücken mit der Phantasie zu füllen und Geschichte damit plausibel nachzuvollziehen, ist nicht neu. Wie das geht, hat schon der griechische Historiker Thukydides im fünften vorchristlichen Jahrhundert vorgeführt. In seiner achtbändigen Beschreibung des peloponnesischen Krieges hatte er sich, neben eigenen Erfahrungen, auf die Schilderungen von Augen- und Ohrenzeugen zu verlassen. Da er wußte, wie die Ereignisse schließlich endeten, *mußten* die Gespräche der handelnden Politiker, z.B. des Perikles oder Kleon, bestimmte Einsichten, Forderungen und Zielsetzungen enthalten, damit er den Verlauf der Geschichte rekonstruieren konnte; egal, ob er dafür Belege fand oder nicht. Wo Lücken blieben, mußte das Nötige nacherfunden werden. *Der Name der Rose*, als quasi-geschichtliche Berichterstattung verstanden, benutzt genau diese Methode. Mit Sätzen, wie sie im Jahre 1327 hätten gesagt worden sein können, wird dem heutigen Leser oder Kinobesucher das späte Mittelalter vor Augen geführt.

DIE BAUERN UND IHRE GRUNDHERREN

Die mittelalterliche Gesellschaft ruht auf dem Rücken der Bauern. Sie ist ohne deren Arbeit nicht denkbar. In den Augen des herrschenden Adels sah das freilich anders aus; und da nur dessen Angehörige schreibkundig waren, ist ausschließlich deren Sichtweise überliefert. Die politischen Schriftsteller jener Zeit teilen die Gesellschaft in drei Ordnungen ein: in die, welche beten, die, welche das Schwert führen und die, welche arbeiten. Manchmal benutzen sie Bilder, die das veranschaulichen sollen, verweisen zum

Beispiel auf die Hierarchie der Engel oder den Körper mit seinen Gliedmaßen und Organen. Wenn William Adson diese Schichtung erklärt, so spricht er von der Herde, die von den Hirten gelenkt und von den Hunden zusammengehalten wird. Kein sehr "demokratischer" Vergleich; seinem Freund Marsilius von Padua hätte er kaum gefallen - zutreffend ist er für die Zeit allemal.

Die Männer der Kirche, die Adligen, die Bauern (später auch die Stadtbürger) - zu einer dieser drei Ordnungen oder gesellschaftlichen Gruppen gehörte der Mensch des Mittelalters. Da war sein Platz, der ihm von Geburt an zugewiesen war - unverrückbar. Schließlich galt die Ordnung in den Augen der Zeitgenossen als gottgegeben und gottgewollt.

Der Zerfall des römischen Imperiums, der Einfall der Germanenstämme, die Zeit der Völkerwanderungen: dies alles hatte die antike Kultur und Wirtschaftsordnung bedeutungslos werden lassen. Größere Städte, Verkehrsverbindungen und Fernhandel spielten zunächst keine Rolle mehr, zentrale Macht existierte nicht oder war weit entfernt und ohne größeren Einfluß. Die wichtigste Siedlungs- und Gemeinschaftsform wurde das Dorf, der Boden kam in den Besitz feudaler Grundherren. Die germanischen Heerführer und Könige hatten das Land an den ehemaligen Stammesadel verteilt, nachdem ihr Volk seßhaft geworden war und die Viehzucht zugunsten der Landbebauung stark eingeschränkt hatte. Mühevoll wurde eine funktionierende Landwirtschaft wiederaufgebaut, aber die Erträge blieben über Jahrhunderte hinweg dürftig. Mißernten und, in ihrer Folge, Hungersnöte waren an der Tagesordnung, großangelegte Vorratshaltung gab es noch nicht. Dazu kommt, daß es bei vielen Lebensmitteln gar keine Möglichkeit gab, sie länger zu lagern. Fleisch konnte zwar gepökelt werden, aber Salz war teuer.

Entsprechend schlecht war die Ernährung, vor allem die der Bauern. Man lebte hauptsächlich von Getreide, das man als Brot, Brei oder suppenartiges Bier zu sich nahm, dazu kam gelegentlich Gemüse und später auch manchmal Fleisch. Der Adel stand durch seine Jagdprivilegien hinsichtlich der Fleischversorgung besser da. Milchprodukte waren vergleichsweise selten, weil die Anbaufläche gerade nur für den Verbrauch der Menschen ausreichte; größere Kuhherden gab es deshalb nicht, Schafe und Ziegen schon eher. Der wichtigste Grund für diese Ernährungslage war das - nach heutigen Maßstäben - unglaublich schlechte Verhältnis zwischen eingesetztem Saatgut und Ernteertrag. Während heute ein deutscher Bauer im Durchschnitt ein Verhältnis von 1:30 erreicht, lag es in der uns interessierenden Zeit bei etwa 1:3. Außerdem schwankte es erheblich (so lag zum Beispiel 1380 durch günstiges Wetter in einem Dorf in Burgund der Wert bei 1:10, im Folgejahr nur noch bei 1:3,3).

Trotz des Fruchtwechsels und der Zwei- oder Dreifelderwirtschaft wurde vor allem durch Rodung und Anlegung neuer Anbauflächen versucht, höhere Erträge zu erwirtschaften. Diese Notwendigkeit ergab sich unter anderem dadurch, daß die zu versorgende Bevölkerung stark zunahm. So ist eine überraschende Parallele des beginnenden 14. Jahrhunderts zu unserer Zeit eine drohende Umweltkrise durch den Rückgang des Waldes. Die Ursachen sind viel-

Ein Leben im Schatten von Herren und Kirche: Die Bauern

fältig: neben der erwähnten Rodung sind es die Ziegenherden mit ihrem unersättlichen Appetit, vor allem aber auch der Einsatz effektiverer Sägen zum Fällen der Bäume. Von ihnen brauchte man Unmengen als Bau- und Brennholz. Der Technik-Historiker White berichtet von der Klage eines englischen Chronisten des frühen 14. Jahrhunderts, daß der große Bedarf an langen Balken für Windmühlenflügel eine Hauptursache für den Kahlschlag der Wälder sei. Und Demandt weiß das Überleben des deutschen Waldes nach dem Scheitern der Bauernkriege darauf zurückzuführen, daß nur die fürstlichen Jagdprivilegien radikales Abholzen verhindern konnten.

Bei der einseitigen und oft unzureichenden Ernährung, ergänzt durch harte Arbeit und häufige Krankheiten, kann die durchschnittliche Lebenserwartung der Menschen nicht hoch sein. Statistisch hatte ein Neugeborenes im Mittelalter eine Lebenserwartung von etwa dreißig Jahren. Betrachtet man demgegenüber die handelnden Personen im *Namen der Rose*, so sieht man, daß sie ihrer gesellschaftlichen Stellung als hohe Geistliche ein wesentlich längeres Leben verdanken: William wird als ein Mann von "ungefähr fünfzig Lenzen" beschrieben, Abbo, der Abt, hatte in seiner Jugend den Tod des heiligen Thomas miterlebt, muß also 1327 etwa 70 Jahre alt sein. Auch die historisch nachweisbaren Personen erreichten ein hohes Alter: Papst Johannes XXII. wurde mit 72 in sein Amt gewählt und starb mit 90, Ubertin von Casale soll fast 100 Jahre alt geworden sein und Bernard Gui starb im Alter von 71 Jahren (1331, nicht wie im Film bereits 1327).

Angesichts der heute üblichen Erträge der Landwirtschaft - gar unter dem Eindruck von Berichten über die Vernichtung unfaßlicher Lebensmittelmengen, um die Preise zu halten - muß man sich vergegenwärtigen, daß eine Gesellschaft nur funktionieren kann, wenn für ihre Mitglieder ausreichend Nahrung produziert wird. Menschen können nur in nicht-landwirtschaftlichen Berufen tätig sein, wenn die Bauern mehr Nahrung erzeugen, als sie selbst verbrauchen. Im Mittelalter war dieses Verhältnis aber selbst in fruchtbaren Gebieten so, daß auf zehn Menschen, die Landarbeit verrichteten, nur einer kam, der einer anderen Tätigkeit nachgehen konnte. (Noch in der Mitte des letzten Jahrhunderts war etwa die Hälfte der Bevölkerung in der Landwirtschaft tätig, heute sind es von 60 Millionen Bundesbürgern nur etwa zwei Millionen.)

Nun war es nicht so, daß dieser eine (von den zehn anderen sozusagen Freigestellte) etwa ein Handwerker gewesen wäre. Die Schmiede, Töpfer oder Schreiner waren meist zusätzlich als Kleinbauern tätig. Die Bauern rackerten sich überwiegend für die dünne Oberschicht des Adels und der Geistlichen ab. Wenn spielende Kinder noch heute die Schwertträger jener Zeit gern als Raubritter bezeichnen, so trifft das die Sache recht genau. Bis zum 10. Jahrhundert hatte der waffentragende Adel tatsächlich noch die Aufgabe gehabt, feindliche Angriffe von außen abzuwehren - und damit ihren Bauern wirklichen Schutz zu bieten. Nach dem Ende der frühmittelalterlichen Völkerverschiebungen in Europa änderte sich das nachhaltig. Die äußeren Feinde blieben weg, aber die Waffen und die luxuriösen Ansprüche blieben. Zudem fiel das Beutegut aus diesen kriegerischen Auseinandersetzungen fort. Was also lag näher, als die Bedürfnisse im eigenen Land zu befriedigen? "Was sie sich nun nur noch ab und zu bei den Heiden holen konnten, verlangten sie jetzt von der 'Plebs', dem 'waffenlosen Volk'", beschreibt Georges Duby die Lage. Zum Teil erfolgte diese Auspressung der Bauern durch die Rechtsverhältnisse von Grundbesitz und Leibeigenschaft, zum Teil auch durch regelrechte Beutezüge der Ritter und ihrer Gefolgschaft.

Die Geistlichen, die selbst fast ausschließlich Angehörige des Adels waren, kamen so in eine zwiespältige Situation. Einerseits lebten sie selbst von den Zwangsabgaben der Bauern, andererseits waren Raub, Mord, Vergewaltigung und Brandschatzung mit ihrer christlichen Lehre kaum zu vereinbaren. So wurden von der Obrigkeit immer wieder Friedensregelungen ausgerufen, die die Bauern wenigstens zu bestimmten Zeiten oder an bestimmten Orten vor der Gier des Adels schützen sollten. Man kennt etwa die Form des *Gottesfriedens*, und der *Landfrieden* ist uns noch heute, wenn auch in negativer Formulierung, vertraut - als Landfriedensbruch.

Insgesamt war aber der religiöse Druck auf die Bauern wirkungsvoller: Indem man ihnen versicherte, ihr Opfer der harten, körperlichen Arbeit würde sich äußerst vorteilhaft auf ihr Seelenheil auswirken, konnte die Produktivität insgesamt gesteigert werden. So kamen Adel und Geistlichkeit trotz der Einschränkungen der Friedens-Regelungen auf ihre Kosten. Die Ideologie des Wertes der Arbeit ist um so unglaubwürdiger, als ihre Verkünder selbst körperliche Tätigkeit als unehrenhaft empfanden. (Ausnahmen finden sich in bestimmten Klöstern.) Begründen ließ sich dies alles trefflich mit Bibelworten: "Jedermann sei untertan der Obrigkeit, die Gewalt über ihn hat", hatte Petrus in seinem Brief an die Römer geschrieben (13, 1), "Denn es ist keine Obrigkeit, ohne von Gott; wo aber Obrigkeit ist, ist sie von Gott verordnet."

Zur der Zeit, in der *Der Name der Rose* angesiedelt ist, hat sich die mittelalterliche Wirtschaft bereits dahin entwickelt, daß das Geldwesen ein wichtiger Faktor geworden ist. Die Kluft zwischen Armen und Reichen ist noch tiefer geworden, die Festlegung des Geldwertes durch die Obrigkeit läßt erhebliche Manipulationen zu, die die finanzielle Lage der Herrscher stärken. Dazu kommt ein starkes Bevölkerungswachstum. Das Elend zwingt immer mehr Kleinbauern zur Verschuldung an ihre Grundherren; andere fliehen in die Städte und bilden dort ein Proletariat, das in den Betrieben reicher Stadtbürger Lohnarbeit leistet - eine Art der Tätigkeit, die es zuvor so nicht gab.

Doch aus dem Elend wachsen auch erste Gegenkräfte. Ihrer Zeit gemäß sind sie religiös begründet. So berichtet der Chronist Jean Froissant von den Anfängen eines Bauernaufstandes: "Diese bösen Leute begannen sich in den genannten Gegenden zu erheben, weil sie sagten, daß man sie in gar großer Knechtschaft halte und daß es am Anfang der Welt keinen Knecht gegeben habe und daß es auch keinen geben dürfe, wenn er nicht Verrat an seinem Herrn begehe, so wie es Luzifer gegen Gott tat. Sie aber hätten diesen Zuschnitt nicht, denn sie seien keine Engel oder Geister, sondern Menschen, genauso beschaffen wie ihre Herren, und man halte sie wie Tiere. Diesen Zustand wollten und könnten sie nicht mehr hinnehmen..."

"Als Adam grub und Eva spann - wo war denn da der Edelmann?" Der Arbeit der Bauern verdankt sich der materielle Reichtum der damaligen Gesellschaft - ihre Unterdrückung führt zum Entstehen ketzerischer Bewegungen und des sozialen Sprengstoffs, der das Rad der Geschichte weitergetrieben hat. "Was jeder einzelne will, wird von jedem anderen verhindert", hat Friedrich Engels einmal geschrieben, "und was herauskommt, ist etwas, das keiner gewollt hat."

DIE MÖNCHE: BETEN UND HERRSCHEN

Auch die Klöster sind Bestandteil der feudalen Ordnung. Der Abt ist Herr der umliegenden Ländereien und damit der Bauern, die sie bewirtschaften. Er hat, wie jeder Feudalherr, auch die Rechtssprechungsgewalt inne. Dem Kloster steht es zu, von den Bauern Abgaben in Form des *Zehnten* einzutreiben. Auseinandersetzungen über den Zehnten ziehen sich über die Jahrhunderte: von Karl dem Großen, dessen Bekehrungsversuchen sich die Sachsen vor allem deswegen widersetzten, bis zur Französischen Revolution, bei deren Ausbruch sechzigtausend Streitfälle, die den Zehnten betrafen, vor den Gerichten schwebten.

Jacques Fournier, Bischof des südfranzösischen Pamiers und Inquisitionskollege Bernard Guis, setzte 1311 und 1323 für die Bauern seines Bereichs fest, daß diese von den Produkten ihrer Herden den Zehnten abzugeben hätten, dazu

Die Bauern, deren Land dem Kloster gehört, müssen den Zehnten (den zehnten Teil von Felderträgen und Vieh) abliefern

ein Achtel der Getreideernten. Kein Wunder also, wenn nicht nur von Bauernrevolten gegen weltliche Herren berichtet wird, sondern immer wieder auch gegen Klöster - so um 1250 vom vergeblichen Austand der normannischen Bauern von Verson gegen die Mönche der Abtei Mont Saint-Michel.

Auch Abbo, der Cluniazenserabt im *Namen der Rose*, läßt den Zehnten eintreiben. So gibt es eine Szene im Film, in der die Bauern der umliegenden Dörfer in einer Reihe im Klosterhof warten und ihre Abgaben an Remigius, den Kellermeister, abliefern. Alle Geistlichen werden auf diese Weise versorgt: Bischöfe, Priester und Mönche, jedenfalls die in den Klöstern lebenden. Die im 13. Jahrhundert entstehenden Bettelorden haben auf Abgaben dieser Art keinen offiziellen Anspruch. Daher sind sie bei der Bevölkerung beliebter und erhalten freiwillige Abgaben in Form von Almosen.

Ursprünglich sollte der Zehnte viergeteilt werden: je ein Viertel an den Bischof, eines an den Priester, eines für den Kirchenbau und eines für die Armen. Doch mit der Zeit blieb für die Armen nichts und für die Kirchen wenig übrig, weil Bischöfe und Priester (bzw. Mönche) alles für sich selbst behielten. Auf deren Abgaben an die päpstliche Kasse kommen wir später zu sprechen.

Ein geistliches Amt ist in der Regel äußerst lohnend, da es mit gesicherten Einnahmen verbunden ist. Pfründen werden denn auch bald zum Gegenstand von Bestechung und Beziehungen; die Päpste verkünden halbherzige und absurde Einschränkungen des schwunghaften Handels - daß etwa ein Inhaber nicht mehrere Pfründe haben solle, oder daß er nicht

jünger als sieben Jahre sein dürfe. Aber diese Vorschriften werden immer wieder übergangen; zudem verdient die päpstliche Kurie am Verkauf der Pfründen und den laufenden Einnahmen zu gut und hat daher kein wirkliches Interesse an Veränderung. Auch die Ehelosigkeit der Priester folgt nicht allein aus dem Keuschheitsgebot (Konkubinen wurden lange geduldet), sondern verhindert, daß durch Erbteilung und Zuschanzung von Vermögen an eigene Kinder Kircheneigentum geschmälert werden könnte.

Dabei gelten der Handel mit geistlichen Ämtern und die Forderung von Gaben für Priesterweihung seit dem Konzil von Tours 567 nicht nur als Sakrileg, sondern als Häresie (Ketzerei). Man bezeichnet sie als Simonie; in der *Apostelgeschichte* des *Neuen Testaments* wird von einem Magier namens Simon berichtet, der Geld für seine Weihe geboten haben soll. Die offizielle Verdammung dieser Mißstände wird zwar auf dem Konzil von Reims 1049 wiederholt, an der geübten Praxis ändert das wenig.

Nicht nur Bischofsstühle und Pfarrstellen werden in dieser Zeit auf solche Weise vergeben, sondern oft auch die Abtwürde. Die jüngeren Söhne des Hochadels, die in der Erbfolge ohnehin nicht viel zu erwarten haben, können so wenigstens in der kirchlichen Hierarchie bedeutsame Stellungen einnehmen. Sie werden materiell abgesichert, ohne der Familie zur Last zu fallen. Eine der - für die Mönchsorden negativen - Folgen hiervon ist, daß diese Äbte kein Interesse an vielen Mönchen in ihrem Kloster haben, denn deren Zahl erhöht die nötigen Ausgaben.

Abbo von Fossanova, der Abt des Klosters in *Namen der Rose*, steht einem Cluniazenserkloster mit etwa 60 Mönchen vor (vgl. S. 132). Die Cluniazenser leiten ihren Namen von dem französischen Kloster Cluny ab, einer benediktinischen Abtei, von der seit Beginn des 10. Jahrhunderts wesentliche Anregungen für eine Ausbreitung des Mönchtums ausgingen. Zwar hatte schon Augustinus eine Mönchsregel formuliert; die eigentlich bedeutsame Entwicklung folgt aber der Regel Benedikts, die dieser im 6. Jahrhundert aufgestellt hatte. So sind also Benediktiner und Cluniazenser weitgehend identisch - die zweiten ein reformierter, machtvoller und schnellwachsender Zweig der ersten.

Diese Klöster sind in verschiedener Weise eigenständig. Sie sind wirtschaftlich unabhängig, da sie von den Abgaben ihrer Bauern leben. Sie sind der weltlichen Gerichtsbarkeit ohnehin entzogen, aber seit den Beschlüssen des Papstes Benedikt VIII. von 998 auch den bischöflichen Gerichtshöfen nicht mehr unterstellt. Trotz verschiedener päpstlicher Erlasse gab es auch keine innere Struktur des Ordens, die es erlaubt hätte, in die Selbständigkeit der Klöster und ihrer Äbte einzugreifen.

Abbo (Michael Lonsdale), der Abt aus "Der Name der Rose"

Abbos Vorbild - im Namen wie im Handeln - ist der im 10. Jahrhundert lebende Abbo von Fleury, Abt der Benediktinerabtei von Fleury-sur-Loire, in der die Reliquien des heiligen Benedikt aufbewahrt werden (vorher hatten sie in Benedikts Klostergründung Monte Cassino gelegen und waren dort geraubt worden). Abbo von Fleury war ein Vorkämpfer dieser Autonomie. Er kämpfte wortgewaltig gegen die Vorstellung, die Bischöfe könnten sich in die Angelegenheiten der Mönche einmischen. Von seinen Anstrengungen zum Aufbau einer Bibliothek war ja bereits im letzten Kapitel die Rede - auch hier ist er "unserem" Abbo Leitbild.

Die Benediktiner hatten, wie Georges Duby schreibt, schon im 6. Jahrhundert zur Festigung des Widerstandes ge-

gen die verderbte Welt die Kaderstruktur der römischen Legionen übernommen. Fast 800 Jahre später hat sich das gesellschaftliche Umfeld so gewandelt, daß zur Durchsetzung der kirchlichen Macht andere Instrumente geschaffen oder genutzt werden müssen. Anfang des 14. Jahrhunderts spielen die Städte - besonders im nördlichen Italien - wieder eine bedeutende Rolle. Viele ihrer Bürger kommen durch Handelsgeschäfte weit herum, sind weltoffen und gebildet. Nicht nur bei den ausgepreßten Bauern, sondern auch bei ihnen finden ketzerische Gedanken einen fruchtbaren Boden.

Um die Herrschaftsansprüche der Kirche zu sichern, kommen die neuen Orden der Franziskaner und Dominikaner gerade recht. Beide haben den Schwerpunkt ihrer Tätigkeit in den Städten, sowohl die Minderen Bettelbrüder des Franziskus wie die Prediger des Dominikus. Letztere widmen sich von Anfang an (1215) der bewußten Bekämpfung der Ketzerei - weswegen William von Baskerville ihren Namen spöttisch-respektvoll als *domini canes* ([Wach-]Hunde des Herrn) verfremdet.

Nicht jedem, der in einen der neuen Bettelorden eintritt, ist der Respekt der Zeitgenossen wegen seiner Abwendung von der sündigen Welt gewiß. Der Troubadour Pierre Cardinal schimpft über die "Bettelmönche, die unter der Hülle ihres Mantels die Welt täuschen und sich auf ihre Kosten nähren. Deshalb treten so viele Lumpen und Taugenichtse in die Klöster ein." Schon früher hatte der Abt Caesarius von Heisterbach festgestellt, daß nicht nur ehrenwerte Motive den Klostereintritten zugrunde liegen, sondern daß etwa die Angst vor Strafe Verbrecher zum Anlegen der Kutte brachte. Viele Päpste sehen das wohl ähnlich; 1215 hat das Laterankonzil vergeblich die Bildung neuer, nicht bestätigter Orden verboten. 1274 werden vom 2. Lyoner Konzil außer den Dominikanern und Franziskanern nur die Augustinereremiten und die Karmeliter als Bettelorden anerkannt.

Selbst in der alten Benediktinerregel schwingt dieses Mißtrauen schon mit. Dort hatte der heilige Benedikt festgehalten: "Die ... ortlosen (Mönche) ziehen ihr Leben lang durch die Welt und bleiben in den Klöstern jeweils einige Tage zu Gast. Immer unstet, nie beständig, ausgeliefert ihrem Egoismus und dem Zeitgeist, sind diese Ortlosen allesamt schlimmer als die Regellosen. Schweigen wir von der Erbärmlichkeit solchen 'Mönchswandels'". Man muß diese Sätze aus dem ersten Kapitel der Regel kennen, um Abbos Abneigung zu verstehen, gleichermaßen gegen die Franziskaner wie gegen die Dominikaner. William verwirrt seinen Sinn für die prunkvolle Verehrung Gottes, Bernard Gui stellt als Inquisitor seine Macht als Abt in Frage. Trotzdem, sie sind Gäste seines Klosters, und über die sagt das 53. Kapitel der Regel: "Jedem erweise man die gebührende Ehre. Besonders kümmere man sich um Geistliche, Mönche und Pilger." Doch William kann seine Nachforschungen nur dank der ausdrücklichen Erlaubnis des Abtes anstellen, denn es heißt weiter: "Nur mit Erlaubnis geselle man sich zu den Gästen und rede mit ihnen. Man grüßt sie höflich. Das genügt."

Ein paar weitere Passagen der Benediktinerregel mögen helfen, Abbos Verhaltensweisen noch besser zu verstehen. Was die Regel über das Lachen sagt, haben wir bereits vorn zitiert. In ihrem zweiten Kapitel steht: "Ernste Vergehen übergehe er (der Abt) keinesfalls. Er fasse sie sofort bei der Wurzel und rotte sie aus, so gut er vermag. Sonst wird ihm Gott das Haus veröden und ihn selbst in Schande bringen." Das sechste Kapitel fordert: "Wegen der Gewichtigkeit des klösterlichen Schweigens soll man dem Mönch nur gelegentlich Erlaubnis zu Gesprächen geben, selbst zu guten, frommen, weiterführenden Gesprächen." Das 31. Kapitel macht dem Cellerar des Klosters, dem Verwalter des gemeinschaftlichen Besitzes, zur Auflage: "Alles, was dem Kloster gehört, soll er hüten, als ob es Gott gehörte." Remigius geht mit dem Klostergut etwas großzügiger um, wenn er seine fleischliche Lust stillen will. Dabei dürfte er das siebte Kapitel über die Demut wohl kennen, in dem es kurz und bündig heißt: "Gott sieht auch die Begierden des Fleisches: 'Du weißt um all mein Begehren'. Hüte dich vor böser Begierde: Der Tod steht an der Schwelle zur Lust."

Die Armutsregel, die im *Namen der Rose* eine so wichtige Rolle bei der Auseinandersetzung zwischen den Franziskanern und Johannes XXII. spielen wird, ist bereits für Benedikt selbstverständlich. In Kapitel 33 schreibt er unter der Überschrift "Kein Eigentum für Mönche": "Eines ist im Kloster ganz wichtig: (Privat-)Eigentum halten wir für die *Verkehrung* des schriftgemäßen Mönchsideals. ... Nichts, aber auch gar nichts zum (Privat-)Eigentum haben."

1215 hatten sich die Ordensgründer Franziskus und Dominikus anläßlich des Laterankonzils kennengelernt und Freundschaft geschlossen. Doch in den Jahren vor 1327 ist davon nichts mehr zu spüren. Die Spannung zwischen den Orden ist so groß, daß die 1323 von Johannes XXII. verkündete Heiligsprechung des Dominikaners Thomas von Aquin und die entsprechende Würdigung seiner Lehren als bewußte kirchenpolitische Provokation der Franziskaner wirken müssen.

DER ORDEN DES HEILIGEN FRANZISKUS

Drei Männer machen um das Jahr 1200 eine wichtige religiöse Erfahrung und ziehen daraus ihre Konsequenzen. Doch die sich ergebenden Wirkungen sind völlig unterschiedlich. Alle drei stammen aus reichen Familien, entsagen plötzlich dem bequemen Leben in Wohlstand, verzichten auf ihr Eigentum und widmen sich dem Glauben. Es sind Joachim von Fiore, Petrus Valdes und Franziskus von Assisi.

Joachim wird zu einem Abt des Zisterzienserordens, dem man prophetische Gaben nachsagt. Sein Bettelorden von Fiore wird vom Konzil anerkannt, hat allerdings keine grossen Wirkungen. Auch Valdes versucht, die von ihm gegründete Gemeinschaft vom Konzil approbieren zu lassen, scheitert aber dabei. Da er als Laie trotzdem weiter predigt, wird er wenig später exkommuniziert; seine Anhänger, die Waldenser, werden zu einer einflußreichen und von der Inquisition unbarmherzig verfolgten Ketzergruppe. Franziskus dagegen darf seine Jünger mit päpstlicher Genehmigung um sich scharen; sein Orden wird ein wichtiges Missionsinstrument der Kirche.

Daß Franziskus 1228 heiliggesprochen wird, während man Valdes 1184 exkommuniziert, hat weniger mit den Lehren der beiden zu tun als mit unterschiedlichen (kirchen)politischen Situationen. Daß der eine als rechtgläubig und

William von Baskerville (Sean Connery) im Gespräch mit Michael von Cesena (Leopoldo Trieste), dem General der Franziskaner. Im Hintergrund links Andrew Birkin, der auch am Drehbuch mitgeschrieben hat, in der Rolle des Bruders Cuthbert

vorbildlich, der andere als ketzerisch gilt, läßt sich nicht aus der Differenz ihrer Ziele, sondern nur aus der Differenz der offiziellen Reaktionen begreifen.

Joachims Rolle liegt dazwischen: einerseits erarbeitet er im Auftrag mehrerer Päpste Kommentare zur Bibel, andererseits entgeht er - dreizehn Jahre nach seinem Tode - nur knapp der Verurteilung als Ketzer. In seinen Auslegungen der Heiligen Schrift kommt er zu dem Ergebnis, daß die Menschheit drei Phasen durchmache: das Zeitalter des Vaters ende mit Christi Geburt, das des Sohnes dauere 1260 Jahre und werde dann von dem des Heiligen Geistes abgelöst. Diese Anschauungen werden zum Kern späterer Auseinandersetzungen innerhalb des Franziskanerordens. Der Zweig der Spiritualen meint sich nach 1240 in Joachims Prophezeiungen wiederzuerkennen. Politisch brisant wird der Streit um Joachims Schriften, als diese 1254 in Paris von dem Franziskaner Gerhard von Borgo San Donnino zusammengefaßt und kommentiert und als *Evangelium aeternum* veröffentlicht werden. Immerhin steht der erwartete Eintritt des neuen Zeitalters vor der Tür.

Franziskus von Assisi wird 1182 geboren. Nach einer Krankheit 1204 hat er mehrere Visionen und verzichtet daraufhin 1206 auf sein Erbe und Eigentum. 1209 gründet er seinen Orden, dessen erste Regel von Papst Innozenz III. gebilligt wird, 1223 folgt eine zweite Fassung. Seinen Orden nennt er *fratres minores*, also geringe Brüder oder Minoriten; eine durchaus politische Bezeichnung, wenn man daran denkt, daß in seiner Heimatstadt Assisi *minores* der Name der Volkspartei war, die gegen die reichen und vornehmen *maiores* stand. (Franziskus beteiligte sich in seiner Jugend an einem Volksaufstand.) Er stirbt 1226 und wird bereits zwei Jahre später heiliggesprochen.

Betrachten wir hier besonders die Stellen in seiner Regel, die sich mit dem Gedanken der Armut befassen. Im zweiten Kapitel wünscht er von denen, die seinem Orden beitreten wollen, daß sie "all das ihrige verkaufen und Sorge tragen, es unter die Armen zu verteilen". Er beschreibt die erlaubte Kleidung, Schuhe nur im Notfall, sagt jedoch zugleich: "Ich warne und ermahne sie, jene Leute nicht zu verachten, noch zu verurteilen, die sie weiche und farbenfrohe Kleidung tragen und sich auserlesener Speisen und Getränke bedienen sehen..." Und unter IV. und VI. heißt es klar: "Ich gebiete allen Brüdern streng, auf keine Weise Münzen oder Geld anzunehmen, weder selbst noch durch eine Mittelsperson." sowie "Die Brüder sollen sich nichts aneignen, weder Haus noch Ort noch irgendeine Sache." In seinem Testament bekräftigt er, wohl von schlimmen Ahnungen geplagt, die Gültigkeit der Regel und befiehlt seinen Nachfolgern, "daß sie keine Erklärungen zur Regel und auch nicht zu diesen Worten hinzufügen, indem sie sagen: So wollen sie verstanden werden." Und er schließt mit den demütigen Worten: "Und ich, der ganz kleine Bruder Franziskus, euer Knecht, bestätige euch, soviel ich nur kann, innen und außen diesen heiligsten Segen."

Franziskus kann sich mit diesen Forderungen auf zahlreiche Stellen des *Neuen Testaments* beziehen. So heißt es bei Matthäus (10, 9 f.): "Ihr sollt nicht Gold, noch Silber, noch Erz in euren Gürteln haben; auch keine Tasche zur Wegfahrt, auch nicht zwei Röcke, keine Schuhe, auch keinen Stecken." Trotz dieser scheinbar eindeutigen Bibelverweise und trotz der im Testament enthaltenen Ermahnungen wird die Forderung nach einem armen Leben zum Anlaß heftigen Streites innerhalb des Ordens, der schon bald nach seinem Tod einsetzte. Denn derselbe Papst Gregor IX., der Franziskus 1228 heiliggesprochen hat, stellt in seiner Bulle *Quo elongati* von 1230 fest, daß die Minoriten nicht an die Bestimmungen des Testaments ihres Gründers gebunden seien. (Die päpstlichen Erlasse, Bullen genannt, werden nach ihren einleitenden Worten benannt. Bullen sind ein beliebtes Mittel, um Machtansprüche nachdrücklich gegen Gruppen mit anderen Anschauungen durchzusetzen.) Um das Verbot der Geldannahme zu umgehen, werden Vertrauensmänner eingesetzt, die für die Brüder Geldgeschäfte tätigen. Gleichwohl wird ihnen zwar das Eigentum an Gebäuden, Hausgeräten oder Büchern abgesprochen, das Gebrauchsrecht an diesen Dingen jedoch erlaubt.

Ein Teil des Ordens findet sich mit diesen neuen Bestimmungen ab oder begrüßt sie sogar, ein anderer wehrt sich entschieden dagegen. Die erste Gruppierung nennt man in der Folgezeit Konventualen, die zweite Spiritualen. Dieser Streit wird sich über Jahrzehnte hinziehen. Die Konventualen, die in der kirchengeschichtlichen Literatur auch als Vertreter der "laxen" Regelauffassung beschrieben werden, sehen nicht ein, daß sie ihr relativ angenehmes Leben durch die radikalen Auffassungen der Spiritualen in Frage stellen lassen. Die letzteren dagegen, deren Name sich von ihrer Bevorzugung der geistigen Werte herleitet, halten jede Abweichung von der Regel des Franziskus für verdammungswürdig. Selbst dem Papst erkennen sie nicht das Recht zu, das Testament des Ordensgründers zu interpretieren, abweichende Bestimmungen zu erlassen und von der Befolgung der Regel zu dispensieren, sie also teilweise für nichtig zu erklären. Diese Bereitschaft zum Ungehorsam macht es ihren Gegnern leicht, sie in die Nähe der Ketzer zu stellen.

Über lange Zeit setzen die Konventualen ihre Vorstellungen durch. Der Ordensgeneral Haymo von Favensham schränkt ab 1240 die Möglichkeit der Aufnahme von Laien stark ein, Ordensämter können nun nur noch an Kleriker vergeben werden. Ganz im Sinne dieser Gruppe ist auch der Erlaß *Ordinem vestrum* von Papst Innozenz IV. von 1245, in dem das Armutsgebot noch weiter aufgeweicht wird: die Einsetzung von Mittelsmännern zur Abwicklung von Geldgeschäften ist nun nicht mehr allein auf den Notfall beschränkt, sondern gilt für alle Fälle der *commoda fratrum* (was man mit "Bequemlichkeit der Brüder" übersetzen kann). Die Frage des Eigentumsrechts an allen Immobilien und Gebrauchsgegenständen des Ordens wird vom Papst recht geschickt gelöst: diese werden von den Brüdern nur genutzt, alleiniger Eigentümer ist jedoch der heilige Stuhl.

Im Jahre 1257 wählen die Franziskaner einen ihrer wichtigsten Generäle (1257-1274), Johannes Fidenza aus Bagnorea, genannt Bonaventura . Er bereinigt die Geschichte des Ordens, schafft eine quasi "offizielle" Franziskuslegende und setzt auf dem Generalkapitel des Ordens 1266 in Paris durch, daß alle früheren Fassungen vernichtet werden müssen. Diese Schrift will es mit keiner Partei verderben - eine Position, die Bonaventura von Anfang an eingenommen hat und die überhaupt erst seine Wahl ermöglichte.

Man bedenke, daß sie in eine Zeit fällt, die nur drei Jahre vor dem von Joachim prophezeiten Ende des zweiten Zeitalters liegt. Kurz zuvor war Gerhards *Introductorius in Evangelium aeternum* anonym erschienen, die Zusammenfassung und Interpretation von Joachims Schriften. Allgemein hielt man den damaligen Franziskanergeneral (1247-1257) Johannes von Parma für den Verfasser. Seine Sympathie für die Spiritualen war jedenfalls so deutlich, daß Bernhard von Bessa, ein Freund Bonaventuras, ihn bei Papst Alexander IV. anklagte. Bei dem Generalkapitel 1257 in Rom wird ihm der Rücktritt nahegelegt, so daß der erst 34jährige Bonaventura gewählt werden kann. Dieser hat für radikale Spiritualen wenig Verständnis und läßt Gerhard, als dieser bei einem Verfahren gegen ihn nicht zum Widerruf bereit ist, achtzehn Jahre lang bei Wasser und Brot einkerkern, bis zu dessen Tod. Auch Bonaventuras Vorgänger Johannes wird der Prozeß gemacht. Nur Kardinal Ottoboni von St. Adriano, der spätere Papst Hadrian V., kann eine lebenslange Kerkerhaft abwenden; Johannes wird in ein Kloster seiner Wahl verbannt.

Trotzdem kann Bonaventura nicht als Konventuale gelten, denn auch er schreibt: "Große Armut ist lobenswert; das ist wahr an sich." So hatten die Konventualen vorsichtshalber gleich nach Johannes Abdankung und noch bevor sein Nachfolger sein Amt antreten konnte, bei Papst Alexander IV. im Februar 1257 eine Bekräftigung der Regelauslegung Innozenz IV. durchgesetzt.

Die Auseinandersetzungen über die Armut der Brüder nehmen kein Ende. 1275 entscheidet Papst Gregor X., daß die Ordensregeln ausdrücklich zu befolgen seien. Eine ausführliche Stellungnahme ist die päpstliche Bulle *Exiit qui seminat* von Bonifaz VIII. vom August 1279. Sie erkennt die Regel des Franziskus als göttlich inspiriert an und besagt, daß im Orden der Minderen Brüder weder persönliches noch gemeinschaftliches Eigentum zugelassen sei, ganz nach dem Vorbild der Apostel. Sie bestätigt das päpstliche Eigentum der strittigen Sachen und gestattet den Mönchen deren Gebrauch.

Doch auch damit ist kein Schlußstrich gezogen. Etliche italienische Spiritualen waren bereits 1274 wegen ihrer Abweichungen verurteilt worden. Als nun nach Bonifaz' Bulle 1280 die Auseinandersetzungen wieder aufleben, werden sie von der Franziskanermehrheit zu Ketzern erklärt und zu lebenslangem Kerker verurteilt. Wer es wagt, das harte Urteil zu kritisieren, muß mit derselben Strafe rechnen. 1289 hebt der General Raimund Gaufredi das Urteil wieder auf. Petrus von Macerata (Liberatus) erhält schließlich 1294 von Papst Coelestin V. die Erlaubnis, aus dem Franziskanerorden auszutreten und einen eigenen Orden zu gründen, der sich buchstabengetreu an die Regel des Franziskus und das Armutsgebot hält. Ein wichtiger Vertreter dieser "armen Eremiten" ist Petrus (später: Angelus) Clarenus. Dieser übernimmt die Leitung des kleinen Ordens 1305 nach dem Tod des Liberatus - zu einer Zeit, als die Nachfolger Coelestins dessen spiritualenfreundliche Erlasse längst wieder aufgehoben haben. (Coelestin selbst, ein ehemaliger Einsiedler, wird bereits nach wenigen Monaten zum Rücktritt gedrängt und von seinem Nachfolger, Bonifaz VIII., ins Gefängnis geworfen.)

Die Heftigkeit der Auseinandersetzung zwischen den franziskanischen Parteien zeigt sich in den Worten des Dominikaner-Inquisitors Thomas von Averna, der 1305 einige Spiritualen verhört und zunächst als rechtgläubig entlassen hatte: "Bruder Liberatus, ich schwöre bei dem, der mich erschaffen, daß noch niemals das Fleisch eines armen Mannes für solch einen Preis verkauft werden konnte, wie er mir für das deinige zu bekommen möglich war; deine Mitbrüder würden dein Blut trinken, wenn sie könnten." Trotzdem werden 42 von ihnen einige Zeit später von ihm grausam gefoltert, bestraft und verbannt.

Ein bedeutsamer Vertreter der Spiritualen ist Petrus Johannes Olivi (1248-1298), dessen *Apokalypsenpostille* eine grundlegende Schrift der Armutsidee ist. Sie wird 1319 von Generalkapitel der Franziskaner in Marseille, 1326 vom Papst für ketzerisch erklärt. Auch er wendet sich leidenschaftlich gegen jede Verwässerung der Ordensregel sowie gegen den Anspruch des Papstes, er könne von deren Befolgung dispensieren. Von vielen Spiritualen wird Olivi als Heiliger verehrt; sie sehen in ihm den direkten Nachfolger des Franziskus. In ihm verwirklichen sich ihrer Anschauung nach die Voraussagen Joachims von Fiore - manche verstehen ihn gar als zentrale Figur des prophezeiten Anbruchs des dritten Zeitalters.

Noch lange nach seinem Tod werden seine Thesen heftig diskutiert, so daß schließlich Papst Clemens V. 1310 eine Kommission einsetzt, die abermals die Bedeutung der Armutsregel und ihrer Verfechter klären soll. Das Verfahren kommt zustande auf Veranlassung Karls II., des Königs von Neapel; dieser wird von seinem Berater Arnold von Villanova gedrängt, Klage gegen die Verfolgung der Spiritualen in der Provence zu erheben. Zu dieser Zeit ist ihre Richtung im Orden völlig unterdrückt; ihre Abgesandten müssen unter den ausdrücklichen Schutz des Papstes gestellt werden, um ihre Positionen in der Kommission vortragen zu können. Daß dies wenig nutzt, zeigt der Tod von dreien ihrer Vertreter in der Zeit dieser Verhandlungen. Das Gerücht, sie seien von

ihren Gegnern vergiftet worden, will nicht verstummen. Clemens verbietet schließlich den Konventualen die Diskriminierung ihrer Brüder, erlaubt aber auch den Spiritualen keine Loslösung vom Orden. 1312 kommt das Konzil von Vienne aufgrund der Ergebnisse dieser Sitzungen zu dem Ergebnis, daß die Regelauslegung der Spiritualen angemessen sei. Angelus Clarenus, der diesen als *Exivi de paradiso* benannten Erlaß noch erlebt, begrüßt ihn freudig, schließlich bedeutet er auch eine Anerkennung seines eigenen Standpunktes. In großen Teilen spiegelt *Exivi* die Position Ubertins von Casale wider.

Die Zusammensetzung dieser von Clemens V. einberufenen Kommission ist deshalb von besonderem Interesse, weil hier Bonagratia (Boncortese) von Bergamo als Wortführer der Konventualen auftritt und Ubertin von Casale als derjenige der Spiritualen. Im *Namen der Rose* finden wir Bonagratia in der franziskanischen Delegation, er hat sich inzwischen aufgrund der Ereignisse der letzten Jahre auf die andere Seite geschlagen.

William Hickey in der Rolle des Spiritualen Ubertin v. Casale

Sein ehemaliger Gegner Ubertin von Casale spielt im *Namen der Rose* eine noch wichtigere Rolle, so daß auf ihn ausführlicher eingegangen werden soll. Wie stark kirchenpolitische und theologische Standpunkte die Beurteilung seiner Person - wie des ganzen Armutstreites - bis in unsere Zeit hinein prägen, zeigt sich etwa darin, daß ihn Heribert Holzapfel, der Chronist des Franziskanerordens, als heftig und abstoßend bezeichnet, Ivan Gobry, ein Biograph des Franziskus, nennt ihn einen Rebellen und Verleumder. Ein eher kirchenkritischer Autor wie der Inquisitions-Historiker Henry Charles Lea dagegen schildert ihn als einen Mann von bedeutendem Ansehen. Noch krasser treten solche unterschiedlichen Einschätzungen etwa hinsichtlich des Papstes Johannes XXII. zutage.

Ubertin wird 1259 in Casale, einem Ort am Po, geboren. 1273 tritt er in den Franziskanerorden ein, studiert in Paris und lernt in Florenz Olivi kennen, der ihn stark beeindruckt. Wie viele Gläubige seiner Zeit, die wegen ihrer religiösen Ideale mit der Kirchenbürokratie in Konflikt geraten, ist auch Ubertin nicht nur von der Richtigkeit seiner Überzeugungen durchdrungen, sondern sieht gleichzeitig andere Abweichun-

Während die Flammen aus der brennenden Bibliothek schlagen, geraten die Mönche in heillose Verwirrung. Bernard Gui, der Ketzerjäger, hat die Kutsche mit dem gelben Kreuz der Inquisition schon bereitstellen lassen. Er will aus dem Kloster fliehen

Jorge, der blinde Herrscher der Bibliothek, will ein geheimnisvolles Manuskript des Aristoteles über das Lachen vor der Welt verbergen. Doch seinem Fanatismus fällt zum Schluß der gesamte Wissensschatz des Klosters zum Opfer

gen vom offiziellen Glauben als Ketzerei an. Toleranz im heutigen Sinne gibt es nicht im Mittelalter. So findet Ubertin nichts dabei, den Ketzer Bentivenga, der bei den Franziskanern eingetreten war und ihn für die Sekte des Geistes der Freiheit gewinnen will, nach anfänglicher Bestärkung 1307 an die Inquisition zu verraten.

Wegen seiner flammenden Predigten wird Ubertin 1304 in das Kloster auf dem Berg Alverna verbannt. Dort verfaßt er sein theologisches Hauptwerk *Arbor vitae crucifixae Jesu*, von dem Adson von Melk sagt, daß die ganze *Göttliche Komödie* Dantes nichts andres sei als eine freie Übertragung dieses Textes. 1307 findet man Ubertin in Avignon als Kaplan von Napoleon Orsini, einem Kardinal, der bereits 1294 von Papst Coelestin V. als Beschützer der Spiritualen der Mark Ancona eingesetzt worden war. Ab 1309 ist er Mitglied jener bereits erwähnten Kommission, die über die Rechtgläubigkeit der Spiritualen berät. Da er nicht bereit ist, sich in den für ihn wichtigen Fragen der Ordensmehrheit zu unterwerfen, bleibt er weiterhin unter dem Schutz des Kardinals. Eine Weile scheint er in Avignon auch bei einem anderen Kardinal, Jakob Colonna, gelebt zu haben. Einem Erlaß von Papst Clemens V. aus dem Jahr 1313 zur Rückkehr in den Orden kommt er nicht nach.

1317 erlaubt ihm der neue Papst Johannes XXII., in den Benediktinerorden einzutreten und in dessen Kloster Gembloux in der Diöcese Lüttich zu übersiedeln. Ubertin war zuvor an der päpstlichen Kurie als Fürsprecher der Position Olivis und aller Spiritiualen durchaus anerkannt. Er scheint jedoch nie nach Gembloux gegangen zu sein; die Quellen berichten davon, daß er sich 1320 bis 1325 wieder in Avignon aufhält. Erst als 1325 ein Verfahren gegen ihn eingeleitet werden soll, entzieht er sich durch die Flucht. Im September 1325 gibt Johannes XXII. den franziskanischen Konventualen die Erlaubnis zu seiner Gefangennahme. Danach werden die historischen Quellen ungenau. Vielleicht befindet sich Ubertin 1327 in Begleitung von Kaiser Ludwig auf dessen Italienfeldzug. Auch sein Todesjahr steht nicht fest - 1340, 1350 und 1362 werden genannt. Wenn Ubertin tatsächlich bereits 1325 zu Ludwig geflohen wäre - auch dafür gibt es Belege - wäre die im *Namen der Rose* geschilderte Handlung so nicht möglich gewesen.

DAS HISTORISCHE VORSPIEL ZUM "NAMEN DER ROSE"

Die beiden Personen, deren Spannungsverhältnis den historischen und politischen Rahmen für den *Namen der Rose* schafft, treten beide im Jahre 1316 in die Geschichte ein. Der schärfste Gegner erwächst den franziskanischen Spiritualen mit Jacques Duése von Cahors, der am 7. August 1316 - bereits 72jährig - als Papst Johannes XXII. in Avignon auf den Heiligen Stuhl gewählt wird. Fast zwei Jahre lang hat der Papstthron leergestanden. Wenige Monate zuvor, am 29. Mai, bestimmt auch das Generalkapitel der Franziskaner einen neuen General: Michael von Cesena.

Schon bald beginnt der neue Papst, sich in die Auseinandersetzungen des Ordens zu mischen. Wichtige Verteidiger der Lehre Olivis läßt er bereits 1317 einkerkern, er weist die Inquisitoren Südfrankreichs an, alle Fratizellen oder "Brüder des armen Lebens" als Ketzer zu verfolgen - wir kommen auf sie noch zurück. Im Oktober des Jahres erläßt er die Bulle *Quorumdam exigit*, mit der er einen Schlußstrich unter den Armutsstreit ziehen will. Er billigt der Armut einen gewissen Wert zu, stellt den Gehorsam aber weit darüber. Damit sind die Spiritualen gezwungen, endgültig zwischen Anpassung und Auflehnung zu wählen. Wenn es auch um so scheinbar belanglose Fragen wie die Vorratshaltung oder das Aussehen der Mönchskutten geht, so müssen diese Bestimmungen die Spiritualen doch zum Widerstand treiben: Johannes ändert damit die göttliche Offenbarung, die nach ihrer Anschauung in der Regel des Franziskus zum Ausdruck kommt. Nach der Prophezeiung des Joachim von Fiore meinen sie nun, in Johannes den Vorboten des Antichristen zu erkennen. Mit weiteren Bullen geht Johannes in den folgenden Monaten gegen zahlreiche Gruppen vor, die sich als wahre Nachfolger des Franziskus verstehen und erklärt sie zu Ketzern.

Michael von Cesena, der neue Ordensgeneral, bemüht sich zunächst um die Durchsetzung der päpstlichen Befehle, befiehlt etwa das Tragen der neuen Kleidung. Doch Anfang 1322 wendet sich das Blatt: das Generalkapitel der Franziskaner in Perugia beschließt, es sei rechtgläubige Position, daß Christus und die Apostel kein Eigentum gehabt hätten. Michael will diese Entscheidung nicht als gegen Johannes gerichtet verstanden wissen und ordnet gleichzeitig Gebete für den Papst an. Doch Johannes, der Ende März erneut Gutachten über die Probleme von Armut und Eigentum angefordert hat - unter anderem sogar bei Ubertin -, reagiert im selben Jahr mit der Bulle *Ad conditorem*, nach einem Einspruch des Ordens 1323 mit der noch schärfer gefaßten *Cum inter nonnullos*, in der die Behauptung, Christus und die Apostel hätten weder einzeln noch gemeinsam Eigentum besessen, als häretisch verdammt wird. Bonagratia von Bergamo, ehemals heftiger Gegner Ubertins, wird von Johannes in den Kerker geworfen, weil er die Appellation des Ordens allzu überzeugt vorträgt.

Auf dem Pfingstkapitel des Ordens 1325 wollen viele Brüder der spiritualistischen Richtung Johannes wegen seiner Erlasse als Ketzer verurteilt sehen. Zwar setzt Michael noch durch, daß sich die Ordensmehrheit den Bestimmungen des Papstes unterwirft, doch auch seine Überzeugungen in der Armutsfrage sind mittlerweile ins Wanken geraten. Da er zudem guten Kontakt zum deutschen König pflegt, mit dem Johannes seit Jahren in heftigem Streit liegt (mehr dazu im nächsten Abschnitt), muß er dem Vatikan verdächtig werden. Johannes zitiert ihn mit einem Schreiben vom 9. Juni 1327 nach Avignon.

Michael von Cesena, so vermerken es die Geschichtsbücher, kommt dieser Aufforderung erst am 1. Dezember 1327 nach, angeblich wegen einer Krankheit. Doch was passiert zuvor? Gewiß erinnert man sich im Orden nur allzu deutlich der zahlreichen Brüder, die aus verschiedenen Gründen nach Avignon gezogen waren, ohne von da zurückzukehren: sie schmachten in den Vatikanverliesen. Soll Michael trotzdem gehen und den drohenden Bruch zu kitten versuchen?

Soll er sich der Aufforderung widersetzen, da er um seine Freiheit, vielleicht um sein Leben fürchten muß? Verschärfend wirkt sich in dieser Lage der Italienzug des deutschen Königs aus, der deutlich gegen den Papst gerichtet ist. Was also geschah inzwischen?

Die fehlende Zeit füllt Eco im *Namen der Rose* nicht als Historiker mit der Behauptung "So *muß* es gewesen sein!", sondern als Schriftsteller, der die Lücke zum Anlaß seiner Romanhandlung macht. Immerhin, es *könnte* so oder ähnlich gewesen sein.

Daß Michael den Warnungen Williams von Baskerville, hätte es sie gegeben, besser gefolgt wäre, zeigt die Fortsetzung der Geschichte. Michael geht nach Avignon und kommt dort Anfang Dezember 1327 an, wird auch zunächst von Johannes XXII. recht freundlich aufgenommen, aber bald mit den Forderungen konfrontiert, einige unliebsame Provinzialminister abzusetzen und die Beschlüsse des Kapitels von Perugia aufzuheben. Michael weist dies klar zurück. Als der Papst vom Entwurf einer Beschwerdeschrift erfährt, die Michael verfaßt hat, läßt er einen Prozeß gegen ihn vorbereiten und verbietet ihm bei Strafe der Exkommunikation (des Kirchenausschlusses), Avignon zu verlassen.

Michael darf auch nicht 1228 am Pfingstkapitel des Ordens in Bologna teilnehmen. Dorthin hat Johannes seinen Neffen gesandt, um einen neuen, ihm genehmen Ordensgeneral durchzusetzen: Kardinal Bertrand del Poggetto. (Wir kennen ihn bereits aus *Der Name der Rose*, wo er die

Michael v. Cesena (L. Trieste) diskutiert über die Armut

päpstliche Delegation anführt.) Trotzdem wird Michael in seinem Amt bestätigt. Noch bevor er diese Nachricht erhält, flieht er aus Avignon, da er unter den herrschenden Umständen den Ausgang des Prozesses fürchten muß. In der Nacht vom 26. auf den 27. Mai 1328 verläßt er zusammen mit Bonagratia von Bergamo und William von Ockham den Papstpalast und geht mit ihnen auf ein bereits wartendes Schiff, das die Flüchtlinge nach Pisa bringt. Sie erreichen die Stadt am 9. Juni 1328 und treffen dort auf Kaiser Ludwig, der sich auf seinem Rückzug aus Rom in Pisa aufhält.

Drei Tage zuvor hat Johannes Michael als Ordensgeneral abgesetzt. Etwa ein Jahr später, am 20. April 1329, wird er zusammen mit den anderen Flüchtlingen exkommuniziert; in seiner Bulle *Quia vir reprobus* vom 16. November 1329 bestätigt Johannes ausdrücklich seine früheren Erlasse in der Armutsfrage. Der neue Ordensgeneral Gerald Eudes läßt seinen Vorgänger und dessen Gefährten wenig später aus dem Orden ausschließen. Bis zu seinem Tod am 29. November 1342 lebt Michael am Hof Kaiser Ludwigs in München. Im Jahr darauf stirbt Bonagratia, 1349 William von Ockham. Die gegensätzlichen Lager im Orden bleiben noch lange erhalten.

Das von Adson zitierte Gerücht, daß William von Baskerville in der Mitte des Jahrhunderts der Pest zum Opfer gefallen sei, ist nur allzu wahrscheinlich: in den Pestjahren von 1348 bis 1352 verliert der Franziskanerorden etwa zwei Drittel seiner Mönche.

Remigius (Helmut Qualtinger), der ehemalige Apostelbruder

Das Mädchen (Valentina Vargas) ist von der Inquisition überrascht worden, als Salvatore einen Liebeszauber mit ihr ausprobiert

Ehemalige Kollegen, die sich wenig zu sagen haben: William (Sean Connery) und Bernard Gui (F. Murray Abraham)

Die päpstliche Delegation. Kardinal Bertrand Poggetto (Lucien Bodard) ist nicht nur ihr Leiter, sondern auch Neffe des Papstes

Die "brüderliche" Diskussion zwischen den Gesandten des Papstes (vorn) und den Franziskanern (hinten) wird zum heftigen Streit

DAS GEISTLICHE
UND DAS WELTLICHE SCHWERT

Warum stellt sich Kaiser Ludwig der Bayer, ein mächtiger Herrscher seiner Zeit, auf die Seite der franziskanischen Spiritualen? Was kann für ihn als weltlichen Regenten der Anlaß sein, ausgerechnet eine Gruppe zu unterstützen, die sich der Forderung nach radikaler Armut verschrieben hat? Um diese scheinbar widersinnige Parteinahme zu begreifen, müssen wir einige Zeit vor das Jahr 1327 zurückgehen und nachzuvollziehen versuchen, wie die Auseinandersetzungen zwischen Kaiser und Papst begonnen haben.

Noch heute ist das Wort "Canossa-Gang" ein vertrauter Begriff für eine politische Unterwerfung - allerdings ein eher mißverständlicher. Er geht zurück auf Kaiser Heinrich IV., der 1077 zum norditalienischen Canossa zog, um dort vor Papst Gregor VII. Buße zu tun. Vorausgegangen war ein langjähriger Streit um die Einsetzung der Geistlichen, die sogenannte Investitur. Beide, Kaiser wie Papst, nahmen dieses Recht für sich in Anspruch. Doch es wäre falsch, die in Heinrichs Buße zum Ausdruck kommende Demut als Unterwerfung unter die päpstliche Macht zu deuten; sie gilt Gott.

Zu Beginn dieses Kapitels hatten wir von der Teilung der Gesellschaft in Ordnungen gesprochen. Zu dieser Teilung gehört auch die Frage, wessen Macht die größere ist: die des geistlichen oder die des weltlichen Herrschers? Gregor, der sich als "Knecht der Knechte Gottes" verstanden hatte, sah die Gemeinschaft der Gläubigen noch als einen einheitlichen Körper; dessen Augen waren das Priestertum und das Königtum. Doch am Anfang des 14. Jahrhundert sieht das weniger versöhnlich und geschlossen aus. Da sagt Papst Bonifaz VIII. 1302 am Ende seiner Bulle *Unam sanctum* : "Beide (Schwerter) liegen in der Gewalt der Kirche, das geistliche Schwert nämlich und das weltliche, nur daß dieses für die Kirche, jenes von der Kirche zu führen ist, jenes von der Hand des Priesters, dieses von der des Königs und der Krieger, doch nach dem Wink und nach der Erlaubnis der Priester. Es muß aber ein Schwert unter dem anderen stehen und die weltliche Autorität der geistlichen unterworfen sein."

Während der König ursprünglich selbst zum Klerus gehört hatte und gesalbt gewesen war, also geistliche und weltliche Würden in seiner Person vereinigte, hatte er diese Doppelfunktion später verloren. Als Zentrum eines gewaltigen Imperiums hatte Rom eben jene Doppelrolle innegehabt. Nach dem Zerfall des Reiches, der Ausbreitung des Islam und der Loslösung von Byzanz fand sich Rom an den Rand gedrängt. Die weltliche Macht lag - spätestens mit Karl dem Großen - im Norden; der Sitz des Papstes dagegen an der südlichen Grenze des Reiches, das längst wieder in Einzelstaaten zerfallen war. Trotzdem war die einzige übergreifende Kraft des Abendlandes die christliche Religion. Selbst ein kritischer Autor wie H. C. Lea erkennt die wichtige Rolle der Kirche in dieser Zeit an, wenn er schreibt, daß es trotz der damit verbundenen Übel ein Glück für die Menschheit war, "daß es in jenem rohen Zeitalter noch eine sittliche Macht gab, die mehr galt als hohe Abkunft und kriegerischer Heldenmut..."

Es ist offensichtlich, daß eine solche sittliche Macht ihre Prinzipien nur verkünden und durchsetzen kann, wenn sie auch politische Macht hat, wenn sie sich der Übergriffe weltlicher Herrscher erwehren kann. Man betrachte etwa, bei aller sonstigen Unvergleichbarkeit, die gegenwärtige Rolle einiger Kirchenmänner im Apartheid-Staat Südafrika oder in südamerikanischen Diktaturen - ohne Einfluß blieben ihre Stimmen ungehört. Doch Macht korrumpiert auch und verleitet zu ihrem Mißbrauch. Oder wie es der Historiker A. Demandt ausdrückt: nachdem sich das Christentum auf diese Weise etabliert hatte, erging es ihm wie dem Wolf in der Geschichte des Barons von Münchhausen: Er "sprang über den Schlitten, fraß das Pferd und hing nun selbst im Geschirr." Die Kirche - also der Papst, die Bischöfe, Priester und Klöster - hatte ihren Einfluß auf das Leben der Menschen erlangt. Aber sie versuchte widersinnigerweise, die auf Nächstenliebe aufgebauten Prinzipien ihres Religionsgründers mit Scheiterhaufen, Folter, Demütigung, Verfolgung und blutigen Kriegen durchzusetzen.

Die kirchliche Macht, die einmal zu einem guten Zweck errungen worden war, schuf sich ihre eigene Bürokratie. Sie baute Paläste auf, suchte nach immer neuen Geldquellen, rüstete Heere aus - und zog den ganzen Rattenschwanz von Intrigen und Mißbrauch hinter sich her, der in einem solchen aufgeblähten Apparat unausweichlich zu sein scheint.

Die Vertreter eines demütigen, am Evangelium orientierten Lebens konnten eine solche Entwicklung der Kirche nicht mitmachen, ohne auf ihre Ideale zu verzichten. Die Forderung nach Armut der Kirche bedeutet damit nicht nur den Verzicht auf irdische Güter. Sie bedeutet vor allem eine Rückbesinnung auf die eigentlichen geistlichen Grundlagen der Christengemeinschaft, und das heißt: Verzicht auf jede Art von weltlicher Einflußnahme. Eine solche Forderung muß die Kirche in ihren Grundfesten erschüttern - und die weltlichen Herrscher erfreuen.

Natürlich wollen sich diese, wie der deutsche König und römische Kaiser (in einer Person), dem päpstlichen Machtanspruch nicht unterordnen. Und dieser Anspruch taucht immer wieder auf, wenn es um die politischen Angelegenheiten des Reiches geht. So auch Anfang des 14. Jahrhunderts, als nach dem Tode Heinrichs VII. im August 1313 die deutschen Fürsten am 19. und 20. Oktober 1314 gleich zwei deutsche Könige wählen: die einen entscheiden sich für Friedrich den Schönen von Österreich, die anderen für Ludwig von Wittelsbach, den Bayer. Johannes XXII., seit 1316 Papst in Avignon, unterstützt Friedrich gegen Ludwig. In der Schlacht von Mühldorf besiegt Ludwig 1322 seinen Rivalen, was den Papst in eine schwierige Lage bringt. Im Oktober des folgenden Jahres zitiert er den deutschen König zu sich.

Ludwig protestiert im Dezember 1323 mit der Nürnberger Appellation gegen die Einmischungen aus Avignon. Anlaß ist die - unbewiesene - Anklage gegen die Nachlässigkeit des Papstes gegenüber den Franziskanern, die angeblich das Beichtgeheimnis verletzen. Doch schon ein halbes Jahr später zeigt sich - zum ersten, aber nicht zum letzten Mal - Ludwigs politische Wankelmütigkeit: in der Sachsenhäuser Appellation vom 22. Mai 1323, verkündet in der Kapelle der Deutschritter bei Frankfurt, steht der König plötzlich auf Seiten der Spiritualen, klagt den Papst wegen dessen Stellungnahmen zum Armutsstreit an und bezichtigt ihn der Häresie. Nach etlichem hin und her antwortet Johannes 1327 mit der Verurteilung des Königs als Ketzer.

Ludwig hat sich zu Beginn des Jahres auf den Weg gen Süden gemacht, hat sich in Norditalien die traditionelle eiserne Lombardenkrone aufs Haupt setzen lassen und zieht weiter nach Rom, wo er am 17. Januar 1328 von Sciarra Colonna, einem ehemaligen Kardinal, zum römischen Kaiser gekrönt wird. Im April verkündet er die Absetzung Johannes XXII. und läßt einen Monat später einen Gegenpapst wählen, den Franziskaner Petrus von Corbara, der kurze Zeit als Nicolaus V. regiert. Doch die anfängliche Begeisterung des römischen Volkes schwindet bald, als Ludwig Geld für seinen Feldzug eintreiben läßt. Er muß Rom verlassen und sich nach einigen oberitalienischen Wirren ganz aus Italien zurückziehen - nach München in seine Residenz, wohin ihm die franziskanischen Spiritualen, die ihn beraten haben, folgen. (Unter ihnen könnte auch William von Baskerville gewesen sein, während Adson von Melk, dessen Vater im Heer Ludwigs mitgezogen war, in sein Kloster an der Donau zurückkehrt.) Nicolaus, der unglückliche Gegenpapst, unterwirft sich nach dem Abzug des Kaisers in Avignon 1330 Johannes XXII.; bis zu seinem Tode 1333 bleibt er dort in - wie man berichtet ehrenvoller - Haft.

Johannes XXII., über den im *Namen der Rose* kaum ein freundliches Wort geäußert wird, scheint vielen seiner Zeitgenossen eher als die Verkörperung des Bösen denn als Hirte der Christenheit erschienen zu sein. Geboren im Jahre 1244 wird er am 7. August 1316 in Avignon zum Papst gewählt. (Auf die Gründe, warum die Päpste in der ersten Hälfte des 14. Jahrhunderts nicht in Rom residieren, soll hier nicht eingegangen werden, sie sind für uns ohne größere Bedeutung.) Wir haben ihn bisher vor allem als einen unnachgiebigen Gegner aller Kräfte kennengelernt, die durch ihr Bekenntnis zur reinen Lehre und Armut die Machtposition der Kirche in Gefahr hätten bringen können. Er verdammt eine große Zahl von Gruppen und Einzelpersonen als Ketzer und verhängt das Interdikt - das Verbot der Sakramente - über Städte, die sich seinen Anordnungen nicht widerspruchslos fügen. Peinlich für Johannes ist, daß er in seinen letzten Jahren von vielen Theologen selbst der Häresie verdächtigt wird. Er vertritt eine recht eigensinnige neue Lehre über den Zeitpunkt der Auferstehung des Leibes. Deshalb bereitet man ein Konzil vor, auf dem über seine Absetzung entschieden werden soll; noch bevor es dazu kommt, stirbt er im Jahre 1334.

Seine Hinterlassenschaft kennzeichnet seinen Charakter treffend: es sind Berge von Akten, von denen noch heute 60000 Stück erhalten sind sowie ein Vatikanvermögen in Höhe von 25 Millionen Goldgulden, von seinem Privatvermögen in Höhe von einer Million ganz zu schweigen. (Kaiser Ludwig kann gerade ein paar tausend Silbergulden vererben.) Seine Politik steht also für ein Aufblähen der Vatikan-Bürokratie und für immer neue Einfälle, der Kirche Einnahmequellen zu eröffnen.

Der Historiker Lea nennt sein Vorgehen ein System, "das für jede mögliche Form menschlicher Schlechtigkeit Absolution zu bestimmten Preisen anbot". Lange rechtfertigt der Papst die unaufhörlich fließenden Geldmengen mit seinen Plänen, einen weiteren Kreuzzug ins Heilige Land zu organisieren. Der aber findet nie statt. Das Geld wird gebraucht, um gegen christliche Gegner zu Felde zu ziehen und um den Papstpalast in Avignon luxuriös auszubauen. Außerdem hat Johannes die Befreiung von der kirchlichen Auflage, an einem Kreuzzug teilzunehmen, in eine direkte Geldzahlung zum Erwerb des ewigen Heils umgewandelt. Die Geldquellen sind vielfältig und oft geradezu bösartig phantasievoll. Neben älteren Abgaben wie dem Lehns- und Peterspfennig gibt es zunächst den erwähnten Ablaß, eine Bußzahlung, die von begangenen Sünden befreit und der armen Seele das Verweilen im Fegefeuer abkürzt oder erspart. Daneben gibt es die Beschlagnahme des Eigentums von Ketzern, auch noch lange nach deren Tod, Zahlungen zur Erlangung von Pfründen, gar eine *cullagium* genannte Abgabe von Priestern, die sich damit die Duldung einer Geliebten erkaufen können.

Ein Reichsapfel, Symbol der weltlichen Macht (aber gekrönt vom Kreuz der Kirche); eine Requisite aus dem Klosterschatz

Die Habgier des Vatikans führt am unteren Ende der kirchlichen Hierarchie zu spürbarem Geldmangel, so daß sich die Bischöfe, Äbte und Priester einfallen lassen müssen, wie sie ihr geschmälertes Einkommen aufbessern können. Viele Priester sind bald bereit, für Hühnchen oder Wein die Absolution zu erteilen; später gehen sie zu direkten Geldforderungen über. Eine gewaltige Finanzquelle tut sich

Salvatore (Ron Perlman) bekommt aus lauter christlicher Nächstenliebe und Fürsorge die Folterwerkzeuge der Inquisition gezeigt

Das Ende für alle Ketzer, die meinen, auf die treusorgende Mutter Kirche verzichten zu können: die Flammen des Scheiterhaufens

Bernard Gui (F. Murray Abraham): der Inquisitor, der das Böse bekämpfen will und selbst zu dessen Verkörperung wird

auch durch den Tod und die Furcht der Sterbenden vor der ewigen Verdammung auf: um die Loslösung von den irdischen Gütern zu demonstrieren, übergeben viele Wohlhabende kurz vor ihrem Tod einen großen Teil ihres Vermögens der Kirche, bevorzugt den Klöstern, treten eilig in einen Orden ein und sterben als Mönch. Dieses Verfahren ist so lukrativ, daß später häufig dazu übergegangen wird, die Verabreichung der Sterbesakramente an die Bedingung zu knüpfen, daß zuvor der Kirche ein erheblicher Teil des Vermögens überschrieben wird. Als Gegenleistung bietet sie die Aufnahme des Verstorbenen in ihre Fürbittgebete, auf daß es der - in jeder Hinsicht - erleichterten Seele wohlergehe.

So wird der Vatikan zur bedeutendsten Finanzmacht seiner Zeit. Die Verwaltung der Geldströme verlangt nach einer effektiven Bürokratie, das weitverzweigte Netz der Transaktionen wird zur Grundlage des europäischen Bankensystems.

Für den deutschen König und späteren römischen Kaiser Ludwig den Bayern stellt diese Politik des Papstes eine ernsthafte Bedrohung dar. Schließlich verwendet der Vatikan das Geld auch zur Unterstützung von Ludwigs Gegnern. Dem König muß also eine aus der Kirche selbst erwachsende Opposition gelegen kommen, die deren Rückzug aus den weltlichen Geschäften verlangt.

Zu den Franziskanern, die Ludwig unterstützen und von ihm Unterstützung erwarten, gehören neben dem bereits genannten Ordensgeneral Michael von Cesena besonders die Theologen Marsilius von Padua und der bereits im letzten Kapitel erwähnte William von Ockham. Marsilius wird gegen 1275 in Padua geboren, tritt in den Orden ein und widmet sich verschiedenen Studien, bevor er 1312 für kurze Zeit Rektor der Pariser Universität wird. Nachdem er 1326 als Verfasser der papstfeindlichen Schrift *Defensor pacis (Der Verteidiger des Friedens)* bekannt wird, muß er zu Ludwig nach München fliehen. Er wird Berater des Königs bei dessen Italienzug. Am 3. April 1327 wird er als Ketzer verurteilt, im Oktober des Jahres werden wichtige Thesen seiner Schrift ebenfalls als häretisch verdammt. Marsilius, der wohl auch als Arzt Ludwig zur Seite stand, stirbt 1342 oder 1343 in München.

Marsilius taucht im Film nicht auf. Der kurze Hinweis im Roman, daß er es war, der Adson als Williams Schüler empfohlen hat (S. 20), ist für den Film bedeutungslos. Und Williams ausführliche Rede vor den beiden Delegationen (S. 451 ff.), in der er letztlich die Staatstheorie seines Freundes Marsilius referiert, ist für den Film viel zu lang und kompliziert, als daß er sie hätte aufnehmen können. Trotz des für unsere Zeit so aktuellen Titels *Der Verteidiger des Friedens* kann der revolutionäre Charakter dieser politischen Schrift nur aus ihrer Zeit heraus gewürdigt werden. Denn vieles, was Marsilius fordert, erscheint uns als selbstverständlich, während anderes auf den Leser von heute einen recht undemokratischen Eindruck machen muß.

Nach Marsilius ist der Zweck des Staates das Glück der Menschen; dieses kann am besten gefördert werden durch die Förderung des Gesamtinteresses. Da die jenseitige Glückseligkeit nicht beweisbar ist, muß das Streben der Menschen ihrer irdischen Verwirklichung dienen. Während für Augustinus nur göttliche und für Thomas von Aquin göttliche und menschliche Gesetze gegolten hatten, läßt Marsilius nur die menschlichen zu. Daher bestreitet er auch, daß der Herrscher durch göttlichen Willen eingesetzt wird; die Bestimmung des Herrschers und die Gesetzgebung gründen auf der vernünftigen Natur des Menschen, die Gesetzgebung hat folglich von der Volksversammlung auszugehen.

Bei deren Beschreibung wird der "undemokratische" Charakter des *Defensor pacis* besonders deutlich - er schließt nicht nur Fremde und Kinder aus der Volksversammlung aus, sondern mit großer Selbstverständlichkeit auch Frauen und Sklaven. Letztlich bestimmen nicht Einzelpersonen die Gesetze, sondern die Stände. Marsilius bevorzugt nicht die Volksherrschaft, sondern plädiert für eine Wahlmonarchie. Aber auch der Herrscher ist den Gesetzen unterworfen, er kann kontrolliert und gegebenenfalls abgesetzt werden.

Die Kirche ist die Gemeinschaft der Gläubigen; sie umfaßt Kleriker und Laien. Die Gemeinde soll die Priester und Bischöfe wählen, das aus Klerikern und Laien zusammengesetzte Konzil den Papst. Dieser ist nicht von Gott eingesetzt und hat keine größere Macht als die Priester. Die Macht der Kirche steht deutlich unter der weltlichen Macht. Die Kirche soll kein weltliches Eigentum haben und sich auf die Glaubenssachen beschränken. Hauptthema des *Defensor pacis* ist der Frieden. Und die wichtigste Kraft, die nach Marsilius seine Verwirklichung verhindert, ist der Anspruch des Papstes, Gewalt über die weltlichen Angelegenheiten zu besitzen.

William von Ockham weicht in seinen politischen Theorien von denen des Marsilius ab. Auch er unterstützt Ludwig gegen den Papst. "Kaiser, schütze mich mit dem Schwert, dann will ich dich mit meiner Feder verteidigen", soll er seine Position beschrieben haben. (Die unterschiedlichen gesellschaftlichen Ordnungen hatte Bischof Agobard von Lyon 833 in einer an den König gerichteten Predigt so gekennzeichnet, daß "die einen mit dem Schwerte kämpfen, während die anderen mit dem Worte streiten.") Für William von Ockham ist der Papst noch Haupt der Kirche - Marsilius billigte diese Stellung nur Christus zu. Daher fordert Ockham in seinem *Dialogus* auch nur die strikte Trennung von kirchlicher und weltlicher Macht, kein Unterordnungsverhältnis. Eine rechtmäßige Herrschaft kann nur aufgrund der freien Übereinkunft aller Menschen zustande kommen - egal, welche Form sie annimmt.

Wenngleich diese Franziskaner lange am Münchener Hof leben und dort ihre Schriften verfassen, die die Position des Kaisers stärken, so ist Ludwig doch mindestens zweimal bereit, sie für seine Aussöhnung mit dem Papst zu opfern. Im Herbst 1331 bietet er Johannes XXII. an, sie zur Beendigung ihrer kirchenpolitischen Tätigkeit zu zwingen. Der Handel kommt nicht zustande, weil die gegenwärtige Zerrissenheit dem Papst ganz genehm ist. Auch als sich Ludwig 1336 mit dem neuen Papst Benedikt XII. aussöhnen will, erklärt er sich bereit, die Verdammung des *Defensor pacis* zu betreiben und Marsilius auszuweisen. Benedikt lehnt nur deshalb ab, weil er mit dem schwelenden Konflikt die politische Stellung Frankreichs unterstützen will.

"Im Grunde geht es gar nicht darum, ob Christus arm war", sagt William im Roman zu Adson (Seite 442). "Im Grunde geht es darum, ob die Kirche arm sein soll. Und arm sein heißt nicht so sehr keine Paläste besitzen, sondern darauf verzichten, die irdischen Dinge bestimmen zu wollen."

"Darum also", begreift Adson, "hält der Kaiser so große Stücke auf die Armutsthesen der Minoriten."

BERNARD GUI UND DIE KETZERJÄGER

Wenn im Kino Ketzerjagd betrieben wird, dann sind normalerweise kaputzenverhüllte Folterknechte am Werk und hantieren mit Brandeisen und Daumenschrauben. Es werden "Hexen bis aufs Blut gequält" (so ein Filmtitel), und Vincent Price blickt als Inquisitor böse auf nacktes Mädchenfleisch, auf dem sich Peitschenstriemen rötlich abzeichnen. Filmblut fließt literweise, der Einsatz exotisch-gräßlicher Werkzeuge wird mit gurgelnden Schreien unterlegt, am Ende flackert der Scheiterhaufen und die Hexen verfluchen ihre Peiniger. Worum es eigentlich geht, weiß niemand.

Daß es die Inquisition - fast bis vor zweihundert Jahren - - auch mit der angeblichen Hexerei zu tun hatte, die man kräuterkundigen Frauen oder alchemiebegeisterten Männern nachsagte, ist zwar richtig. Der eigentliche Gegenstand ihrer Verfolgungen und der Anlaß, weswegen sie überhaupt gegründet wurde, waren jedoch die Ketzer oder Häretiker. Das Wort "Ketzer" ist die deutsche Form von "Katharer" (vom griechischen *katharoi*), was die "Reinen" bedeutet. Im 1270 entstandenen *Schwabenspiegel* findet sich das Wort als *Käczer*.

Die Schriften der Ketzergruppen selbst sind heute nicht mehr erhalten, dafür hat das wirkungsvolle Instrument der Inquisition gesorgt, die nicht nur die Häretiker selbst, sondern ebenso ihre Texte verbrennen ließ. So sind wir angewiesen auf die Aufzeichnungen ihrer Verfolger, die nicht nur stark gefärbt sind, sondern darüber hinaus wichtige Aspekte zum Verständnis der Häresien außer acht lassen. Der Bernard Gui aus *Der Name der Rose* ist eine historische Gestalt. Er wirkte nicht nur als Inquisitor, sondern auch als Geschichtsschreiber; so verfaßte er eine Geschichte der Päpste und ein Handbuch der Inquisition *(Practica inquisitionis haereticae pravitatis)*. Ihm - und seinem Kollegen Jacques Fournier - verdanken wir wichtige Aufzeichnungen über diese Gruppen.

Ein Kirchengeschichtler wie H. Grundmann erkennt in den Katharern "keine soziale Bewegung aufstrebender Schichten gegen eine herrschende Klasse, sondern eine religiöse Bewegung von eigensinnig Frommen aller Stände gegen die herrschende Kirche". Nun wäre es gewiß falsch, die Ketzer *nur* als mittelalterliche Sozialrevolutionäre zu betrachten. Denn Ketzer gab es erst, nachdem die Mönchsklöster aufgehört hatten, zu weltabgeschiedenen Orten eines am Evangelium orientierten Lebens zu werden; diese Klöster wiederum waren erst entstanden, nachdem die urchristlichen Ideen von Nächstenliebe und Gewaltlosigkeit in der Spätantike von der nun offiziellen Staatskirche verwässert worden waren. So

wird man, wie der französische Historiker LeGoff - der Annaud bei der Ausstattung des Films beraten hat -, zumeist von sozialen Ursprüngen dieser Bewegungen ausgehen, die aus ihrer Zeit heraus häretische Formen annehmen.

Diese Gruppen und Sekten haben weder eine gemeinsame Lehre noch stehen sie untereinander in Verbindung, von Ausnahmen abgesehen. Ja, in vielen Fällen bezeichnen sie sich sogar gegenseitig als Ketzer. Da gibt es neben den Katharern die Waldenser und Albigenser, die Arnoldisten und Paulicianer, die Patarener, Leonisten, Bogumilen, Humilaten, die Armen von Lyon, die Apostelbrüder und so weiter und so fort. Oder auch Gruppen, die ursprünglich von der Kirche geduldet wurden, wie die Beghinen und Begharden, aber später zu Ketzern erklärt werden.

Wenn auch zahlreiche Ausnahmen von dieser Regel vorkommen, so kann man als gemeinsamen Grundzug eine Abwertung des irdischen Daseins mit allen sich daraus ergebenden Konsequenzen nennen. Oft nimmt diese Überzeugung manichäische Züge an, d.h. als Schöpfer der materiellen Welt wird der Teufel angenommen, während Gott für die jenseitige Welt zuständig ist. Somit ist alles Weltliche böse und daher abzulehnen: Besitz und Macht ebenso wie die Ehe, die Kirche, ja das irdische Leben überhaupt.

Da diese Gruppen, wie bereits in ihren Bezeichnungen "die Reinen" oder "die guten Menschen" zum Ausdruck kommt, ein unmittelbar am Evangelium orientiertes Leben zu führen versuchen, sind sie auch überzeugt, daß sie die Kirche nicht brauchen. Da sie nicht sündigen, bedürfen sie nicht der Sakramente und der vom Priester ausgesprochenen Absolution. Eine solche Einschätzung muß, wenn sie sich durchsetzt, der Kirche den Todesstoß versetzen. Denn wer hat noch Angst vor ihrer Macht und ihren Strafen, wenn er sie für ein überflüssiges Relikt hält? Oder schlimmer, wenn sie gar für ein Werkzeug des Bösen gehalten wird, für die Hure Babylon, für einen Ort, an dem zu Lasten des Volkes Schätze angehäuft werden?

Unnachgiebig verfolgt der Inquisitor die Ketzer

Eine dieser Bewegungen, die der Kirche in der zweiten Hälfte des 13. Jahrhunderts arg zu schaffen macht, ist die der Apostelbrüder des Gherhardo Segarelli. Dieser sucht in der Zeit um 1260 - dem von Joachim von Fiore prophezeiten Ende des zweiten Zeitalters - vergeblich um Aufnahme in den Franziskanerorden nach. Er beginnt, sich nach Art der

Das Ende der Bibliothek: Tausende von Handschriften verbrennen, Pergamente werden von glühender Luft ins Freie gewirbelt

Mit der giftgetränkten "Poetik" des Aristoteles in den Händen, geht Jorge (F. Chaliapin) seinem Ende in den Flammen entgegen

Der Hüter der Bibliothek, der noch einem anderen Herrn als dem Abt verpflichtet ist: Malachias von Hildesheim (Volker Prechtel)

Apostel zu kleiden, läßt Bart und Haare wachsen und zieht mit dem Ruf "Penitenzagite!" durch die Straßen von Parma; derselben Formel, die auch Salvatore in *Der Name der Rose* gebraucht. (Er meint den Aufruf zur Buße: "Poenitentiam agite!") Obwohl es scheint, als habe Segarelli nicht viel zu bieten gehabt, folgt ihm bald eine große Schar von Anhängern. Nach einem Vergehen von dreien der Apostoli, für das sie gehängt werden, verbietet Papst Honorius IV. 1286 ihre Gemeinschaft; Segarelli wird in den Kerker geworfen, schließlich am 18. Juli 1300 als rückfälliger Ketzer in Parma verurteilt und verbrannt.

Nach seinem Tod übernimmt ein Mann die Führung der Gruppe, dessen Spur sich quer durch den *Namen der Rose* zieht: Fra Dolcino. (Segarelli weigerte sich übrigens immer, als Haupt seiner Anhänger zu gelten.) Dolcino hatte sich 1291 einer Gruppe der Apostoli angeschlossen. Er predigt leidenschaftlich gegen die Kirche, ihren Reichtum und ihre Verderbtheit. Er kündigt an, daß binnen drei Jahren alle Priester und Mönche eines grausamen Todes sterben müßten. Aus ganz Norditalien strömen ihm neue Mitglieder seiner Sekte zu. 1303 sind es bereits mehr als 4000. Seine Gefährtin, Margarete von Trient, ist eine ehemalige Nonne aus dem Kloster der heiligen Katharina. Adson erinnert sich besonders eindringlich ihrer außergewöhnlichen Schönheit, von der Ubertin von Casale ihm berichtet hat.

Da der Druck auf Dolcinos Gruppe immer stärker wird, muß er aus den Städten ins Gebirge fliehen. Wegen der schlechten Versorgungslage unternimmt er Raubzüge in die Orte der Umgebung. 1305 beschließt der neue Papst Clemens V. die Vernichtung der Apostoli und verpflichtet die Adligen, in deren Herrschaftsbereich Dolcinos neue Zufluchtsstätte liegt, gegen ihn zu kämpfen. Der "Erzketzer" zieht sich mit den Seinen vor der Übermacht auf den Berg *Parete calvo*, die kahle Wand, zurück. Dort bauen sie Hütten und notdürftige Verteidigungsanlagen. Abermals können sie sich nur durch Plünderungen und Lösegeldforderungen über Wasser halten. (In seiner *Göttlichen Komödie* läßt Dante ihm durch den Mund Mohammeds, den er in der Hölle trifft, die Nachricht zukommen: "Da du so bald vielleicht ans Sonnenlicht zurückkehrst, sag dem Fra Dolcin, er solle, falls er nicht schnell hierher mir folgen will, sich vorsehn mit Proviant, auf daß kein Schnee ihn je blockiere und den Novaresen den sonst gewiß nicht leichten Sieg verschaffe.") Im Winter 1306/07 wird ihre Lage so schwierig, daß sie den *Parete calvo* am 10. März verlassen und auf den Monte Rubello fliehen. Ein weiterer Kreuzzug gegen die Dolcinisten endet erfolglos. Trotz extremer Schwierigkeiten kann sich die Gruppe, die immer mehr Mitglieder durch Kämpfe, Krankheiten, Kälte und Hunger verliert, noch bis zum Jahre 1307 halten. Am 23. März schließlich, dem Gründonnerstag, wird die Stellung eingenommen, über tausend Apostoli werden getötet. Am 1. Juni des Jahres wird zunächst Margarete vor den Augen Dolcinos verbrannt. Ihn selbst fährt man auf einem Wagen einen qualvollen Tag lang durch die Straßen, wobei er langsam mit glühenden Zangen in Stücke gerissen wird.

Hätten alle Ketzer der Kirche so ausdauernd mit Waffengewalt getrotzt, so könnte diese ihre Verfolgungen durch die Inquisition leichter rechtfertigen - wie alle Mächtigen das tun, wenn die von ihnen Unterdrückten das Gebetbuch mit dem Schwert vertauschen. Doch in den meisten Fällen beschränken sich die "Verbrechen" der Ketzer darauf, etwas anderes zu glauben als das, was im Vatikan gerade als die anerkannte katholische Lehre gilt. Wie wechselhaft diese ist, zeigt die Geschichte der päpstlichen Erlasse zum Armutsstreit: Thesen werden verkündet, wieder aufgehoben, bekräftigt, abermals außer Kraft gesetzt und so fort. Die Annahme der unverrückbaren Richtigkeit des jeweils Gelehrten - und damit die Grundlegung der Intoleranz - beginnt bereits bei Paulus, der in seinem *Galaterbrief* schreibt: "Aber so auch wir, oder ein Engel vom Himmel euch würde ein Evangelium predigen anders, denn wir euch gepredigt haben, der sei verflucht."; sie steigert sich bis zur 1870 verkündeten "Unfehlbarkeit" des Papstes. Bereits 385 gibt es nach dieser Einleitung das erste Todesurteil wegen Häresie.

An jedem Bischofssitz existieren geistliche Gerichtshöfe, die für alles zuständig sind, was im weitesten Sinne als Glaubensfrage aufgefaßt werden kann. Da die Ausführung von Körperstrafen der weltlichen Macht obliegt, sind insbesondere die Ketzergesetze des Staufers Friedrich II. in den Jahren nach 1220 von besonderer Bedeutung. 1224 ordnet er für Ketzer den Verlust der Zunge oder den Feuertod an. Diese Gesetze sind umso verachtenswerter, als Friedrich selbst ein Herrscher mit "häretischen" Überzeugungen ist und mit islamischen Gelehrten deren Philosophie diskutiert. Seine Ketzergesetze spiegeln nicht seine Überzeugung wider, sondern sind diplomatische Instrumente, um seine politischen Kontakte mit dem Papst zu verbessern. Im Jahre 1227 findet sich in einer Untersuchungskommission Gregors IX. das erste Beispiel einer päpstlichen Inquisition. Als eigentliche Gründung der Inquisition werden zwei Bullen dieses Papstes vom 20. April 1233 angenommen, in denen er den Dominikanern die Ketzerverfolgung zur Aufgabe macht. Eine feste Organisation bekommt die Inquisition am 15. Mai 1252 mit der Bulle *Ad extirpanda* des Papstes Innozenz IV.

Die Rechte der Inquisitoren stehen über allen weltlichen Gesetzen; wer ihre Tätigkeit hemmt, macht sich strafbar. (Das "Heilige Offizium" diente bis 1965 als Organ der Inquisition; erst in jenem Jahr wurde es vom Vatikanischen Konzil in die Glaubenskongregation umgewandelt.) Zunächst sind auch die Bischöfe an den Verfahren beteiligt, aber die päpstlichen Inquisitoren entziehen sich zunehmend ihrer Mitwirkung; Papst Alexander IV. befreit sie 1257 auch offiziell von der bischöflichen Beratung.

Bereits der Ordensgründer der Dominikaner hatte sich der Auseinandersetzung mit den Abweichlern im Glauben gewidmet, wenn auch zunächst mit den Mitteln des Wortes und nicht mit dem Schwert. So heißt sein Orden eigentlich auch Ordo Fratrum Praedicatorum (Prediger-Orden). Nach dem päpstlichen Einsetzen der Inquisition wird diese vor allem von Prediger-Brüdern vertreten.

Einer ihrer bedeutendsten Inquisitoren ist Bernard Gui (oder Bernardo Guidonis), der seit 1312 als Ordensgeneral Nachfolger des Dominikus ist. Er wird 1260 in La Guyonne geboren, tritt 1280 in den Orden ein und wird 1305 zum Generalinquisitor zur Bekämpfung der Albigenser ernannt. 1325 wird er Bischof von Lodève in Languedoc in Südfrankreich, wo er am 29. Dezember 1331 stirbt. Trotz aller ihm nachgesagten Terrorurteile bezeichnet ihn selbst der kritische Inquisitionshistoriker H. C. Lea als einen gewissenhaften und sorgfältigen Richter; die Behauptung eines Kollegen, Bernard habe während seiner Zeit als Inquisitor von Toulouse (1308 bis 1323) 637 Ketzer verbrennen lassen, weist er als falsch zurück - tatsächlich waren es "nur" vierzig. Doch auch die 300 Ketzer, die Bernard in einer Liste seiner Urteile aufführt, die er hat einkerkern lassen, waren für den -- oft kurzen - Rest ihres Lebens nicht viel besser dran.

Lea erwähnt häufige Einsprüche Bernards gegen Einschränkungen der inquisitorischen Macht: er beklagt sich über die Einmischung der Bischöfe, wendet sich gegen eine Verringerung der Zahl waffentragender Begleiter oder gegen das von Clemens V. festgelegte Mindestalter für Inquisitoren. Er zitiert auch Bernards Seelenqualen, wenn er jemanden bestrafe, den er nicht habe überführen können und der nicht gestanden habe. Aber sein Gewissen quäle ihn noch mehr, wenn er mögliche Ketzer zum Schaden des Glaubens entkommen lasse, da er aus Erfahrung ihre Schlauheit und Falschheit kenne. Also: im Zweifel gegen den Angeklagten.

Gelegentlich wohnt Bernard als Beisitzer den Verhören des Inquisitors Jacques Fournier bei, den auch William von Baskerville im Gespräch mit Adson nennt. Er hat gehört, daß sich Bernard bei seiner Rückkehr nach Avignon mit Fournier treffen will und warnt Adson vor ihm: "Merk dir diesen Namen: einstweilen verbrennt er noch Albigenser, doch er will höher hinaus." (Gut erkannt, William! 1334 besteigt Jacques Fournier, der Bischof von Pamier, als Benedikt XII. den Papstthron.) Ein anderer Beisitzer von Fourniers Verhören, Jean de Beaune, ist sogar Mitglied der päpstlichen Delegation, die sich in Abbos Kloster mit den Franziskanern trifft.

Wir wissen von Williams Vorgeschichte; auch er war einst Inquisitor. ("Ich habe meine Nachforschungen bis jetzt auf diese Welt beschränkt. Mit meinen bescheidenen Kräften habe ich das Böse bekämpft, aber an den Vater alles Bösen selbst mich heranzuwagen, wäre wohl doch ein zu ehrgeiziges Unterfangen." Ein Baskerville-Zitat. Freilich keines aus Williams Mund, sondern von Sherlock Holmes.) Dieses Amt wird im Franziskanerorden stärker kontrolliert. Michael von Cesena begrenzt in einem Erlaß von 1320 die Amtszeit auf fünf Jahre. Aber das Amt und seine Macht kann auch Minoriten korrumpieren. So klagt 1335 der franziskanische Bischof von Silva, Alvaro Pelayo, darüber, daß manche seiner Ordensbrüder die konfiszierten Vermögen zu persönlichen Zwecken ausgäben.

Daß sich William von Baskerville von seinem Amt als Inquisitor zurückgezogen hat, muß für ihn recht gefährlich gewesen sein. So werden seine Resignation und Ängstlichkeit besser nachvollziehbar, als er sich trotz Adsons Drängen weigert, das unschuldige Mädchen vor dem Flammentod zu retten. Wer allein schon die Grundlage der Inquisition anzweifelt, daß nämlich die Verfolgung abweichenden Glaubens notwendig sei, fällt bereits unter die Ketzergesetze. (Aktuelle Variante: wer verleumderisch behauptet, in diesem unserem Staate gäbe es Berufsverbote, wird selbst damit belegt.) Das Konzil von Narbonne entscheidet 1244, daß

jeder, der eine öffentliche Gerichtsbarkeit ausübe und den nötigen Eifer bei der Verfolgung der Ketzer vermissen lasse, als Mitschuldiger zu gelten habe. Wer gar einen Inquisitor in seiner Tätigkeit behindert, gilt nach dem Kirchenrecht als exkommuniziert. Hätte William sich zugunsten des Mädchens eingesetzt, so hätte Bernard Gui dies als Begünstigung der Ketzerei angeklagt - in seinen Schriften weist er ausdrücklich auf diesen Tatbestand hin.

Bernards Gewissensqualen: im Zweifel gegen den Angeklagten

Auf den gewaltigen und alles durchdringenden Apparat der Inquisition kann hier nur kurz eingegangen werden. Meist beginnt das Verfahren mit einem sogenannten *Autodafé*, bei dem die Bevölkerung eines Ortes zusammengerufen wird und eigene oder fremde Glaubensverfehlungen öffentlich anzeigen soll. Wer nicht erscheint, gilt bereits als exkommuniziert. Wird dieser Kirchenbann nicht binnen Jahresfrist wieder aufgehoben, ist der Betroffene als Ketzer verdammt. Bernard Gui berichtet, daß vor allem die Denunziationen anderer das ausgeworfene Netz immer engmaschiger und größer werden lassen. Das im *Namen der Rose* abgedruckte Verhör des Remigius durch Bernard ist über weite Strecken die wörtliche Wiedergabe eines Musterverhörs aus seiner *Practica.*. Wer durch eigene oder fremde Aussagen belastet ist und nicht alles zugibt, was der Inquisitor hören will, wird der Folter unterworfen. Anwälte werden nicht zugelassen, die Zeugen der Anklage, ja sogar die Vorwürfe selbst, bleiben dem Opfer unbekannt. Alles an dem Verfahren ist geheim.

Sind schließlich alle Widerstände gebrochen, ist ausgesagt worden, was der Inquisitor hören will, so hat der Geständige die Wahl zwischen dem Abschwören seines - tatsächlich oder vorgeblich - abweichenden Glaubens oder dem Tod auf dem Scheiterhaufen. Auch wenn er häretische Gedanken oder Handlungen nur zugegeben hat, um die Folter zu beenden: er muß abschwören. Und zum unerläßlichen Beweis echter Reue gehört die Nennung der Mitschuldigen - ob es sie nun gegeben hat oder nicht.

Wer sich zum alleinseligmachenden Glauben der katholischen Kirche bekennt, ist zwar dem Scheiterhaufen entgangen, nicht jedoch dem Urteil des Inquisitors, das, je nach der Bedeutung des Vergehens, von leichten Bußen über Pilgerfahrten zu bestimmten Orten bis zu lebenslänglichem Kerker bei Wasser und Brot reichen kann. Die scheinbar unerhebliche Auflage, an der Kleidung ein gelbes, aufgenähtes

Kreuz als Zeichen der Buße zu tragen, führt in der Praxis zu einem jämmerlichen Leben am Rande der Gesellschaft. Diese Kennzeichnungspflicht und ihre Folgen sollten aus der jüngsten deutschen Vergangenheit noch gut in Erinnerung sein, das Gleiche gilt für die Einziehung des Vermögens.

Gerade diese Strafe hat zur Folge, daß die Inquisition ihr Auge nicht nur auf die Masse der Ketzer wirft, die als arme Bauern oder Handwerker vom Glauben abweichen (und nur viel Arbeit machen), sondern zunehmend die reicheren Bürger unter die Lupe nimmt. Denn die Konfiszierung von deren Vermögen ist sehr einträglich und wird für die Kirche und die Inquisitoren zu einer unerschöpflichen Einnahmequelle. Diese Waffe erhält zusätzliche Schärfe dadurch, daß die von der Inquisition bedrohten Vergehen nicht verjähren. Nicht einmal mit dem Tod der Ketzer endet ihre Verfolgung und Bestrafung. Noch nach Generationen werden Verfahren durchgeführt, Knochen ausgegraben und auf dem Scheiterhaufen verbrannt; die Häuser, in denen längst Kinder und Kindeskinder leben, werden zerstört, deren Vermögen eingezogen.

Bei aller sonstigen historischen Exaktheit des Films gibt es bei der Schilderung der Inquisition einige Ungenauigkeiten. So wäre es für Bernard Gui höchst ungewöhnlich - wenn auch nicht unmöglich -, ließe er die drei überführten Ketzer gleich an Ort und Stelle auf dem Scheiterhaufen verbrennen. Damit sich die Kirche die Hände nicht mit Blut befleckt, wird zur Ausübung von Körperstrafen fast immer der weltliche Arm herangezogen. Der freilich kann gar nichts anderes machen als das Urteil des Inquisitors zu vollstrecken. Remigius hat gestanden und die Reue verweigert, sein Tod steht also fest. Er könnte sich übrigens der Kirche noch unterwerfen, wenn bereits die ersten Flammen züngeln. Das würde notwendig zu seiner "Begnadigung", also zu lebenslangem Kerker führen.

Bei Salvatore kommt es aber gar nicht erst dazu, daß er bereuen könnte, und das Mädchen ist nicht einmal verhört worden - das sind Formfehler, die Bernard Gui nicht hätte durchgehen lassen. Und daß er keinen Wutanfall bekommt, wenn Salvatore im Film die Formel ausspricht "In nomine

Das Elend der Folter. Salvatore gesteht seine ehemalige Mitgliedschaft in einer "kriminellen Vereinigung"

patre et filia et spiriti sanctis" (Im Namen des Vaters, *der Tochter* und des heiligen Geistes), ist ohnehin sehr fragwürdig. Denn in Salvatores Worten kommt kein überzeugter Feminismus zum Ausdruck, sondern eine Anschauung verstockter Ketzer, die jeden Inquisitor zur Weißglut treiben muß.

659 JAHRE SPÄTER

Was jeweils als rechtgläubig oder ketzerisch gilt, hängt nicht so sehr von den strittigen Lehren oder Taten ab, sondern von deren Durchsetzbarkeit und Anerkennung. Daran hat sich wenig geändert: die Widerstandskämpfer des Dritten Reiches galten vor 1945 als Verbrecher, heute werden sie als Helden gefeiert (soweit sie nicht aus dem linken Lager kamen). Bei zwielichtigen Spendenflüssen in den oberen Etagen der Macht wird versucht, Gesetzesverstöße durch Gesetzesänderungen nachträglich zu legalisieren - in den unteren Etagen reicht ein kleiner Kaufhausdiebstahl für eine Haftstrafe ohne Bewährung.

Mißliebige Rebellen werden öffentlich diffamiert, indem man ihnen sexuelle Ausschweifungen nachsagt, was erfahrungsgemäß immer auf das gesunde Volksempfinden wirkt; das funktionierte schon bei den Ketzern und 640 Jahre später immer noch bei den langhaarigen Hippies und Studenten der sechziger Jahre. Daß Luther nicht, wie andere vor ihm, auf dem Scheiterhaufen endete, verdankte er nicht der Überzeugungskraft seiner Lehre, sondern den für ihn günstigen politischen Konstellationen.

In zahlreichen Interviews und Artikeln hat sich Eco dagegen gewehrt, daß die politischen Inhalte von *Der Name der Rose* ohne weiteres auf unsere Gegenwart übertragen werden. Aber da er an anderen Stellen nachdrücklich dafür eintritt, daß ein fertiges Buch seinen eigenen Dialog mit dem Leser beginnt - wie der Film mit dem Kinobesucher -, kann es nicht ausbleiben, daß eigenartige Parallelen zur Gegenwart ins Auge springen.

Das soll nicht bedeuten, daß platte Deckungsgleichheit angenommen wird; etwa in dem Sinne, die Sekte des Fra Dolcino "bedeute" für Italien die "Roten Brigaden" oder für die Bundesrepublik die "Rote Armee Fraktion", oder daß sich in der Inquisition Polizeistaat oder Gestapo abgebildet fänden, in ihren Methoden staatliche Gesinnungsschnüffelei bei linken Lehrern und Briefträgern.

Aber eine Ähnlichkeit des Zeitgeistes läßt sich jenseits aller - zufälligen oder absichtsvollen - Übereinstimmungen schon feststellen. Die Angst der Mächtigen vor den Träumen der Abweichler von einem anderen Leben ist über die Jahrhunderte hinweg dieselbe geblieben; ebenso ihre Bereitschaft zur scheinheiligen Übernahme neuer Ideen, wenn es in das aktuelle politische Konzept paßt. Sei es die Lobpreisung der Armut oder der Ausstieg aus der Atomenergie.

Abbo berichtet im *Namen der Rose* von Arnaldus Amalric, dem Abt von Citeaux, der auf die Frage, was man mit den Bürgern der ketzereiverdächtigen Stadt Béziers tun solle, antwortete: "Tötet sie alle, der Herr wird die Seinen erkennen." Kürzlich, bei einem Aufenthalt in den USA, sahen wir denselben Satz, auf einem T-Shirt aufgedruckt. Kinorächer Rambo läßt grüßen.

Natürlich, ein altes Manuskript

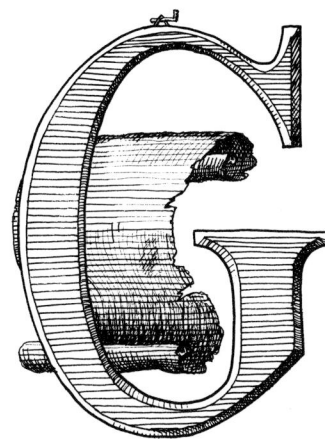

ewisse Tatsachen sollte man lieber weglassen", sagte Sherlock Holmes einmal in einem Gespräch mit Dr. Watson, das dieser in seinem Roman *Im Zeichen der Vier* wiedergibt. Nur wenn man diese Grundeinstellung des Detektivs kennt, wird verständlich, warum das im folgenden Beschriebene bisher nur wenigen Personen bekannt geworden ist.

Von der 1961er Ausgabe des Jahrbuches *The Baker Street Journal Christmas Annual* der Sherlock-Holmes-Gesellschaft *The Baker Street Irregulars, Inc.* haben selbst intime Kenner des berühmten Detektivs kaum gehört. Das liegt daran, daß diese Ausgabe gegen den Willen des Herausgebers Edgar W. Smith erschien und nur in einer kleinen Auflage von ihrem Verfasser, einem gewissen Homer Mendax, als Privatdruck hergestellt und an ausgewählte Mitglieder verschickt wurde.

Die dort beschriebene Vorgeschichte ist schnell erzählt: Mr. Mendax entdeckte im Jahre 1959 zwischen einem Posten alter Handschriften, die er auf einem Londoner Flohmarkt erworben hatte, ein Manuskript von Sherlock Holmes' Freund Dr. Watson, das dieser - wie seine anderen Erinnerungen - unter dem Pseudonym Arthur Conan Doyle verfaßt hatte. Dem Manuskript beigefügt fand sich ein Brief der Redaktion des *Strand*, einem Magazin, in dem Dr. Watson (alias Doyle) seine Berichte zu veröffentlichen pflegte. Der Redakteur teilte darin mit, daß er sich nach eingehender Rücksprache mit seinen Kollegen außerstande sähe, diese Schrift zu publizieren, da sie für die Leserschaft des *Strand* wohl doch etwas zu phantastisch geraten sei.

Wie Mendax in seinem Privatdruck nachwies, ist dieses Manuskript Dr. Watsons auch später niemals veröffentlicht worden und tauchte bisher nirgendwo in der Literatur über Sherlock Holmes auf. Weil zudem Mendax' Entdeckung totgeschwiegen wurde, soll an dieser Stelle erstmals einer breiteren Öffentlichkeit davon berichtet werden.

Da der Text des *Christmas Annual* von außergewöhnlichem Umfang ist (er füllt das ganze Heft bis auf einen kurzen Aufsatz über die Familiengeschichte der von Holmes sehr geschätzten Irene Adler), kann er hier nur in seinen Grundzügen wiedergegeben werden:

Wir wissen, besonders dank der neueren Biographie von Baring-Gould und trotz einiger verständlicher Irreführungen in Dr. Watsons Berichten, daß Holmes den in *Im Zeichen der Vier* beschriebenen Fall in der Zeit vom 18.9. bis 21.9.1888 klärte und gleich danach, nämlich vom 25.9. bis 20.10. die außergewöhnlichen Umstände im Fall des *Hundes von Baskerville* aufdeckte.

Ohne die Biographie von Baring-Gould zu kennen, datierte Mendax die Ereignisse aus Dr. Watsons Manuskript zutreffend auf Ende Oktober 1888. Unter dem Titel *Eine Reise in der Zeit* wird dort beschrieben, wie Holmes den berüchtigten Dirnenmörder Jack the Ripper zu finden versucht. Das machte eine Datierung leicht, denn Holmes bezieht sich auf zwei Meldungen der *London Times*, die Mendax in deren Ausgaben vom 1. und 2. Oktober fand. Bei der Verfolgung einer verdächtigen Gestalt trifft Holmes zwar nicht auf den gesuchten Mörder, wohl aber auf einen Ingenieur, der ihm eine selbstgebaute Maschine zeigt. Er behauptet, mit dieser Maschine könne man in Vergangenheit und Zukunft reisen. Es beginnt eine leidenschaftliche Diskussion zwischen dem Erbauer und dem skeptischen Detektiv, die damit endet, daß der Ingenieur den berühmten Zeitgenossen zu einer Demonstration einlädt und in ein von Holmes gewünschtes Jahr zurückschickt.

Wie bekannt, erschien H.C. Leas mehrbändige Untersuchung über die Geschichte der Inquisition in London 1888 (!). Holmes teilte nicht mit, welches Ereignis ihn aufgrund dieser Lektüre im Jahre 1307 besonders interessierte. Um es kurz zu machen: er wurde mit der Zeitmaschine in dieses Jahr zurückgeschickt, fiel aber wegen seiner seltsamen Kleidung und Sprache sofort auf, wurde verprügelt und ausgeraubt. Ein paar Franziskanermönche nahmen sich des fast nackten Schwerverletzten an und pflegten ihn gesund. Auf ihre Frage nach seinem Namen fiel ihm aus naheliegendem Grund der von Sir William Baskerville ein.

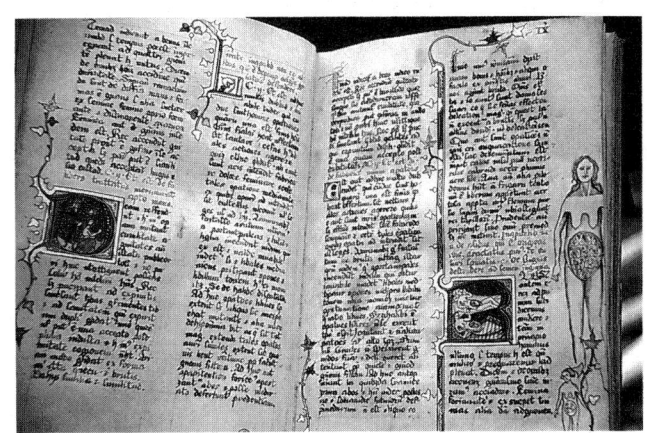

Ein ausgeschmücktes Manuskript - Requisite aus dem Film

EIN UNBEKANNTER FALL
DES SHERLOCK HOLMES

Den Rest zu erzählen erübrigt sich fast: Wie sich Holmes während seiner Genesungszeit die Dankbarkeit des Ordens erwirbt, als er die Unschuld einiger Brüder in einem Betrugsfall nachweist, wie er Franziskaner wird (da er die Zeitmaschine seit dem Überfall auf sich für verloren und damit eine Rückkehr ins neunzehnte Jahrhundert für undurchführbar hält), bereits nach kurzer Zeit Inquisitor ist, mit Bernard Gui aneinandergerät und nach schlimmen Erfahrungen von seinem Amt zurücktritt, Kontakte mit William von Ockham und anderen Persönlichkeiten knüpft und schließlich, am Ende einer geheimnisvollen Mission, im November 1327 in jenem norditalienischen Benediktinerkloster eigentlich ein Treffen vorbereiten soll, stattdessen aber die wohlbekannten Morde aufklärt.

Wie Adson (in Ecos Roman) schreibt, geht er darauf nach München. Es ist freilich ein Irrtum, wenn von Williams Pesttod berichtet wird: tatsächlich erfährt er in Deutschland von einem Freund, daß die geheimnisvolle Maschine noch immer in London sei, nahe der Stelle versteckt, an der er angekommen war. Er reist also eilig nach England zurück, spürt die Maschine nach einigen Verwirrungen am angegebenen Ort auf, stellt sie auf den Oktober 1888 ein - und findet sich am gewünschten Ort und Zeitpunkt wieder.

Diese Geschichte ist in der Tat so phantastisch und unglaubwürdig, daß selbst der gute Ruf Dr. Watsons alias Doyle nicht ausreichte, um sie den Lesern schmackhaft zu machen. Betrachten wir sie aber genauer, so wird bald deutlich, daß die Übereinstimmungen so groß sind, daß von einer zufälligen Ähnlichkeit zwischen dem Roman Ecos und dem Bericht Dr. Watsons (wie Mendax ihn zitiert) keine Rede sein kann:

Sherlock Holmes wurde am 6.1.1854 geboren, war demnach 1888, im Jahr seiner "Abreise", 34 Jahre alt. So ist leicht zu errechnen, daß er 1327, also zwanzig Jahre nach 1307, 54 Jahre alt war. Das deckt sich mit Adsons Angabe am Beginn von Ecos Roman. Daß das zweifache Auftauchen eines Namens wie "William von Baskerville" Zufall sein soll, ist ebenso unwahrscheinlich. Bleibt also die beschriebene Maschine, deren Existenz man zu Recht anzweifeln könnte - gäbe es da nicht den als Roman getarnten Bericht von H.G. Wells, dessen erste Fassung dieser 1888 (!) in *The Science School Journal* veröffentlichte. Unter dem Titel *Die Zeitmaschine* ist er seitdem einer breiten Öffentlichkeit bekannt geworden.

Auch andere Übereinstimmungen sind erstaunlich: So wandte Holmes als William bei der Lösung des Mordes an Venantius Kenntnisse an, die er in seiner 1878 veröffentlichten Schrift über Fußspuren beschrieben hatte. Genauso wenig kann es dem Zufall zugeschrieben werden, daß Williams besonderes Interesse sich immer den Fingerspitzen der ermordeten Mönche zuwandte; schließlich hatte im Mai des Jahre 1888 (!) Galton zum ersten Mal auf seine Entdeckung der Bedeutung der Fingerabdrücke hingewiesen. Und es tritt klar zutage, daß Williams Interesse an einer Brille keinem Sehfehler zugeschrieben werden darf, sondern daß sich dahin-

ter die unauffällige Beschaffung einer für den Detektiv notwendigen Lupe verbirgt.

Wir wollen Eco nicht unterstellen, er habe die Abhandlung des Homer Mendax gekannt und abgeschrieben. Unwahrscheinlich ist auch die Annahme, Mendax habe seinerseits das Buch des Abbé Vallet von 1842 gekannt, auf das sich Eco stützt, und er habe den Bericht Dr. Watsons nur erfunden. Oder gar, Dr. Watson selbst habe, in Kenntnis der Schrift des Abbé und verblüfft durch gewisse Übereinstimmungen, daraus ein Abenteuer seines Freundes Holmes zurechtgezimmert. So etwas hätte Dr. Watson nie getan; wie hätte er schließlich vor seinem Freund dagestanden, wenn die Geschichte im *Strand* veröffentlicht worden wäre?

Im Gegenteil spricht fast alles für die von ihm wiedergegebene Version, so daß die Übereinstimmungen zwischen dem Bericht von Mendax im Privatdruck des *Baker Street Journal Christmas Annual* von 1961 und Ecos Roman *Der Name der Rose* von 1980 kein Zufall sein können, sondern ein und dasselbe Ereignis beschreiben.

ZEICHEN, DIE ZEICHEN BEZEICHNEN

Alles in allem: eine höchst verästelte Geschichte. Da ist die Rede von einem englischen Journal und seinem unbekannten Verfasser und Herausgeber Homer Mendax. Der will auf einem Flohmarkt ein Manuskript gefunden haben, das schildert, wie Holmes ins Mittelalter zurückkreist und das beginnende vierzehnte Jahrhundert unter dem Namen William von Baskerville erlebt - womit sich der Kreis zu Ecos *Name der Rose* schließt.

Eco seinerseits weiß ja die Herkunft seiner Geschichte ebenso genau - und verzweigt - herzuleiten. Bei ihm schildert ein deutscher Mönch, der greise Adson im Kloster Melk, in lateinischer Sprache ein Erlebnis seiner Jugend. Dieses Manuskript wird im siebzehnten Jahrhundert von Dom J. Mabillon herausgegeben und 1842 von einem gewissen Abbé Vallet ins Französische übersetzt. Daß es die ursprüngliche Schrift des Adson von Melk gegeben haben muß, schließt Eco aus einer weiteren Erwähnung derselben in einem Buch von Milo Temesvar, in dem dieser Adson - und zwar nach einer Quelle des Jesuitenpaters Athanasius Kircher - zitiert. Was also der deutsche Leser vor sich hat, so schreibt Eco im Vorwort des Romans, "ist die deutsche Übersetzung meiner italienischen Fassung einer obskuren neogotisch-französischen Version einer im 17. Jahrhundert gedruckten Ausgabe eines im 14. Jahrhundert von einem deutschen Mönch auf Lateinisch verfaßten Textes."

Eines der berühmtesten Werke der Weltliteratur, *Der scharfsinnige Edle Herr Don Quijote de la Mancha* von Miguel de Cervantes, gibt sich im Vorwort aus als bloße Übersetzung aus dem Arabischen, nach einem Original des Cide Hamete Benengeli. Dreihundert Jahre später, zu Beginn des 19. Jahrhunderts, verfaßt Jan Potocki den Roman *Die Handschrift von Saragossa*, in der der Held in die Welt eines Manuskriptes hineinrutscht; ebenso geht es in Jean Rays *Malpertuis* von 1943 zu. Edgar Allen Poe nennt eine seiner Geschichten bloß *Die Flaschenpost* und beginnt sie dann

Für Leute, die "Der Name der Rose" deuten, ist der Name des mischsprachigen Krüppels Salvatore (=Erlöser) ein besonderes Rätsel

ohne jede weitere Einleitung, seinen *Abenteuern Gordon Pyms* wird ein angebliches Vorwort des schreibenden Helden vorangestellt. Stanislaw Lem, der in *Die vollkommene Leere* bereits nichtexistierende Bücher besprochen hatte, schrieb den Roman *Manuskript, gefunden in der Badewanne.*

Wiedergefundene Bücher, alte Übersetzungen, überraschend entdeckte Handschriften, verschwundene Manuskripte... Warum tauchen sie so häufig in der Literatur auf? Wenn ein Ich-Erzähler beispielsweise seine vielhundertseitige Biographie wenige Minuten vor seinem Tod beendete, wäre die ganze Konstruktion nicht sehr plausibel. Aber es gibt auch andere Gründe für den Autor, angeblich andere zu zitieren. Nachdem er festgelegt hat, wie sein Bericht erzählt werden soll, ist er an diese Vorgabe gebunden. Wenn er sich entschlossen hat, seinen Roman in der ersten Person Singular, also von einem Ich-Erzähler vortragen zu lassen, kann er nicht ohne weiteres ein Kapitel aufnehmen, in dem der Erzähler gar nicht vorkommt. Er darf sich nicht auf Ereignisse beziehen, von denen der Held zu diesem Zeitpunkt gar nichts wissen kann. Die Vorgaben eines Autors können noch so phantastisch sein, sie können davon ausgehen, daß Menschen fliegen können oder daß der Zweite Weltkrieg nicht stattgefunden hat, aber wenn ein Autor das festgelegt hat, muß der Rest der Geschichte dazu passen.

Wenn ein Professor des 19. Jahrhunderts einen historischen Roman verfaßte und seinen Erzähler von der Zeit des römischen Imperiums oder des alten Ägypten berichten ließ, wußte jeder Leser - und sollte es auch wissen - daß der antike Held nicht selbst zur Feder gegriffen, sondern daß

der Autor sich in seine fiktive Person hineingeschlichen hatte. Wenn jemand jedoch, noch dazu über die geheimnisvollsten Umwege, in den Besitz einer alten Schrift gekommen sein will und diese angeblich nur wiedergibt oder nacherzählt, was dann? Schon die Tatsache, daß sich das Ganze als Roman oder Novelle präsentiert, daß der Verfasser als Schriftsteller bekannt ist, läßt den Leser skeptisch werden. Er denkt darüber nach, ob die erzählte Einleitung wahr ist oder ebenso auf der Ebene des Romans angesiedelt ist wie dessen restliche Handlung.

Wem soll man überhaupt noch trauen? Hat Eco wirklich ein altes Buch gefunden? Hat Adson tatsächlich erlebt, was er da beschreibt? "Ich verlange und erwarte nicht, daß man die höchst seltsame und doch einfache Geschichte, die ich hier niederschreiben will, glaubt", beginnt Poe seine Kriminalgeschichte *Der schwarze Kater.* "Es wäre auch töricht, dies zu tun, denn ich selbst vermag dem Zeugnis meiner Sinne kaum zu trauen." Dagegen William zu Adson: "Ich habe nie an der Wahrheit der Zeichen gezweifelt, sie sind das einzige, was der Mensch hat, um sich in der Welt zurechtzufinden."

Die Welt ist voller Zeichen. Ob wir glauben (und danach handeln) sollten, daß ihnen etwas entspricht, ist nicht immer leicht zu entscheiden. Wenn wir unsere Wahrnehmungen der Welt als deren Zeichen interpretieren, können wir nicht einmal bei ihnen sicher sein, daß sie uns das zeigen, wofür sie stehen - man denke nur an etwas vergleichsweise Einfaches wie optische Täuschungen.

Es entspricht also ganz dem mittelalterlichen Denken, wenn sich ein Autor zum "Beweis" für die Richtigkeit des von ihm Beschriebenen nicht auf Selbsterlebtes beruft, sondern auf die Autorität eines (angeblichen) Augenzeugen, dem man es abnimmt, daß er dabei war. Ecos Roman, so "historisch richtig" er auch sein mag, entstammt Ecos Kopf. Einen Adson von Melk gab es nicht, und so konnten seine späteren Herausgeber und Übersetzer seinen Text nicht bearbeiten. So, wie es zwar Arthur Conan Doyle - und H.G. Wells - gab, aber weder Dr. Watson noch Sherlock Holmes noch Homer Mendax. Zahlreiche Details der beschriebenen "literarischen Entdeckung" stimmen - die Sache selbst jedoch ist leider erfunden.

DAS SPIEL MIT DEN RAHMEN

Das Erzählte erhält seinen Reiz, seinen besonderen Charakter aus der Spannung zwischen dem sogenannten "erzählten Gegenstand", also dem, was man für gewöhnlich die Geschichte nennt, und dem sogenannten "Erzählprozeß", nämlich der Art und Weise, wie die Geschichte aufbereitet und dargeboten wird. Daß aus einunddemselben Stoff, je nachdem, wer ihn erzählt, die verschiedensten Geschichten entstehen können, läßt sich am besten daran beobachten, wer einen Witz wie erzählt.

Die Mittel des Erzählprozesses sind zahlreich, fast unzählbar (und doch lebt die Literaturwissenschaft heute noch davon, weitere zu finden und zu benennen), die Grenzen zwischen ihnen sehr oft fließend (und das könnte der Grund dafür sein, warum die Literaturwissenschaft so gerne kreisförmige Bewegungen vollzieht).

Regel Nummer Eins lautet, daß Autor und Erzähler nicht identisch sind. Der Verfasser, der Urheber des Textes ist der Autor, der Erzähler ist die Stimme, die erzählt. Der Autor kann sich eines Ich- oder eines Er-Erzählers bedienen. Dieser Erzähler kann allwissend, teilwissend oder auch naiv sein, er mag in Köpfe hineinsehen und über den Dingen stehen können, oder aber auch ein Gefangener seines eigenen Kopfes sein und an den Dingen leiden. Seine Haltung kann zwischen ernst, verläßlich, verspielt und unzuverlässig variieren, er kann beschreiben, darstellen, erörtern und interpretieren. Die Darstellung kann szenisch, also detailgenau, oder panoramisch, das heißt überblickend, sein; die Erzählweise kann zeitdeckend, zeitraffend oder zeitdehnend sein; die Erzählzeit und die erzählte Zeit ..., aber darum soll es hier nicht gehen. Denn uns interessiert in diesem Zusammenhang ein ganz bestimmter Aspekt der Erzähler-Haltung, oder genauer seiner Erzählstrategie: Der Rahmen.

Unter einem Rahmen versteht die Literaturwissenschaft (bzw. die Poetologie, wie sie heute wieder gern genannt wird) die Einkleidung einer oder mehrerer Erzählung(en) in die Form einer Klammer. Diese ist als sogenanntes Medium, also als derjenige Hintergrund, vor dem das Erzählte zur besseren Geltung kommen soll, abrundend um das Erzählte gelegt. Ein Beispiel: Viele Erzählungen von Guy de Maupassant beginnen damit, daß er von einem Freund, einem Bekannten oder Unbekannten eine Geschichte erzählt bekommt. Diese ihm zugetragene Geschichte wird dann aus der Sicht und mit der Sprache/Stimme des Zutragenden erzählt und ergibt die Binnenerzählung. In der Regel endet dann die Gesamterzählung damit, daß der Zutragende zum Ende kommt, und der Rahmen geschlossen wird, indem man noch kurz plaudert und sich nach einem Gläschen Rotwein verabschiedet. Vereinfacht könnte das Ganze graphisch folgendermaßen dargestellt werden: (X), wobei den Klammern die Rolle der Rahmen-, dem X die der Binnenhandlung zukommt.

Der erzählerische Schwerpunkt liegt freilich auf der vom Rahmen umschlossene Binnenerzählung. Oft ist der Rahmen ein zusätzliches Dekor, ein (nicht unbedingt notwendiger) Mantel um eine Erzählung, die auch für sich stehen könnte. Doch auch hier bestätigt die Ausnahme die Regel. In Gustav Meyrinks "Der Golem" beispielsweise erfährt die Binnenerzählung durch die Rahmenerzählung ganz neue Sinnzusammenhänge, ja, ihren eigentlichen Sinn.

Der (oft selbst erzählende) Rahmen bietet vielfältige Möglichkeiten, die Glaubwürdigkeit/Authentizität des Erzählten zu vermehren, die Integration/Identifikation des Lesers zu vertiefen und auch diverse eventuell voneinander völlig unabhängige Erzählungen zu verknüpfen, eben: "umrahmen". Also:(>X,Y, Z<), wobei die Buchstaben X, Y und Z für verschiedene Binnenerzählungen und die Pfeile ">" und "<" für ein inhaltliches Einwirken der Rahmen- auf die Binnenhandlung stehen.

Der "zyklische Rahmen" umklammert eine größere Anzahl inhaltlich zusammengehöriger Einzelerzählungen zu einer geschlossenen Einheit:

"1001 Nacht" zum Beispiel bedient sich der Rahmenbildung, um mehrere Erzählungen desselben Autors zusammenzubringen, Boccaccios "Decamerone" umrahmt Erzählungen vieler abwechselnder Erzähler. Die gerahmte Einzelerzählung hingegen unterstützt mithilfe einer fingierten Quelle (indem ein Erzähler eingeführt wird und der Autor sich distanziert) die Glaubwürdigkeit, aber auch die Tiefe und die Spannung des Erzählten: Die Gesamtheit von Rahmen- und Binnenerzählung ist ein unlösliches Ganzes.

Das Spiel mit dem Wechselspiel von Rahmen- und Binnenerzählung kann sehr weit gehen: So kann eine Erzählung mit einer Rahmenhälfte arbeiten, etwa wenn der Leser erst zum Schluß erfährt, daß die Binnenerzählung dem Autor zugetragen wurde. (Eine beliebte Variante des sogenannten rechtsgebündelten Rahmens: Der Erzähler erwacht, das Ganze war nur ein Traum.) Nämlich: X) bzw. X<

Möglich ist unter anderem auch, mehrere Rahmen sich gegenseitig umklammern zu lassen: Die Erzählstimme berichtet, erzählt bekommen zu haben, daß jemandem erzählt worden ist ... und dann kommt die Binnenerzählung, welche mit ihren Rahmenerzählungen in einem dramaturgisch wirksamen Verhältnis steht. Kleist war ein Meister der mehrfachen Rahmung. Etwa: (((X))) bzw. (>(>(>X<)<)<), oder ebenfalls möglich: (((X,Y, Z))) bzw. (>(>(>X,Y, Z<)<)<)

Die Wechselwirkung von Rahmen und Umrahmtem kann sich aber auch (geplantermaßen) in Widersprüchlichkeiten ausdrücken: Wenn der Rahmen stimmt, dann kann die Binnenhandlung nicht stimmen, wenn die Binnenerzählung richtig ist, dann entbehrt die Rahmenhandlung jeder Logik -

und das im besten literarischen Sinne. (In Jean Rays *Malpertuis* ersinnt sich ein junger Mann, weil er sich im Krankenhaus langweilt, die Geschichte von einem Matrosen, der durch einen Schlag auf den Kopf in einen delirösen Traum stürzt, gefangen in einem großen, geheimnisvollen Haus namens Malpertuis. Als der junge Mann genesen ist und auch seinen Roman beendet hat, geht er nach Hause - die Tür fällt hinter ihm ins Schloß - und er ist gefangen in Malpertuis. Der erste Erzähler stürzt also in den Traum des zweiten Erzählers.) Schließlich kann ein Rahmen auch der Schlüssel zur Binnenerzählung sein, so etwa in dem Fall des oben erwähnten Meyrink'schen *Golem*.

Der *Name der Rose* ist eine gerahmte chronikalische Erzählung, will sagen: eine (von Eco erdachte) Chronik im Ramen einer (von Eco erdachten) Überlieferungsgeschichte. Hierbei ist der Rahmen an sich einfach und nur durch einige kleine Kunstgriffe verkompliziert: Eco hebt an mit der Erklärung, wie und wann ihm "ein Buch aus der Feder eines gewissen Abbé Vallet in die Hände fiel" und erweitert den Weg des Manuskriptes vom (fiktiven) Urheber bis zum heutigen Leser um einige Zwischenstufen, die wiederum Geschichtlichkeit und Authentizität vermitteln. Und erst nachdem er sich auf diese Weise den Rahmen geschaffen hat, beginnt die eigentliche Erzählung , die (vermeintlich) von Adson von Melk erzählt wird. (An dieser Stelle wollen wir uns wieder daran erinnern, daß Autor und Erzähler nicht identisch sind.)

Der Wechsel zwischen der Gegenwart der Rahmenhandlung, also der Drucklegung und dem Erscheinen des alten Manuskriptes in den achtziger Jahren dieses Jahrhunderts, und der Vergangenheit der Binnenerzählung, also der "alten" Chronik, erhöht die Distanz zum Stoff und schafft die Atmosphäre des Historischen. Gleichzeitig deutet der Rahmen den vom Autor beabsichtigten Sinn aus. Die Einführung dieses Blickwinkels als Spannungsverhältnis zwischen dem geistigen Horizont des Erzählenden und der Bedeutsamkeit des Erzählten bedingt Weiterverarbeitung und geistige Auseinandersetzung mit dem Stoff beim Leser. Umgekehrt gewinnt die Gestalt des eingeführten Erzählers auch scheinbar unbedeutsamen Seiten des Stoffes bedeutsame Seiten ab. (An so mancher Stelle berichtet der Erzähler von etwas, das er nicht versteht - und erklärt gerade dadurch dem Leser sehr genau, worum es geht. An anderer Stelle gewinnt das Erzählte weiteren Reiz dadurch, daß der alte Adson von den Abenteuern des jungen Adson berichtet, so daß er Inhalte vermitteln kann, die andernfalls unvermittelt blieben.) Und: Wie schon erwähnt, durch die scheinbare Objektivität, die er bedingt, erhöht der Rahmen die Glaubwürdigkeit des Erzählten und somit die Identifikation des Lesers. Die Wechselwirkung von Rahmen- und Binnenerzählung ist in *Der Name der Rose* nicht sonderlich vertrackt, vielmehr durchdacht und wirksam im oben erläuterten Sinn.

So spielt das Wechselspiel!

Die Hüter der Bibliothek: Jorge von Burgos (Feodor Chaliapin, oben) und Malachias von Hildesheim (Volker Prechtel, unten). Anders als Jorges Namensvorbild - der argentinische Literatur-Nobelpreisträger Jorge Luis Borges, der auch Bibliotheksdirektor war - verbergen sie ihre Bücher vor der Welt >>

ECOS THEORIE DER WERBESEMIOTIK

(UND IHRE PRAKTISCHE ANWENDUNG)

mberto Eco, il maestro, ist heute ein weltberühmter Roman-Autor: Der Name der Rose *und deren alle Erwartungen übertreffender Erfolg haben dafür gesorgt. Nun ist Meister Eco aber von Haus aus eigentlich Wissenschaftler - und kein schlechter.Mit zahlreichen ernstzunehmenden und ernstgenommenen Publikationen, vor allem mit "Das offene Kunstwerk" und "Einführung in die Semiotik" hat Eco das bewiesen. Mehr noch: Die Semiotik, die Lehre von den Zeichen und ihrem Miteinander, ist die Wissenschaft, für die Eco heute nachgerade symbolisch steht.*

I

Der Werbung und ihren Strategien hat Eco in seiner Semiotik aus naheliegenden Gründen große Beachtung angedeihen lassen. Neben der Architektur und dem Film ist die Werbung dasjenige "kommunikative Feld", auf dem Meister Eco seine Zeichentheorie, deren Stimmigkeit und Schlüssigkeit demonstriert. Seine Werbesemiotik gehört denn auch heute zu den stimmigsten und schlüssigsten zur Verfügung stehenden Modellen, Konsumlust und Kaufreiz zu analysieren.

Nun verhält es sich so, daß die Eco'sche Werbetheorie mehr als nur unterschwellig in *Der Name der Rose* einfließt. Fast jeder Punkt seiner Ideen von Verkauf- und Gewinnmaximierung findet seine Entsprechung in der Erzählhaltung und im Stil, im Aufbau der Kapitel und in der Strategie der Leserführung. Wir wollen nicht so weit gehen, anzunehmen, daß *Der Name der Rose* eine literarische Umsetzung der Werbesemiotik ist, auch wollen wir nicht diskutieren, was bewußt und was unbewußt eingeflossen ist. Wir wollen nur nicht vergessen, daß der Autor der Semiotik und der von *Der Name der Rose* derselbe Mann sind, und wollen aufzeigen, daß es da einige bemerkenswerte Parallelen gibt.

In seinem Buch *Nachschrift zum Namen der Rose* läßt sich der Chef-Semiotiker über die Schulter blicken - zumindest gibt er das vor. In geselligem Plauderton berichtet er von seiner Planung und von der Entstehung des Romans, erzählt hier mal ein Anekdötchen und erwähnt dort mal eine Prägung, um dann letztlich doch kaum etwas zu verraten.

Die geheimen Verführer, die Eco allen Gesetzen der Marktwirtschaft, aber auch denen der Literatur-Ästhetik gemäß in seinen Roman verankert hat, sollen hier aus diesen Gründen etwas näher besehen werden. Rückbezüge auf seine Semiotik und auf die *Nachschrift* sind hierbei nicht nur unvermeidlich, es soll auch durchaus darum gehen, zwischen ihnen Brücken zu schlagen, indem das Unausgesprochene ausgesprochen wird.

II

Werfen wir zunächst einen Blick auf Ecos Theorie der Werbesemiotik, die hier fast gänzlich über Rhetorik definiert ist:

Die Semiotik, so Eco, ist die Lehre von der Welt des Signals. Die Zeichen, die Symbole und die Signale der Welt, und vor allem deren dichtes Miteinander, sprechen eine Sprache. Die Zeichen (und ihr Miteinander) vermitteln mannigfaltige Botschaften, Codes genannt: ästhetische, persuasive, werbende ... und viele andere, um die es hier nicht gehen soll. Die persuasive, also die in Versuchung führende Botschaft, ist die Rhetorik. Auf die sogenannte apodiktische Rede, die durch strengste logisch-inhaltliche Grundvoraussetzungen und ebenso strenge Techniken der Schlußfolgerung definiert ist, folgt die sogenannte dialektische Rede, die mit Wahrscheinlichkeiten und weniger strengen formalen Voraussetzungen arbeitet. Die rhetorische Rede geht ebenfalls von Wahrscheinlichem aus, arbeitet aber mit ihren Schlußfolgerungsmöglichkeiten (Syllogismen und Enthymema) mehr auf emotionale als auf rationale Zustimmung hin. Die Rhetorik nämlich, die Kunst der Persuasion, das verbale Instrument, in Versuchung zu führen, ist nur bedingt ein Instrument der Wahrheitsfindung. Vielmehr bedient sie sich ihrer Mittel und Möglichkeiten (vom Überzeugen bis hin zur Täuschung) mit dem Ziel, aktuell erfolgreich zu sein. Hierbei ist die Rhetorik sowohl informativ, sie vermittelt also Erkenntnisse, als auch redundant, d.h. daß sie sich auf Bekanntes beruft und damit argumentiert. So muß man die Rhetorik als zweigeteilt betrachten: Als "generative Technik" strebt sie gemäßigte Dialektik zwischen Information und Redundanz an, als Fundus der Argumentationstechnik bedient sie sich codifizierter Lösungen (gesunder Menschenverstand, Volksempfinden, Sprichwörter, Vorurteile,...).

Ein Beispiel für die typische Argumentationsweise der Fundus-Rhetorik könnte sein: "X soll X bleiben, weil es schon immer so war." Die generative Rhetorik würde vielmehr folgendermaßen Beweis führen: "X soll X bleiben, weil im Rahmen der gegebenen Umstände die Faktoren a, b und c darauf hinweisen, daß X besser vorerst noch X bleibt."

Die generative Rhetorik ist bereichernd und hat eine effektive Wirkung, die Fundus-Rhetorik bietet keine Einsicht und ist eher vertröstend. Sie bezieht sich auf Altbekanntes und bestätigt Erwartungshaltungen, wo die generative Rhetorik überzeugen will, indem sie ebendiese Erwartungshaltungen zum Umkippen zu bringen sucht.

III

Die Eco'sche Theorie der Werbesemiotik/Rhetorik wurde von ihm selbst um eine literarische Parallele bereichert, als der Semiotiker die (Erfolgs-)Planung und den "überraschenden" Erfolg seines Bestsellers *Der Name der Rose* in der oben erwähnten *Nachschrift* analysierte. (Der Erfolg war überraschend, weil das Buch umfangreich, überdurchschnittlich schwierig und nicht billig ist.) Leider unterließ es der Semiotiker, die semiotischen Brücken zwischen *Der Name der Rose* und der *Nachschrift* zu schlagen; die literarische Parallelisierung schlummerte gewissermaßen im Halbschatten.

Dennoch: Die Persuasion (zu kaufen/zu lesen/weiterzulesen), die der Maestro in seinen Roman eingebaut hat, könnte man allemal als literaturstrategische Pendants zu seiner Idee vom Werben betrachten.

Im folgenden wollen wir also einen etwas genaueren Blick auf die *Nachschrift* werfen; verwoben damit werden sich die Verfasser dieser Zeilen einige Parallelisierungen zur Eco'schen Werberhetorik erlauben.

Wir werden die einzelnen Kapitel der *Nachschrift* in der Reihenfolge des Buches und auch mit ihren Original-Überschriften durchgehen. Unsere gedankliche Haltung sollte dabei die folgende sein: "Wenn das literarische Buch eine Ware ist, dann sind Erzählhaltung, Aufbau, Stil und Technik wesentliche Teile/Aspekte der Kaufmotivierung."

Titel und Sinn   Wo jede Herrlichkeit zerfließt, so Eco, bleiben nur noch nackte Namen. Ein Roman braucht einen Namen, dieser "Titel" aber ist schon ein Schlüssel zum Sinn. Eco hält suggestive Titel *(Krieg und Frieden)*, aber auch die Verwendung des Namen des Helden *(David Copperfield)* für ungebührliche, weil interpretationslenkende Einmischungen seitens der Autoren.

Der Name der Rose sollte ursprünglich "Die Abtei des Verbrechens" heißen, was Eco aber verwarf, um nicht die Käufer von Reißern anzusprechen. Die Rose hingegen ist ein Symbol mit so vielen Bedeutungen, daß sie keine symbolische Bedeutung mehr hat. So wird der Leser in alle möglichen (also in keine) Richtung(en) gelenkt.

Aufgrund seiner individuellen Leseart entdeckt der Leser in jedem Buch Sinnzusammenhänge, die der Autor nicht bedacht hat. Der Leser ist insofern Mit-Produzent des Textes, da jeder Text Sinnverbindungen, Eigenbewegungen und mehrfache inhaltliche Vernetzungen beinhaltet, die der Autor bestenfalls annähernd im Griff hat, der Leser jedoch, je nach Leseart, in unterschiedlichen Formen und Tiefen erkennen kann. Als Bekenntnis zu dieser Vielfalt der Symboliken und ihrem dynamischen Reigen nannte Eco den Roman *Der Name der Rose.*

Auch der Name eines Produktes ist eine Vorinformation zum Inhalt. Und trotzdem ist der Name einer Ware keineswegs immer darauf ausgerichtet, über den Inhalt objektiv zu informieren. Vielmehr sind die (nicht zufällige) Vagheit des Namens, die klangliche und die assoziative Qualität wichtigere und häufiger benutzte Instrumente im Dienst der Persuasion. Wozu den Konsumenten wirklich informieren, wo ihm doch Vagheit als Leinwand seiner Wunschprojektionen ausreicht?

Umberto Eco, il maestro, wurde 1932 in Alessandria (Piemont) geboren und war bereits 22 Jahre später Doktor der Philosophie. Er arbeitete für das italienische Fernsehen, schrieb Artikel für Fachzeitschriften und betreute ab 1959 die philosophisch-soziologisch-semiotische Schriftenreihe des Verlags Bompiani. Dozentur für Ästhetik ab 1962, Professur für visuelle Kommunikation ab 1966, Generalsekretär der International Association of Semiotic Studies ab 1969, Lehrstuhl als Professor der Semiotik an der Universität von Bologna seit 1975. Parallel zu dieser Entwicklung: Mitbegründung diverser Zeitschriften, Mitarbeit an grossen Wochenblättern der Welt und zahlreiche Vorlesungen und Gastdozenturen im Ausland.
Internationale Beachtung fanden vor allem seine Bücher *Das offene Kunstwerk, Einführung in die Semiotik* und sein erster und (bisher) einziger Roman - *Der Name der Rose.* Unser bibliographischer Anhang enthält eine Zusammenstellung der wichtigsten Publikationen Ecos.

Geheime Zeichen: Valentina Vargas, Annaud und Eco

Den Arbeitsprozeß erzählen Was ist die oft erwähnte "poetische Wirkung"? Und: Wie erzielt man sie? Ein Text ist literarisch, d.h. er hat poetische Wirkung, wenn er bei jedem Lesen neue Lesearten und weitere Sinnzusammenhänge erzeugt, ohne sich je ganz zu verbrauchen. Dazu kommt, daß ein Stoff/Text zwar ganz eigene Gesetze hat, gleichzeitig aber die Last eingeflossener Kulturen mitschleppt. Jedes einzelne Wort, jede Redewendung ist schon in unzähligen anderen Zusammenhängen benutzt worden und verfügt somit über eine Fülle kaum kontrollierbarer Assoziationsmöglichkeiten. Der Autor muß tunlichst beides im Auge haben und nach allen Regeln der Erkenntnis des Verfahrens und der Wirkung des Werkes vorgehen.

Was diese wechselseitige Abhängigkeit zwischen eigener Gesetzmäßigkeit und von außen eingebrachter Kultur angeht, ist zu bemerken, daß jede Ware sinnvollerweise mit Blick auf die aktuellen Produktionsmöglichkeiten und den potentiellen Markt hergestellt wird. Den (unbekannten) Kunden, seine bisherigen Markterfahrungen und Produktvorstellungen zumindest annähernd einschätzen zu können, ist dabei unerläßlich, denn: Dieser potentielle Markt wiederum ist die Addition individueller Individuen, deren Wünsche, Bedürfnisse, Vorstellungen, Projektionen etc. Die Ware ist also einerseits das, was sie tatsächlich ist. Andererseits ist sie bis zu einem sehr hohen Grade auch das, was zu sein man von ihr erwartet.

Die Wirkung des Werkes verhält sich zum Buch wie "das Versprechen von Ware" sich zur Ware verhält.

Natürlich, das Mittelalter Der Mensch ist ein erzählendes Wesen ("animal fabulator").

Eco schrieb *Der Name der Rose*, weil er Lust hatte, einen Mönch zu ermorden, am liebsten mit Gift. (Auch hier ein kleines Bekenntnis Meister Ecos zu seiner aristotelischen Prägung: Aristoteles "Katharsis"-Theorie geht davon aus, daß der Künstler beim Erarbeiten seiner Kunst sich freimacht von Ängsten, verbotenen Wünschen und bedrückenden Gedanken.) Die Geschichte ist nicht nur im Mittelalter angesiedelt, weil diese Epoche Ecos tägliches Imaginarium ist, und er sich entsprechend frei darin bewegen kann. Der Grund ist vielmehr, daß mittelalterliche Symbole, Signale, Mythen etc. sich in der Architektur, aber auch im Volksempfinden mystisch erhalten haben.

Die Vergangenheit, die Alten sind auch in der Werbung ein beliebtes Feld, da sie reichhaltig und zumeist positiv mit Assoziationen besetzt sind: Das Alte gilt meist als natürliche Autorität, die sich durch Beständigkeit, Kontinuität und Wertdauer bewiesen hat. Die Tatsache, daß Cäsar und die Bibel die am häufigsten benutzten Quellen für Werbeslogans sind ("Ich kam, sah und kaufte X", "Am Anfang war die Maßkonfektion von Y") möge hierfür als Beispiel dienen. Aber auch der gegenwärtige Müesli-Boom und die Rohkost-Mode im Rahmen der ökologischen Weltsicht ("reviens a la nature") gehen in dieselbe Richtung.

Die Maske Eco nahm sich den mittelalterlichen Chronisten als Maske, denn - als Erzähler Debutant - konnte er auf diese Weise so schreiben wie man zur Zeit des Chronisten hätte anheben können. Der maestro machte also aus der Not eine ganz besondere Tugend, indem er seine Ermangelung flüssigen Gegenwartsstils durch den Einsatz des ihm viel besser bekannten mittelalterlichen Stils nicht nur wettmachte, sondern auch zu einem zusätzlichen Reiz ausbaute. (In diesem Zusammenhang sei auch die Lektüre der Kapitel *Zitatenzauber* und *Natürlich, ein altes Manuskript* empfohlen.)

Und: Gemäß dem Prinzip, daß Bücher immer andere Bücher mitbeinhalten ("Das Echo der Intertexualität"), verpackte unser Autor seine Geschichte in eine Rahmenhandlung (die wiedergefundene Handschrift). Jenes Echo der Intertextualität ist in *Der Name der Rose* als komplexes Zitatensystem in eine Binnenhandlung (den Inhalt der Handschrift) gepackt.

Ganz so wie Bücher andere Bücher enthalten, ist jede Ware eine Imitation, Modifikation und Renovation anderer Waren. Aus dem merkantilen Schicksal früherer verwandter oder artgleicher Artikel wird per Marktanalyse auf die (annähernd) ideale Beschaffenheit "neuer" Artikel oder vielmehr: ihrer Darbietungsform schlußgefolgert, die Ware entsprechend gestaltet und beworben. Hierbei kommt es sehr auf die Verpackung an. Bis zu einem hohen Grad kauft man nicht eigentlich die Ware selbst, sondern das, was ihre Verpackung verspricht. Wo die Namengebung/Betitelung einer Verpackung so nahe ist, kommt Ecos Spiel mit Rahmen- und Binnenhandlung einer inneren, immanenten Verpackung (als zusätzliche Verlockung, als weiteres Versprechen von Ware) gleich.

Der kosmologische Akt Das Schreiben eines Romans, so Eco, ist ein der Genesis verwandter kosmologischer Akt. Geschaffen werden muß eine Welt - bis hin zum kleinsten Detail. Schon das Ausstaffieren dieser Welt an und für sich ergibt den Ansatz mindestens einer Geschichte. Diejenige Geschichte, für die sich der Autor dann entscheidet, diktiert in hohem Maße die Wahl des Stils. All dies erfolgt naturgemäß mit Blick auf den idealen Leser, der in *Den Leser schaffen* noch Erwähnung finden wird.

Doch sogar um innerhalb dieser einigermaßen engen Grenzen verhältnismäßig frei fabulieren zu können, muß man sich Grenzen auferlegen. Denn auch erdachte/mögliche Welten funktionieren nach bestimmten Gesetzmäßigkeiten und Regelsystemen. Die geschaffene/erdachte Realität diktiert sehr vieles von der Handlung. Der Erzähler, der seine Aufgabe ernst nimmt, ist ein Gefangener dieser selbstgeschaffenen Bedingungen.

Genauso ist es auf dem Weltmarkt. Die Produktionsmöglichkeiten und -bedingungen wählen sich ihr Produkt und dessen Käufer; der Käufer und sein Kauf bzw. Nicht-Kauf diktieren den Fortbestand und die Weiterentwicklung der Ware, undsoweiterundsofort, wobei viele juristische und merkantile, aber auch produktionstechnische Regeln sich dem Produzenten von selbst auferlegen. Die Wahl der zu produzierenden Ware ist nur eine Grundrichtung; was den Rest betrifft, ist der Produzent der Gefangene der von dieser Grundrichtung diktierten Bedingungen.

Wer spricht? Die Mittelalterlichkeit stellte, was die Dialoge betrifft, ein Problem dar. Wer sprach wann, und wie sprach er dann? Eco orientierte sich am "poetischen Usus und dem arienbezogenen Rezitativ" des Mittelalters. In dieser Sprache ließ er dann den Greis Adson die Erlebnisse des Jünglings Adson erzählen. Dieser strategische Griff ermöglicht ihm, beide erzählen zu lassen: Der Alte beschreibt so manches, ohne es zu begreifen, und macht es gerade damit dem Leser begreiflich, nämlich das Erzählte wie auch des Greises Adson Nichtverstehen des Erzählten. So entsteht Lesbarkeit auch für den, den Eco den "naiven Leser" nennt: Das Wenigverständliche wird, indem es erzählt wird, verständlich gemacht. Mehr noch: Der Naive kann, sich mit dem Erzähler identifizierend, das eigene Nichtverstehen entschuldigen. Augenzwinkernd macht sich Eco seinen Leser zum Freund, indem er ihm alles erklärt und so tut, als habe er sein Nicht-Verstehen nicht bemerkt.

Die Vagheit, die Doppel- und Mehrdeutigkeit der Werbesprache haben einen ganz ähnlichen Effekt aufzuweisen. Einerlei, welchen Sinnzusammenhang der Rezipient erfaßt, zum einen ist es immer ein Kompliment an ihn, (dafür daß er verstanden hat), zum anderen wird immer etwas Positives, Lobendes über die Ware ausgesagt. Das Kompliment für den Rezipienten der Werbung und das Kompliment für die beworbene Ware sind somit (im Bewußtsein des Rezipienten) sehr nahe beieinander; die Identifikation ist groß. Der Konsument als vermeintlicher Gedankenkomplize wird zum Bestandteil des potentiellen Zielpublikums.

Die Paralipse Eco beschreibt in *Der Name der Rose* eine komplexe Welt, die der Vergangenheit angehört und über die viele Leute nur wenig wissen, die meisten eigentlich kaum etwas. Trotzdem wurde das Buch von vielen gelesen, die derartige Literatur sonst nicht konsumieren. Das liegt großenteils an einer rhetorischen Technik in Ecos Erzählstil hinter Adson als Erzähler: Er teilt dem historisch weniger gebildeten Leser alles zum Verständnis Wichtige mit, indem er "paraliptisch" erzählt.

Die Paralipse, eine der 1121 rhetorischen Figuren, hat folgende Funktionsweise: Man sagt oder schreibt, man wolle von etwas ganz Bestimmtem gar nicht erst anfangen zu sprechen/schreiben, womit schon längst der Anfang gemacht ist, der dann - meist in aller Breite - fortgesetzt wird. (Die Paralipse findet sehr häufige Verwendung in der Sprache der Politik.)

Dem Leser fällt in aller Regel nicht auf, daß eine Paralipse verwendet wurde, denn verkürzte Formen dieser rhetorischen Figur sind in der Alltags- und Umgangssprache nicht selten, und der gebräuchliche sprachliche Gestus ist eben unauffällig, weil so gebräuchlich. (Gemeint sind Redewendungen wie "ganz zu schweigen von ...") Fällt dem Leser doch auf, daß da von etwas gesprochen wird, wovon nicht sprechen zu wollen vorgegeben war, hat er meist Grund, eben dafür dankbar zu sein. Diese in den interdisziplinären Wissenschaften häufig verwendete Variante der Paralipse macht sich der Wissenschaftler Eco freilich auch gekonnt zunutze. (So wird der längst schon sympathisch gestimmte

Mitte der sechziger Jahre schrieb Umberto Eco eine Abhandlung über den Agenten 007 - Bond hätte die Mordfälle anders gelöst

Leser nach und nach zum Gedankenkomplizen gemacht. Bemerkt er es, so wächst seine Identifikation noch zusätzlich. Bemerkt er es nicht, so kann er mit allem nötigen Wissen weiterlesen, weiterhin Beute des Textes sein!)

Die Rhetorik der Werbung benutzt nicht nur die Paralipse gern: "Daß XYZ diese und jene Vorteile bietet, weiß jeder. Aber wußten Sie auch, ...". Sie kennt und nutzt auch zwei weitere Figuren aus der Schatztruhe, die der Paralipse sehr nahe stehen. Die eine heißt "reduplicatio per explicationem", was man frei übersetzen könnte mit "Verdoppelung durch Hervorhebung": "Seien Sie versichert, ...", "Wir bieten Ihnen ...", "Versprochen ist versprochen" betonen nur zusätzlich, was ohnehin schon in der Werbebotschaft steckt - und geben ihr gerade dadurch Gewicht und Gewichtigkeit. Die andere rhetorische Figur heißt "comparatio obscuritas", was soviel bedeutet wie "versteckter Vergleich": Wo der direkte Vergleich mit Konkurrenzprodukten untersagt ist, bedient man sich des verdeckten/versteckten: "XYZ - Über jeden Vergleich erhaben!" oder "ABC - Kennen Sie etwas Besseres?"

Den Leser schaffen (Ganz schön doppeldeutig, nicht wahr?) Wer schreibt, denkt an den Leser. Ein Autor kann sich an einem "empirisch vorhandenen Publikum" orientieren - oder sich mittels Text seinen idealen Leser schaffen und hoffen, daß sein Buch möglichst viele Vertreter des von ihm gewünschten Lesertyps findet.

Der Unterschied liegt zwischen dem marktgerechten, formelhaften Schreiben der Schema-Literatur (die sich nach vorangegangener Analyse des Marktes selbigem anpaßt, auf ihn zuschreibt), und - als Gegenpol - dem Planen und Realsieren von Neuem, mit der Überraschung des Neuartigen Überzeugendem: Die Suche nach dem eigenen idealen Leser heißt, dem Zeitgeist auf die Schliche kommen und ihm die verbale Gestalt zu geben, die dem Leser zeigt, daß er genau das wollte, ohne es zu wissen. (Vielleicht ist das *der* Unterschied überhaupt zwischen trivialer und ernster Literatur?)

Eco hatte sich den Lesertypus "Gedankenkomplizen" gewünscht (der weiter oben in anderem, aber wohlverwandtem Zusammenhang schon erwähnt wurde). Und um diesen Typus zahlreich vorzufinden, entschied sich der Meister für das metaphysischste Muster, das die Literatur bereithält: Das Krimi-Muster.

Das Einfangen von Zeitgeist ist genau das, was die Produktgestaltung will.

Das Eingefangenhaben von Zeitgeist ist das, was die Produktwerbung suggerieren will. Der Produzent und sein Werber leben in erster Linie vom Schaffen neuer Bedürfnisse nach neuen Waren. Und was den oben erwähnten Gedankenkomplizen betrifft, erinnern wir uns daran, wie oft Werbung von Leitbildern ("Wer die Welt kennt,...", "Die Frau von heute ...", "Der Mann von Welt ...") Gebrauch macht. Vorgegebene Geistesverwandtschaft dient hier als Träger der Identifikation, die Identifikation als Träger der Persuasion.

Die Metaphysik des Kriminalromans *Der Name der Rose* beginnt wie ein Krimi, fährt fort wie ein Krimi - und ist doch keiner: Kaum etwas wird aufgeklärt, der

"Detektiv" scheitert. Krimis gefallen, meint Eco, und zwar weil sie Abenteuer der Mutmaßung, Wagnisse von Hypothesen sind. Das ist auch der Grund, warum der Haupterzählstrang des Romans in soviele Nebenstränge verfällt:

Die Struktur der Vermutungen und Hypothesen wird bereichert und vertieft, die Vernetzungsmöglichkeiten verdichten sich. Auch erkennt der Leser als Konsument recht bald, daß er hier gleich mehrere Geschichten hat.

Wieder kommen wir zu dem Punkt, daß die Verpackung den Inhalt macht, indem sie ein Versprechen von Ware ist - aber hier nur sekundär; primär gilt: Das Abenteuer der Mutmaßung ist ein wesentlicher Kaufreiz der Ware Buch. Der Käufer/Leser läßt sich auf ein Spiel ein, in das er psychodynamisch miteinbezogen sein will - auf der Suche nach seiner (stillen, weil zeugenlosen) Bestätigung. Ob sich der Kauf, also das Spiel, gelohnt hat, wird sich später herausstellen. So ist auch der Kauf und das Erproben eines Artikel so etwas wie ein Spiel mit dem Wagnis der Hypothese: Inwieweit decken sich die eigenen Vorstellungen und die durch das Versprechen von Ware geweckten Wünsche und Hoffnungen mit der tatsächlichen Ware?

Die Tatsache, daß Eco seinen Erzählstrang in mehrere zerlegt, vor allem aber seine Erläuterung, dadurch dem Leser als Konsumenten mehr zu bieten, ist einem beliebten Marktschrei der Werbung ähnlich: "Mehr fürs gleiche Geld." Eco würde das freilich vornehmer ausdrücken, etwa: "Mein Labyrinth ist komplizierter als das der Konkurrenz."

Die Unterhaltung Eco wollte unterhalten. Und gemäß Eco will jede Literatur unterhalten, der Unterschied zwischen ernster und flacher Literatur liegt in der Art der gebotenen Unterhaltung. Da der moderne Roman sich vom "plot", von der Handlung und ihren Besonderheiten entfernt hat und stattdessen stilistisch zu ergötzen sucht, sah Eco hier seine Chance, gerade durch den "plot" zu becircen. Denn: Alles, was irgendwann einmal inakzeptabel geworden ist, kann als "neues" köstliches Vergnügen wiederentdeckt werden.

Der Reiz von Waren, vor allem aber der Reiz von solchen Waren, die nicht existentiell notwendig, sondern vornehmlich Freizeit- und Luxus-Artikel sind, liegt in erster Linie in den "eskapistischen" Möglichkeiten, die sie bieten, Möglichkeiten, der Normalität und Banalität des Alltags und/oder eigenen Problemen zu entfliehen. Hierzu ist - im Falle der Ware Buch - eine fesselnde Handlung eher geeignet als eine Aneinanderreihung stilistischer Eigentümlichkeiten. Eine so präzise ausstaffierte Parallelrealität wie die in *Der Name der Rose*, ist ein nachgerade idealer Boden für Ablenkung und Zerstreuung von den kleinen Beleidigungen des täglichen Lebens und dem großen Druck der Probleme.

Die "neue" Freude am kürzlich noch Inakzeptablen erinnert wiederum an das Wechseln des Konsumverhaltens im Wandel der Zeiten und ihrer Sitten. Zuckerrübensirup und Weizenkleie, wegen ihrer Assoziation mit der Ernährung während der Kriegsjahre in Deutschland fast 30 Jahre lang vom Markt verdrängt, gelten inzwischen wieder als nicht nur äußerst gesund, sondern auch als überaus wohlschmeckend.

Postmodernismus, Ironie und Vergnügen Eco betont, daß ein Buch immer aus anderen Büchern bestehe, daß Autoren - bewußt und unbewußt - Handlungen, Situationen und Problematiken aus Gelesenem in ihre Bücher einfließen lassen. So hat der maestro seinen Roman bewußt aus Zitaten und Zitateszitaten aus der Weltliteratur komponiert. (siehe Kapitel *Zitatenzauber*)

Auf dem Weltmarkt existiert ein fast vollautomatischer Verfeinerungs- und Verbesserungsmechanismus; aufgrund von Miteinbezug von Erfahrungen aus der Vergangenheit wird jede Ware ständig modifiziert. Wird sie nicht modifiziert, so nur, weil die letzte Modifikation noch marktkräftig genug scheint ("Null-Modifikation").

So wie der Sprachstil einer Epoche von vorneherein und unweigerlich Teil des individuellen Stils jedes Autors dieser Epoche ist, so sind auch das Wissen und die Technologie unserer Zeit prägende Voraussetzungen für die Form gegenwärtiger Waren.

Der historische Roman Eco antwortet auf die ihm häufig gestellte Frage, womit er sich in seinem Roman am meisten identifiziere: "Mit den Adverbien". Er fügt hinzu, daß dies selbstverständlich sei, schließlich tue das jeder Autor. Für die Form des historischen Romans entschied er sich, "weil das Mittelalter unsere Kindheit ist", und weil das, was fiktive Personen in der Vergangenheit sagen können, sagbar bleibt.

Die Werbesprache versucht Adverbien bis zu einem gewissen Grad zu vermeiden, um nicht marktschreierisch zu wirken. Trotzdem aber bleibt die mit anderen Mitteln durchgeführte Beschreibung von Eigenschaften einer Ware eine wesentliche Aufgabe der Werbung. Das Mittelalter als "unsere Kindheit" erinnert daran, wie häufig die Werbung an mystisches und archetypisches Denken/Gedankengut appelliert. Und daß Eco bemüht gewesen ist, Zitate in Komposition zu bringen, die im Mittelalter genauso gültig waren wie heute und - wie er hofft - auch in der Zukunft, kommt dem großen Wunschtraum der Industrie, der Aktualität der Ware, sehr nahe.

IV

Behalten wir oben angeführte Punkte im Auge und besehen wir folgende Worte von Umberto Eco: "... ich wollte, mit allen Kräften, daß ein Leser Gestalt annähme, der nach überstandener Initiation meine Beute würde, bzw. die Beute des Textes, und dann nichts anderes mehr zu verlangen glaubte als das, was der Text ihm bot."

So wird offensichtlich, warum man davon ausgehen sollte, daß auch das literarische Buch eine Ware ist, und zwar eine solche, bei der Haltung und Aufbau, Stil und Rhetorik die Hauptstimulatoren des Kaufreizes sind.

V

P.S. Merkwürdig, wie wenig Eco geneigt ist, sein Werberhetorik-Modell in die Nachschrift einzubringen. Vielleicht ist der Grund für die Unterlassung, daß er sich dann loben müßte, semiotische Grundlagen als Mittel der Persuasion so gekonnt in seinen Roman eingebracht zuhaben? Und: Er braucht es ja gar nicht zu tun, denn wir tun es ja bereits für ihn:

P.P.S. Die Strategie des Romans ist, ganz im Eco'schen Sinne, generativ-rhetorisch. Die Figuren sind nicht einem bereits existierenden Fundus codifizierter Lösungen entnommen. Sie bedienen sich zwar teilweise des Altbekannten, jedoch nur, um es in neue Zusammenhänge zu bringen. Ansonsten streben die Figuren mithilfe wechselwirkender Überraschungen und überraschender Wechselwirkungen das Vermitteln von Erkenntnissen an - bis sie innerhalb dieses großen Labyrinths zum Schlüssel für diesen Schlüsselroman werden..

Rhetorik ist hier durchaus das Zum-Umkippen-Bringen von Erwartungshaltungen.

Abschied vom Namen der Rose. Das Kloster ist abgebrannt, Adson und William reiten davon. Anders als im Roman - wo der Inquisitor Bernard Gui die Gefangenen mit sich nach Avignon nimmt - werden sie im Film auf den Scheiterhaufen geschleppt. Nur das Mädchen aus dem Dorf wird von den Bauern gerettet und erwartet Adson am Wegesrand.
Sie hat als einzige keinen Namen. Und doch weist vieles darauf hin, daß sie die Rose ist. "Die Rose von einst steht nur noch als Name" zitiert Eco, "uns bleiben nur nackte Namen."

MITWIRKENDE UND MITWERKENDE

Besetzung

(in der Reihenfolge des Auftretens)

William von Baskerville
Sean Connery

Adson von Melk
Christian Slater

Remigius von Varagine
Helmut Qualtinger

Severinus
Elya Baskin

Der Abt
Michael Lonsdale

Malachias
Volker Prechtel

Jorge von Burgos
Feodor Chaliapin, jr.

Ubertin von Casale
William Hickey

Berengar
Michael Habeck

Venantius
Urs Althaus

Das Mädchen
Valentina Vargas

Salvatore
Ron Perlman

Michael von Cesena
Leopoldo Trieste

Jerome von Kaffa
Franco Valobra

Hugh of Newcastle
Vernon Dobtcheff

Pietro d´Assisi
Donald O´Brian

Cuthbert of Winchester
Andrew Birkin

Bernardo Gui
F. Murray Abraham

Kardinal Bertrand
Lucien Bodard

Jean d'Anneaux
Peter Berling

Bischof von Alborea
Pete Lancaster

Originalstimme Adsons
als alter Mann
Dwight Weist

Mönche:
Franco Adducci, Niko Brü-
cher, Aristide Caporali,
Fabio Carfora, Peter Clös,
Mario Diano, Fabrizio
Fontana, Rolando Fucili,
Valerio Isidori, Luigi Leo-
ne, Armando Marra,

Maurizio Mauri, Ludger Pi-
stor, Francesco Scali, Ma-
ria Tedeschi, Andrea Tilli

Schweinehirten:
Ennio Lollainni, Emil
Feist, Francesco Maselli,
Renato Nebolini

Bauern:
Antonio Cetta, Franco
Covielleo, Daniele Ferre-
tti, Sabatino Gennardo,
Luciano Invidia, Mauro
Leoni, Massimiliano
Scarpa, Umberto Zuanelli

Jorges Novize
Mark Bellinghaus

Novizen:
David Furtwängler, Pat-
rick Kreuzer, Kim Rossi
Stewart

Adelmo
Lars Bodin-Jorgensen

Päpstliche Gesandte:
Franco Diogene, Gi-
ordano Falzoni, Eckehard
Koch, Gina Poli, Gianni
Rizzo, Lothar Schön-
brodt, Vittorio Zarfati

Päpstlicher Soldat
Carlo Bianchino

Soldaten der Inquisition:
Eugenio Bonardi,
Piero Ceccarelli, Franco
Marino, Hans Schödel

Nero
Peter Welz

Henker
Alberto Capone

Produzent
Bernd Eichinger

Regie
Jean-Jacques Annaud

Ausführender Produzent
Thomas Schühly

Co-Produzent
Franco Cristaldi

Assoziierte Produzenten:
Pierre Hebey, Herman
Weigel

Kamera
Tonino Delli Colli

Filmarchitekt
Dante Ferretti

Kostüme
Gabriella Pescucci

Herausgeber
Jane Seitz

Produktionsausführung
Anna Gross

Produktionsüberwachung
Gerald Morin

Assistent des Regisseurs,
Script-Koordination und
Story-Board-Überwachung
Laurence Duval-Annaud

Musik
James Horner

Drehbuch
Gerard Brach, Howard
Franklin, Andrew Birkin,
Jean-Jacques Annaud

nach einem Roman von
Umberto Eco

1. Regieassistenten:
Gianni Arduini, Victor Tourjansky

Script-Beratung/Dialog-Regie:
Christopher Cruise

Assistenten des Produzenten:
Marianne Munichhausen, Daniela
Edelburg

Ausstattung: Francesca Lo Schiavo

1. Kameraführung:
Giovanni Fiore Coltellacci

Spezialeffekt-Überwachung:
Adriano Pischiutta

Chef-Maskenbildner: Hasso v. Hugo

Requisite: Gianni Fiumi

Kostüm-Assistenz: Esther Walz

Tonmischung: Milan Bor

Fachberatung:

Geschichte: Jacques Le Goff

Religion: Padre Angelo Arpa

Requisiten: Francoise Piponnier

Manuskripte: Francois Avril

Architektur: Jean-Claude Bonne

Gesten: Jean-Claude Schmitt

Liturgie: Pere Desbonnet

Zeitgenössische Verhaltensweisen:
Daniele Alexandre-Bidon

Heraldik: Michel Pastoureau

Storyboard-Zeichner: Norbert Iborra

Storyline-Beratung: Michel Lebrun

Dialog-Beratung: Christopher Doherty
Englische Übersetzungen:
John Brownjohn

2. Kameraführung:
Antonio Scaramuzza

Schärfenzieher: Marco Sperdutti,
Vasco Benucci, Guido Tosi

Chefbeleuchter: Romano Mancini

Bühnenmeister: Alberto Emidi

Standfotos: Mario Tursi

Direktton: Frank Jahn

Tonassistenz: Raymond Meyer,
Günther Ruckdeschel

Produktionsleitung (Italien):
Franco Coduti

Aufnahmeleitung: Kirsten Hager,
Jürgen Kussatz, Wulf E. Hoffer,
Marco Giannoni

Produktionsleitung (Endfertigung):
Ike Werk, Jürgen Bieske-Feddern

Endfertigung: Bavaria-Studios,
Munich

Besetzung USA: Lynn Stalmaster &
Associates

Besetzung Deutschland: Sabine
Schroth

Besetzung Italien: Gianni Arduini

Besetzung Großbritannien:
Celestia Fox

2. Regieassistenz: Knuth Winkler,
Margôt Rothkirsch

Regieassistenz: Stefano Eco, Andrea
Marrari, Pierpaulo Trezzini, Laura
Petrella-Elek

Scriptgirl: Francoise Perrot

Bauten: Giorgio Giovannini, Rainer
Schaper

Requisiten-Beschaffung:
Bruno Tempera
Bauten-Assistenz: Nazzareno Piana,
Gabriele Binder, Susanna Giovannini

Ausstattungsassistenz:
Franco Ceraolo

Manuskript-Illuminatoren:
Roberto Caracciolo, Renato
Carmelini

Requisitenassistenz: Aldo de Bonis,
Thomas Röhrig

Konstruktionen: Luigi Sergianni,
Jolando Rocchetti, Clausing&Wrede,
Michael Schlüssel

Spezialeffekt-Technik:
Giancarlo Mancini

Maskenbildner: Hans-Jürgen
Schmelzle, Gerhard Reitinger,
Margrit Guthmann, Frederike Reimer

Maskenbildner (Spezialeffekte):
Maurizio Silvi, Klaus Boernert,
Renato Francola

Mr. Connerys Maskenbildner:
Iona Herman

Garderobenmeister: Alberto Spiazzi

Garderobe: Carlo Poggioli, Silvia
Grabowski, Eveline Stoesser, Kurt
Schoenwälder, Adriana Masseroni

Näherin: Angela Anzimani

Tonschnitt: Norbert Herzner

Dialogschnitt: Evi Claudius

Geräusch-Schnitt:
Friedrich M. Dosch

Musik-Schnitt: Bob Hathaway

Zusätzlicher Dialogschnitt:
Illo Endrulat, Monika Bergmann

1. Schnitt-Assistent: Nani Schumann

2. Schnitt-Assistent : Andreas
Althoff

Tonschnitt-Assistenz: Evelyn Lukas

Dialogschnitt-Assistenz: Claudia Geh-
ring, John A. Williams

Musikschnitt-Assistenz: Rainer Stand-
ke

Schnitt-Assistenz (Italien): Loretta
Mattioli

Geräusche: Heiner Harss,
Mel Kutbay

Negativ-Schnitt: Margarethe Bercht-
old

Farbbestimmung: Rudolf Ibelher,
Carlo La Bella

Tonmischungsassistenz:
Christian Schubert

A.D.R.-Mischung: Werner Böhm

A.D.R.-Mischungsassistenz: Willy
Leitensstorfer

Geräusch-Mischung: Heinz Dittlein

Musik-Mischung: Ulrich Ullmann

Synthesizer-Programming: Ian
Underwood

Musik-Toningenieur: Harry Schnitzler

Chorleiter: Kurt Rieth

Historische Musikinstrumente: Kurt
Reichmann

Dolby-Beratung: John Allis

Stunt-Koordination: Sergio Mioni

Beleuchter: Aldo Galigani, Piero
Quaglietti, Giorgio Palermi, Franco
Caporale, Wolfgang Dell

Bühne: Cesare Emidi, Umberto
Dessena, Bruno Colanzi, Eraldo
Barbona, Günter Bauer, Richard
Lindl
Beleuchter (Special Effects)
Ignazio Maccarone

Stromversorgung: Umberto Leurini,
Marco di Salvo, Vittorio Contino

Dekorationsmaler: Fernando Fortunati, Alfonso Fortunati, Mario Cinti

Bildhauer: Filomeno Crisara

Verputzer: Tito Sereni, Alberto
Chiovenda

Verputzergehilfe: Attilo Crisara

Tischler: Giorgio Legnani, Adriano
Pirri, Franco Pirolli, Luigi Lattanzi,
Pietro d´Antoni, Claudio Stefani,
Vincenzo Marucci, Donato Montana

Schmiede: Fausto Baldinelli, Massi-
mo Nespoli, Giovanni Taglialegna,
Giovanni Indovino, Michelangelo
Borea, Nicola di Salvio

Mr. Connerys Double: Roy Everson

Financial Controller: Edwin Leicht

Film-Geschäftsführer: Manfred Mit-
telbach

Finanzkontrolle (Italien): Giorgio Tre-
gnaghi

Hauptkontoführer: Fausto Capozzi,
Giancarlo Ciotti

Kontoführer: Luise Beitz, Luciano
Tartaglia

Lohnliste: Giovanna Emidi

Kassierer: Angelo Pieri

Buchhalter: Birte Franzen, Evelyn
Nissimoff

Arbeitsamt-Kontakt (Italien): Rosetta
Sestili

Produktionskoordination: Titti Pesa-
ro, Roswitha Polosek

Produktionssekretariat: Manuela Pi-
neschi-Berger, Carla Pettini, Fiam-
metta Profili, Barbara Boudier

Produktionssekretariat (Vorbereitung)
Margarete Kemeny

Produktionssekretariat (Endfertigung)
Renate Berger

A.D.R.-Studio Manager: Ulli Kandl-
inger

Produktionsassistenz: Walter Fior-
delmondo, Jens Kostmann, Raoul
Leindecker, Roberto Todeschi

Produktionsassistenz (Endfertigung):
Stephan Beringer, Michael Schein-
graber, Doug Woelk

Production Runners: Gianni Scuro,
Riccardo Passanisi

Komparserie: Aroldo Mogiani

Fahrorganisation (Italien): Antonio
Savini

Produktionspresse: Lynda Levy

Produktionspresse-Assistent: Klaus
Schühly

Besetzungsassistenz: Mali Finn

Musik aufgenommen in den Union
Studios

Kostüme: Tirelli Costumers (Rome)

Schuhe: L.C.P. (Pompeii)

Licht- und Kamera-Ausrüstung: Arco
Due S.R.L.

Kameras: Arriflex

Scheinwerfer: Franco Petracca

Gefilmt auf Eastman Kodak

Filmentwicklung: Bavaria
Kopierwerk, Technicolor SpA

Finanzieller Service: Frans J. Afman,
Credit Lyonnais Bank Nederland
N.V.

Completion Guarantee: The
Completion Bond Company

Eine Produktion der Neue Constantin
Film Produktion GmbH/ © 1986

94

DIE BÜCHER

Wir haben dieses Verzeichnis angehängt, um Sie auf Bücher hinzuweisen, die Ihnen zu bestimmten Einzelfragen zusätzliche Informationen geben können. Titel, die wir für besonders empfehlenswert halten, weil sie die jeweiligen Probleme besonders gut, zusammenfassend oder preiswert behandeln, haben wir mit einem kurzen Kommentar versehen. Da dies kein Buch mit wissenschaftlichem Anspruch ist, haben wir darauf verzichtet, im Text mit Anmerkungen auf Quellen und Zitate hinzuweisen. Aus den Titeln und Kommentaren wird der Bezug aber in vielen Fällen deutlich.

Aicher, O., Greindl, G., Vossenkuhl, W., Wilhelm von Ockham - Das Risiko modern zu denken, München 1986 *(Ein umfassendes Buch zu den geschichtlichen und philosophischen Hintergründen von "Der Name der Rose"; zwar nicht billig und auch nicht ganz einfach zu lesen, aber wegen seiner konzentrierten Thematik sehr zu empfehlen. Hier geht es sowohl um Papst und Kaiser, Franziskaner und Armutsstreit wie um die Philosophie William von Ockhams, dessen Lehre zum Verständnis William von Baskervilles unerläßlich ist.)*

Altwegg, J., Warum ist die Welt ein Buch, Herr Eco?, F.A.Z.-Magazin 312 vom 21.2.1986 *(Ein Interview mit U. Eco)*

Ariès, P., Studien zur Geschichte des Todes im Abendland, München 1981 *(Mit interessanten Kapiteln, wie die Kirche Geld aus den Sterbesakramenten gemacht hat)*

Bachorski, H.-J. (Hrsg.), Aufsätze zu Umberto Ecos "Der Name der Rose", Göppingen 1985 *(Eine Sammlung von zum Teil schwierigen, aber für Interessenten lohnenden Aufsätzen)*

Bachorski, H.-J., Diese klägliche Allegorie der Ohnmacht - "Der Name der Rose" als historischer Roman, in: Bachorski, Aufsätze ...

Bachorski, H.-J., Theorien des Lachens und seine Abwesenheit, in: Bachorski, Aufsätze ...

Bachtin, M., Literatur und Karneval, Frankfurt/Berlin 1984 *(Literaturwissenschaftliche Aufsätze, u.a. über das Lachen, die in der angeblichen 2. Poetik des Aristoteles wieder auftauchen)*

Balthasar, K., Geschichte des Armutsstreites im Franziskanerorden, Freiburg 1911

Baring-Gould, W., Sherlock Holmes - Die Biographie des großen Detektivs aus der Baker Street, Stuttgart 1978

Battaggion, B.M., "Der Name der Rose" von 1980 bis 1984 im Rahmen des aktuellen italienischen Literaturbetriebes, in: Bachorski, Aufsätze ...

Beer, M., Allgemeine Geschichte des Sozialismus und der sozialen Bewegungen, Berlin 1931

Bernal, J.D., Die Entstehung der Wissenschaft (Science in History 1), Reinbek 1970

Booth, W.C., Die Rhetorik der Erzählkunst, Heidelberg 1974

Borello, R.S., Die Wahrheit zum Lachen bringen, Süddeutsche Zeitung vom 6.10.1982 *(Interview mit U. Eco)*

Borkenau, F., Der Übergang vom feudalen zum bürgerlichen Weltbild, Paris 1934

Borst, A., Lebensformen im Mittelalter, Frankfurt/Berlin 1985 *(eine umfangreiche und preiswerte Sammlung kommentierter Originalquellen zu den Bereichen des Alltagslebens)*

Borst, A., Religiöse und geistige Bewegungen des Mittelalters, Berlin/Frankfurt/Wien 1963 (Band 5 der Propyläen Weltgeschichte)

Borst, O., Alltagsleben im Mittelalter, Frankfurt 1983 *(eine übersichtliche Darstellung des Themas)*

Brunner, O., Sozialgeschichte des Mittelalters, Göttingen 1984

Buono, O. del, U. Eco (Hrsg.), Der Fall James Bond 007 - ein Phänomen unserer Zeit, München 1966

Cipolla, C.M., K. Borchardt (Hrsg.), Europäische Wirtschaftsgeschichte Bd. 1 (Mittelalter), Stuttgart 1983 *(empfehlenswerte und verständliche Beschreibung der wichtigsten Wirtschaftsbereiche und ihrer Entwicklung)*

Dante, Die Göttliche Komödie, München 1962

Demandt, A., Ungeschehene Geschichte, Göttingen 1986 *(eine mit vielen Beispielen gespickte Untersuchung der Frage: was wäre geschehen, wenn ...)*

Dijk, T.A. van, Textwissenschaft, München 1980

Doyle, A.C., Der Hund von Baskerville und Im Zeichen der Vier, in: Sämtliche Sherlock-Holmes-Romane und Stories, Berlin 1981

Duby, G., Die drei Ordnungen - Das Weltbild des Feudalismus, Frankfurt 1981

Duby, G., Krieger und Bauern - Die Entwicklung der mittelalterlichen Wirtschaft und Gesellschaft bis um 1200, Frankfurt 1984

Duby, G., Die Landwirtschaft des Mittelalters 700 - 1500, Stuttgart 1983, in: Cipolla/Borchardt, Europäische Wirtschaftsgeschichte 1

Eco, U., Einführung in die Semiotik, München 1972 *(Die Pforte zu Ecos Zeichenwelt)*

Eco, U., Das offene Kunstwerk, Frankfurt 1973

Eco, U., Zeichen, Frankfurt 1977

Eco, U., Apokalyptiker und Integrierte, Frankfurt 1984

Eco, U., Der Name der Rose, München 1982 ff., TB München 1986

Eco, U., Nachschrift zum "Namen der Rose", München 1984 ff., TB München 1986

Eco, U., Über Gott und die Welt, München 1985

Eco, U., Sebeok, T. (Hrsg.), Der Zirkel oder Im Zeichen der Drei, München 1985 *(eine Aufsatzsammlung, die sich aus zeichentheoretischer Sicht mit der Logik der Detektive auseinandersetzt)*

Elias, N., Der Prozeß der Zivilisation, Frankfurt 1977 *(enthält neben recht schwierigen theoretischen Texten auch aufschlußreiche Bemerkungen über die Entwicklung des "guten Benehmens" im Mittelalter)*

Gingerich, O., Die islamische Periode der Astronomie, in: Spektrum der Wissenschaft, Heft 4/1986 *(beschreibt u.a. die Funktion und Geschichte des Astrolabiums, das Bernard Gui in Williams Zelle findet)*

Gobry, I., Franz von Assisi, Reinbek 1984 *(eine Biographie)*

Gordan, P., Ein fragwürdiger Bestseller, in: Erbe und Auftrag -Benediktinische Monatsschrift, Heft 3/1983 *(eine fragwürdige Rezension des Romans, die das Andenken des Ordens reinerhalten will)*

Groß, H., F. Geerds (Hrsg.), Handbuch der Kriminalistik, Berlin 1977

Grundmann, H., Ketzergeschichte des Mittelalters, Göttingen 1978 *(ein Überblick über die Lehren und Entwicklungen der häretischen Gruppen)*

Grundmann, H., Wahlkönigtum, Territorialpolitik und Ostbewegung im 13. und 14. Jahrhundert (=Gebhardt, Handbuch der deutschen Geschichte, Bd. 5), München 1973

Haferland, H., Über detektivische Logik, in: Bachorski, Aufsätze ...

Haferland, H., Verkehrte Welt. Zu einer Poetik der Umkehrung, in: Bachorski, Aufsätze ...

Haller, J., Das Papsttum, Bd. 5, Esslingen 1962

Hardick, L., E. Grau (Hrsg.), Die Schriften des heiligen Franziskus von Assisi, Werl 1984 *(enthält u.a. die Ordensregeln und das Testament)*

Haverkamp, A./A. Heit (Hrsg.), Ecos Rosenroman. Ein Kolloquium, München 1986

Hentschel, E., Die positivistischen Ahnen des William von Baskerville, in: Bachorski, Aufsätze ...

Hentschel, E., Nomina nuda tenemus oder: Zeichen von Zeichen (von Zeichen), in: Bachorski, Aufsätze ...

Holzapfel, H., Handbuch der Geschichte des Franziskanerordens, Freiburg 1909

Hutchinson, P., Games Authors Play, London 1983

Hübener, W., Initiation für Avancierte: Ecos Rosenroman, in: taz vom 9.4.1984 *(Roman-Rezension)*

Kagelmann/Wenninger (Hrsg.), Medienpsychologie. Ein Handbuch in Schlüsselbegriffen, München 1982 *(Nicht einfach, aber umfassend)*

Kamper, D., Das Ende der Bescheidenheit, in: Leviathan, Heft 3/1983 *(Roman-Rezension)*

Kerner, M. (Hrsg.), "... eine finstere und fast unglaubliche Geschichte?" Mediävistische Notizen zu Umberto Ecos Mönchroman "Der Name der Rose", Darmstadt, 1987

Kruse, G., Transpiration und Inspiration. Beobachtungen zum Bauplan und zur Erzählweise von Umberto Ecos Rosenroman, in: Bachorski, Aufsätze ...

Kruse, G., Der geplante Erfolg eines "Überraschungsbestsellers", in: Bachorski, Aufsätze ...

Kuchenbuch, L. (Hrsg.), Feudalismus - Materialien zur Theorie und Geschichte, Frankfurt/Berlin 1977

Kölmel, W., Wilhelm von Ockham und seine kirchenpolitischen Schriften, Essen 1962

Ladurie, E. Leroy, Montaillou - Ein Dorf vor dem Inquisitor, Frankfurt/Berlin 1986 *(Eine Beschreibung des Alltags- und Ketzerlebens im beginnenden 14. Jahrhundert nach den Protokollen von Bernard Guis Inquisitions-Kollege Jacques Fournier)*

Lapsansky, D.v., Das Leben nach dem Evangelium am Anfang des Minderbrüderordens, Werl 1974

Lausberg, H., Elemente der literarischen Rhetorik, München 1963

LeGoff, J., Die Stadt als Kulturträger 1200 - 1500, in: Cipolla/Borchardt, Europäische Wirtschaftsgeschichte *(LeGoff war der Hauptberater von Regisseur Annaud, wenn es um historische Genauigkeit ging)*

LeGoff, J., Das Hochmittelalter (=Fischer Weltgeschichte Bd. 11), Frankfurt 1965

LeGoff, J., Für ein anderes Mittelalter, Frankfurt/Berlin 1984

Lea, H.C., Die Inquisition, Nördlingen 1985 *(eine sehr empfehlenswerte und kenntnisreiche Beschreibung der Inquisition, ihrer Macht und Methoden; hier wird auch die Geschichte der Fratizellen und der Sekte des Fra Dolcino beschrieben und der historische Bernard Gui kommt zu Wort.)*

Mandl, H. (Hrsg.), Zur Psychologie der Textverarbeitung, München 1981

Marsilius von Padua, Der Verteidiger des Friedens, Stuttgart 1985 *(ein zum Teil noch immer aktueller Text, mit einem Nachwort von H. Rausch)*

Mayer/Däumer/Rühle, Werbepsychologie, Stuttgart 1982 *(Die Einführung in die Materie)*
Morris, C.W., Zeichen, Berlin 1981
Moser, M., Zeit-los-werden durch Lektüre, in: Didaktik der Philosophie, Heft 2/1984 *(Roman-Rezension)*
Ockham, W.v., Summe der Logik, Hamburg 1984
Panofsky, E., Abt Suger von St.-Denis, in: ders.: Sinn und Deutung in der bildenden Kunst, Köln 1978 *(läßt einige Stellungnahmen von Abbo und Jorge verständlicher werden)*
Pieper, J., Scholastik, München 1978
Plessen, E., Fakten und Erfindungen, Berlin 1981 *(Über Fiktion, Dokumentation und deren Überlappungen)*
Probst, P.B., Benediktiner-Regel, St. Ottilien 1982
Russell, J.C., Die Bevölkerung Europas 500 - 1500, in: Cipolla/Borchardt, Europäische Wirtschaftsgeschichte 1
Sandig, B., Stilistik, Berlin 1978
Schmidt, M., Verführt von Thomas von Aquin, in: Cosmopolitan, Heft 2/1984 *(ein ausführliches Interview mit Eco, in dem er erläutert, warum in seinem Roman weder Frauen noch Elephanten vorkommen)*
Schmitt, U., Make-up für das Mittelalter, in: F.A.Z. vom 6.2.1986 *(ein guter Bericht über die Dreharbeiten mit einer bösen politischen Einschätzung von F.M. Abraham)*
Sebeok, T.A., Theorie und Geschichte der Semiotik, Reinbek 1979
Shahar, S., Die Frau im Mittelalter, Frankfurt 1983
Spiegel, Mit 007 ins mittelalterliche Krimi-Kloster, Der Spiegel, Heft 46/1985
Stackelberg, J.v., Alter Mönch - gestrenger Greis, in: Die Welt vom 6.12.1985 *(Kritik an der Romanübersetzung unseres Interview-Partners B. Kroeber)*

Stieglitz, L., Die Staatstheorie des Marsilius von Padua, Hildesheim 1971
Suerbaum, U., Krimi. Eine Analyse der Gattung, Stuttgart 1984
Trabant, J., Professorenroman oder: Vorwort zu Worten über Worte über Worte, in: Bachorski, Aufsätze ...
Tschudy, J., Renner, F., Der heilige Benedikt und das benediktinische Mönchtum, St. Ottilien 1979
Tuchman, B., Der ferne Spiegel - Das dramatische 14. Jahrhundert, München 1985 *(eine spannende Beschreibung des mittelalterlichen Lebens in den Jahren vor, während und nach der Pest)*
Vogt, J., Aspekte erzählender Prosa, Düsseldorf 1972 *(Verständliche Einführung in Mittel und Techniken der Erzählstrategie)*
Watzlawick/Beavin/Jackson, Menschliche Kommunikation, Bern 1969 *(Über Sender, Empfänger und alles, was dazwischen rauscht)*
Wertheimer, J., Chronik eines Bestsellers, in: Arbitrium 1984
Wetzer/Weste (Hrsg.), Kirchenlexikon, Freiburg 1887
White, L. jr., Die Ausbreitung der Technik 500 - 1500, in: Cipolla/Borchardt, Europäische Wirtschaftsgeschichte 1
White, L. jr., Die mittelalterliche Technik und der Wandel der Gesellschaft, München 1968
Willenberg, H. (Hrsg.), Kommunikationspsychologie und Literatur, Frankfurt 1976 *(Preiswertes, gut zu lesendes Buch zum Thema)*
Wulf, M. De, Geschichte der mittelalterlichen Philosophie, Tübingen 1913
Zimmer, D., Gipfelkonferenz im Kloster, in: Die Zeit 41/1982 *(Roman-Rezension)*
Zimmer, D., Eco I, Eco II, Eco III, in: Die Zeit 49/1985 *(Eco-Interview)*
Zimmermann, H., Das Papsttum im Mittelalter, Stuttgart 1981

■ ■

Hans D. Baumann, geb. 1950 in Kassel, arbeitete als Bühnenmaler, studierte Kunst und Kunstwissenschaft und promovierte 1980 mit dem Thema "Bedingungen der Darstellungsfunktion von Bildern". Nach einer mehrjährigen Hochschultätigkeit in kunstsoziologischen Forschungsprojekten ist er seit 1981 freiberuflich als Autor, Journalist, Fotograf und Grafiker tätig. Neben Beiträgen zur Kunsttheorie und Semiotik hat er in den letzten Jahren besonders über die Subkultur der Rocker geschrieben. *(Motorräder am Rande der Hölle - Phantastische Biker-Stories*, 1983; *Rocker - die wilden Motorradgruppen*, 1985; *Der Hells Angels Report*, 1986; *Die schönsten Motorradtank-Bemalungen der Welt*, 1986) Er lebt in Bad Homburg.

Arman Sahihi, 1956/Skorpion, als Jude in Teheran geboren, wuchs er ebendort, in London und in Frankfurt/M. auf; Magister der Linguistik (*Werbe-Slogans aus sprachpsychologischer Sicht*);von seiner Bestimmung her eigentlich Musiker, lebt und arbeitet er als Autor in Frankfurt/M.: Musikkritiken in der F.A.Z., Sachbücher (*Rockbuch der Zitate*, 1984; *Lexikon der Traumsymbole*, 1986) und Belletristik (*Hirnblutungen*, 1981; *Poetizid*, 1982; *Panakustikum - Das Hörbuch*, 1984; *Phantasma-Orgien*, 1984). Sein theoretisches Interesse gilt dem Gebrauch von Rhetorik in der Literatur und in der Werbung, das praktische dem Medium Film und dessen Bildersprache, das freizeitliche dem Sammeln und Erlernen alter und moderner Instrumente.

96